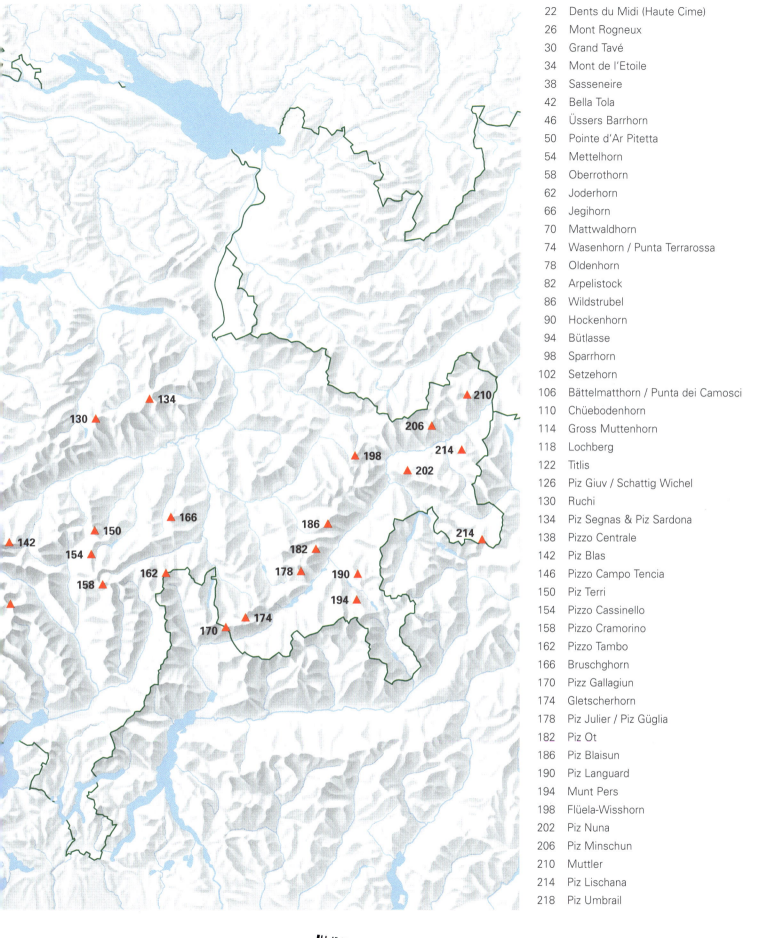

22	Dents du Midi (Haute Cime)
26	Mont Rogneux
30	Grand Tavé
34	Mont de l'Etoile
38	Sasseneire
42	Bella Tola
46	Üssers Barrhorn
50	Pointe d'Ar Pitetta
54	Mettelhorn
58	Oberrothorn
62	Joderhorn
66	Jegihorn
70	Mattwaldhorn
74	Wasenhorn / Punta Terrarossa
78	Oldenhorn
82	Arpelistock
86	Wildstrubel
90	Hockenhorn
94	Bütlasse
98	Sparrhorn
102	Setzehorn
106	Bättelmatthorn / Punta dei Camosci
110	Chüebodenhorn
114	Gross Muttenhorn
118	Lochberg
122	Titlis
126	Piz Giuv / Schattig Wichel
130	Ruchi
134	Piz Segnas & Piz Sardona
138	Pizzo Centrale
142	Piz Blas
146	Pizzo Campo Tencia
150	Piz Terri
154	Pizzo Cassinello
158	Pizzo Cramorino
162	Pizzo Tambo
166	Bruschghorn
170	Pizz Gallagiun
174	Gletscherhorn
178	Piz Julier / Piz Güglia
182	Piz Ot
186	Piz Blaisun
190	Piz Languard
194	Munt Pers
198	Flüela-Wisshorn
202	Piz Nuna
206	Piz Minschun
210	Muttler
214	Piz Lischana
218	Piz Umbrail

Marco Volken   Remo Kundert

Freie Sicht aufs Gipfelmeer

50 Wanderdreitausender

zwischen Genfersee und Unterengadin

Inhaltsverzeichnis

Dieses Buch entstand in fachlicher Zusammenarbeit mit dem Schweizer Alpen-Club SAC.

Alle Angaben wurden mit grösster Sorgfalt und nach bestem Wissen der Autoren zusammengestellt. Eine Gewähr für deren Richtigkeit kann jedoch nicht gegeben werden. Die Begehung der vorgeschlagenen Routen erfolgt auf eigene Gefahr. Fehler, Ergänzungen oder Änderungswünsche bitte an: per pedes, Postfach, 8036 Zürich, www.ppb.ch.

Konzept: Remo Kundert, Marco Volken
Grafik, Satz: Marco Volken
Kartographie: Guido Köhler, Marco Volken, swisstopo
Druck und Lithos: Salvioni arti grafiche, Bellinzona
Bindung: Buchbinderei Burkhardt AG, Mönchaltorf
Printed in Switzerland
ISBN-Nr. 3-9522764-0-5
© Salvioni Edizioni & per pedes 2003. Alle Rechte vorbehalten.

6	Vorwort		
10	Gebrauchsanweisung		
12	Auf 3000 Meter und mehr wandern		
22	Dents du Midi (Haute Cime)	122	Titlis
26	Mont Rogneux	126	Piz Giuv / Schattig Wichel
30	Grand Tavé	130	Ruchi
34	Mont de l'Etoile	134	Piz Segnas & Piz Sardona
38	Sasseneire	138	Pizzo Centrale
42	Bella Tola	142	Piz Blas
46	Üssers Barrhorn	146	Pizzo Campo Tencia
50	Pointe d'Ar Pitetta	150	Piz Terri
54	Mettelhorn	154	Pizzo Cassinello
58	Oberrothorn	158	Pizzo Cramorino
62	Joderhorn	162	Pizzo Tambo
66	Jegihorn	166	Bruschghorn
70	Mattwaldhorn	170	Pizz Gallagiun
74	Wasenhorn / Punta Terrarossa	174	Gletscherhorn
78	Oldenhorn / Becca d'Audon	178	Piz Julier / Piz Güglia
82	Arpelistock	182	Piz Ot
86	Wildstrubel	186	Piz Blaisun
90	Hockenhorn	190	Piz Languard
94	Bütlasse	194	Munt Pers
98	Sparrhorn	198	Flüela-Wisshorn
102	Setzehorn	202	Piz Nuna
106	Bättelmatthorn / Punta dei Camosci	206	Piz Minschun
110	Chüebodenhorn	210	Muttler
114	Gross Muttenhorn	214	Piz Lischana
118	Lochberg	218	Piz Umbrail
		222	Bildnachweis
		223	Gipfelverzeichnis

Vorwort

Je höher der Berg, desto dünner die Luft, desto schwieriger seine Besteigung. Über 3000 Meter hat das gemeine Wandervolk nichts verloren. Oder?
Nun, eben nicht. Die Tourenvorschläge in diesem Buch sind für Normalwanderer gedacht.
Unser Anliegen war, eine möglichst breite Auswahl an schönen Bergwanderungen zusammenzustellen – breit sowohl in geographischer Hinsicht als auch in Bezug auf die Schwierigkeiten und Anforderungen. Vom Genfersee bis ins Unterengadin, von einfach bis ganz schön schwierig.

Was die geographische Verteilung anbelangt, so standen wir im Wallis wie auch im Bündnerland vor der Qual der Wahl. Lohnende und gut besteigbare Gipfel in Hülle und Fülle boten sich hier an. Im Berner Oberland oder im Glarnerland hingegen war die Auswahl weitaus bescheidener. Als allzu steil, steinschlägig, mühsam oder ausgesetzt entpuppten sich viele der ursprünglich ins Auge gefassten Routen, so dass schliesslich wenige Perlen im Gipfelmeer dieser Gebiete übrig blieben.

Wesentlich einfacher war es, eine breite Palette an Schwierigkeitsanforderungen zu finden. Die Natur selbst hat schon für reichlich Abwechslung gesorgt, und die Höhe ist dabei gar nicht so entscheidend. So ist der höchste beschriebene Gipfel, das 3620 Meter hohe Üssere Barrhorn, fast schon ein Spaziergang im Vergleich zu einer Bütlasse, deren 3193 m ziemlich selektiv wirken. Die Auswahl ist gross. Während sich Munt Pers oder Titlis selbst mit wandergewohnten Kindern für eine wunderbare Halbtagestour anbieten, befindet man sich am Pizzo Cramorino auf einer ausgewachsenen Mehrtagestour in einsamem Gelände, was Selbständigkeit beim Finden der Route und unter Umständen einen geübten Umgang mit Karte und Orientierungsmitteln erfordert.

Im Laufe der letzten Jahre haben wir unzählige Dreitausender in der Schweiz bestiegen und waren fasziniert von der ingeniösen Wegführung einiger, von der Einsamkeit vieler, von der überraschend einfachen Zugänglichkeit anderer, und allenthalben vom grandiosen Panorama.
(Wenn es uns nicht gerade einnebelte.)
Denn allen gemeinsam ist, dass sie Dachterrassen mit sagenhaftem Weit- und Tiefblick sind. Hinüber nach Öster- oder Frankreich, hinein in die eigene Seele, hinunter nach Italien fast bis ans Meer und hinab in die lautlose Betriebsamkeit der Miniaturwelt in den Bergtälern und im Mittelland.

Viele schöne Touren und freie Sicht wünschen
Marco Volken & Remo Kundert

Ach, fast noch vergessen: ganz herzlichen Dank allen, die zum Gelingen dieses Buches beigetragen haben. Mitproduziert hat Massimo Gabuzzi. Mitgewandert sind Werner Hochrein, Petra Kundert, Michael und Christophe Loretan, Andrea Montali, Robert Oppliger, Martin Peter, Reto Rufer, Simone Sprunck und viele Gämsen und Steinadler. Mitgestaltet haben Riccardo Guidi und Guido Köhler. Korrigiert und geschliffen hat Rico Diethelm. Und mit Tipps und Wissen ausgeholfen haben Daniel Anker, Peter Donatsch, Giovanni Kappenberger, Rico Luppi, Toni Spirig und andere.

Schwierig, sich auf den Weg zu konzentrieren. Bernina-Panorama kurz vor dem Munt Pers.

Gebrauchsanweisung

Schwierigkeitsangaben

Die Bewertungen der Touren beruhen auf der Ende 2001 vom Schweizer Alpen-Club SAC eingeführten Wanderskala (T1–T6), sowie auf den gängigen Skalen für Hochtouren (L, WS, ZS usw. – hier nur L) und für Felsklettern (I, II, III usw. – hier nur I und II). Auf der folgenden Seite werden die Schwierigkeitsdefinitionen zusammengefasst.

Entgegen weit verbreiteter Meinung umschreibt die Alpinbewertung L in der Regel eine wesentlich einfachere Tour als etwa die Wanderbewertung T5 oder T6. Das Besondere an einer T5- oder T6-Route liegt darin, dass man völlig anderen und häufig grösseren Schwierigkeiten ausgesetzt ist (oft Klettern im I. und II. Grad) als auf manch einer Hochtour, sich aber kaum sichern kann. In das typisch abschüssige und heikle Gelände über T4 sollte sich nur wagen, wer sich seiner Sache wirklich sicher ist.

Die Schwierigkeitsangaben beziehen sich immer auf günstige Verhältnisse. Bei ungünstigen Bedingungen (Alt- oder Neuschnee, Nässe, Nebel, Wind) können die Anforderungen jedoch rasch zunehmen. Die schwierigste zwingende Stelle einer Etappe, und sei sie noch so kurz, bestimmt die Gesamtbewertung der Route. Jede Bewertung kann mit +/– abgestuft werden, um eine genauere Einteilung zu ermöglichen.

Karten

Die unter dieser Rubrik angegebenen vierstelligen Nummern und Namen bezeichnen die für die Wanderung benötigten Kartenblätter im Massstab 1:25 000 von Swisstopo (Landestopographie).

Zeit

Bei den Zeitangaben handelt es sich um Richtzeiten für normal trainierte Wanderer inklusive der kurzen Stundenhalte, jedoch ohne längere (Gipfel-) Pausen, Mittagsrast o.Ä. Um die Planung am Stubentisch und das Zeitmanagement unterwegs zu erleichtern, ist die Gesamtzeit ist in wichtige Abschnitte aufgeteilt. Die angegebenen Zeiten müssen nicht zwingend mit den Wegweiserangaben übereinstimmen.

Unterkunft, unterwegs einkehren

Die angegebenen Hütten und Häuser sind während der Wandersaison (Juni/Juli bis September/Oktober) normalerweise geöffnet. In Ausnahmefällen jedoch, z. B. bei sehr schlechter Witterung oder einem frühen Wintereinbruch, können Berghütten und -häuser von einem Tag auf den anderen schliessen. Nur schon deshalb lohnt sich eine Reservation – entsprechend ist bei sämtlichen Übernachtungsmöglichkeiten die Telefonnummer angegeben.

Die Absage einer Reservation ist in den allermeisten Berghütten kostenlos. Die Hüttenwarte sind jedoch befugt, sogenannte «no show»-Gebühren im Falle des Nichterscheinens zu erheben.

Die Route

Die im Beschrieb verwendeten geographischen Bezeichnungen entsprechen in der Regel der Schreibweise der Swisstopo-Landeskarte 1:25 000 der bei Drucklegung aktuellen Ausgabe. Lokal gebräuchliche Flurnamen können manchmal von dieser Schreibweise leicht abweichen. Bei touristischen Angaben, z.B. bei Berggasthäusern, Haltestellen von Buslinien oder Seilbahnstationen, haben wir die häufig eingedeutschte Schreibweise angewandt, damit man sich im Telefonverzeichnis, im Kursbuch oder auf den Unterlagen der Verkehrsbüros besser zurecht findet. Wo die Route klar ersichtlich verläuft, ist der Text kurz, an neuralgischen Stellen haben wir uns bemüht, ausführlich auf den Wegverlauf einzugehen.

Die von uns erkundete optimale Route kann unter Umständen durch Gletscherrückgang, Witterungseinflüsse usw. schon nach wenigen Monaten überholt sein. Mitdenken beim Wandern und ein gewisses Gespür für eine gute Routenwahl können also nicht schaden.

Richtungsangaben wie «rechts» oder «links» sind jeweils in Laufrichtung zu verstehen. Diese Angaben werden, wo nötig, durch die Himmelsrichtungen (N, S, E, W) ersetzt oder ergänzt.

T1: Wandern
Weg/Gelände: Weg gut gebahnt. Falls nach SAW-Normen markiert: gelb. Gelände flach oder leicht geneigt, keine Absturzgefahr. **Anforderungen:** keine Anforderungen, Turnschuhe genügen. Orientierung problemlos, auch ohne Karte möglich. **Referenztouren:** Normalanstiege zu Vermigelhütte, Jurahaus, Cabane Mont Raimeux. Männlichen–Kleine Scheidegg, Strada Alta Leventina.

T2: Bergwandern
Weg/Gelände: Weg mit durchgehendem Trassee und ausgeglichenen Steigungen. Falls markiert: weiss-rot-weiss. Gelände teilweise steil, Absturzgefahr nicht ausgeschlossen. **Anforderungen:** etwas Trittsicherheit, Trekkingschuhe empfehlenswert und elementares Orientierungsvermögen. **Referenztouren:** Normalanstiege zu Wildhornhütte, Bergseehütte, Täschhütte ab Täschalp, Capanna Cristallina.

T3: Anspruchsvolles Bergwandern
Weg/Gelände: Am Boden ist meist noch eine Spur vorhanden, ausgesetzte Stellen können mit Seilen oder Ketten gesichert sein, eventuell braucht man die Hände fürs Gleichgewicht. Falls markiert: weiss-rot-weiss. Zum Teil exponierte Stellen mit Absturzgefahr, Geröllflächen, weglose Schrofen. **Anforderungen:** gute Trittsicherheit, gute Trekkingschuhe, durchschnittliches Orientierungsvermögen, elementare alpine Erfahrung. **Referenztouren:** Hohtürli, Sefinenfurgge, Fründenhütte, Grosser Mythen, Pizzo Centrale.

T4: Alpinwandern
Weg/Gelände: Weg nicht überall sichtbar, Route teilweise weglos, an gewissen Stellen braucht es die Hände zum Vorwärtskommen. Falls markiert: weiss-blau-weiss. Gelände bereits recht exponiert, heikle Grashalden, Schrofen, einfache, apere Gletscher. **Anforderungen:** Vertrautheit mit exponiertem Gelände, stabile Trekkingschuhe. Gewisse Geländebeurteilung und gutes Orientierungsvermögen, alpine Erfahrung. **Referenztouren:** Schreckhornhütte, Dossenhütte, Mischabelhütte, Voralphütte–Bergseehütte, Vorder Glärnisch, Steghorn (Leiterli), Lisengrat, Pass Casnile Sud.

T5: Anspruchsvolles Alpinwandern
Weg/Gelände: oft weglos, einzelne Kletterstellen bis zum II. Grad. Falls die Route markiert ist: weiss-blau-weiss. Exponiertes und anspruchsvolles Gelände, Schrofen, wenig gefährliche Gletscher und Firnfelder. **Anforderungen:** gute Bergschuhe, sichere Geländebeurteilung, sehr gutes Orientierungsvermögen, gute Alpinerfahrung, elementare Kenntnisse im Umgang mit Pickel und Seil. **Referenztouren:** Cabane Dent Blanche, Bordierhütte, Salbitbiwak, Sustenjoch, Bütlasse, Pizzo Campo Tencia, Passo Cacciabella.

T6: Schwieriges Alpinwandern
Weg/Gelände: meist weglos, Kletterstellen bis zum II. Grad, meist nicht markiert; häufig sehr exponiert, heikles Schrofengelände oder Gletscher mit Ausrutschgefahr. **Anforderungen:** ausgezeichnetes Orientierungsvermögen, ausgereifte Alpinerfahrung und Vertrautheit im Umgang mit alpintechnischen Hilfsmitteln. **Referenztouren:** Osteggütte, Via alta della Verzasca, Piz Linard, Glärnisch (Guppengrat).

L: Leichte Hochtour
Bis ca. 25° geneigte, nicht ausgesetzte Firn- oder Eisfelder, nahezu spaltenfrei und ohne Bergschrund. Schwach geneigte Felsen mit Kletterstellen im I. Schwierigkeitsgrad, gute Felsqualität, gute Sicherungsmöglichkeiten. Übersichtliches Gelände. Keine ausserordentliche Kondition, aber entsprechende Hochtourenausrüstung nötig.

I: Geringe Schwierigkeiten im Fels
Einfachste Form der Kletterei (kein Gehgelände!), die Hände dienen der Unterstützung des Gleichgewichtes. Anfänger müssen gesichert werden. Schwindelfreiheit erforderlich.

II: Mässige Schwierigkeiten im Fels
Fortbewegung mit einfachen Tritt- und Griffkombinationen (Drei-Haltepunkte-Technik).

Auf 3000 Meter und mehr wandern

Einer, der viele 3000er als erster bestiegen hat, ist der auf S. 152 vorgestellte Beneditkinerpater Placidus a Spescha. Im Jahre 1800 publizierte er seine *Anleitung zur Unternehmung von Bergreisen*. Viele seiner Zeilen sind heute noch aktuell, andere wurden von der Wissenschaft, der Realität oder der neuen deutschen Rechtschreibung überholt. Die folgenden Zitate sollen auch, aber nicht nur zum Schmunzeln anregen.
«Die Vorzüglichste Vorbereitung zu den Bergreisen bestehet in der Vervollkommnung des Geistes und des Körpers. Der Geist muss zuvor mit Kenntnissen und Muth, der Körper aber mit Stärke und Gelenksamkeit vorbereitet seyn. Kenntnisse erzielt man durch Erfahrungen, Lesen und Nachdenken, Mut durch Vorstellungen des Nutzens und des Ruhmes, welche man dabei zu gewinnen sucht. Stärke bekommt man durch Mässigkeit und Enthaltsamkeit, Gelenksamkeit durch die Übung und gute Lebenssäfte.»

Sogar markiert: Wanderdreitausender Jegi-/Jägihorn.

Was ist ein Wanderdreitausender?
Der Unterschied zwischen einem Wander- und einem normalen Dreitausender liegt darin, dass sich der erstere bei guten Verhältnissen im Wanderstil, das heisst ohne Seil, Steigeisen und Klettergurt besteigen lässt. Das Nicht-Mitnehmen von alpiner Ausrüstung hat den Vorteil, dass das Gepäck leichter und man dementsprechend beweglicher ist. Dennoch sind die richtige Vorbereitung der Tour, etwas Geschick im Umgang mit der Karte und ein waches Bewusstsein für alpine Gefahren unerlässlich. Für viele Routen wird eine gewisse Wandererfahrung und konditionelle Vorbereitung vorausgesetzt.

Fähigkeiten
Damit Wandern ungetrübte Freude bereitet, sollte man die eigenen Fähigkeiten wie Kondition, Trittsicherheit, Schwindelfreiheit, Orientierungsvermögen und psychische Verfassung realistisch einschätzen können. Am besten beginnt man mit einfacheren Gipfeln und tastet sich so an die schwierigeren heran. Ist das Gelände zu heikel oder bestehen Zweifel über den Weiterweg, sollte man unbedingt umkehren. Im Zweifelsfall ist es immer besser, sich für den Rückweg auf der bekannten Route statt für einen Pfad ins Ungewisse zu entscheiden. Auch Spuren im Schnee können trügerisch sein und dazu verleiten, Geländepartien zu begehen, welche die eigenen physischen und psychischen Fähigkeiten übersteigen.

Vorbereitung
«Selten sind junge Herren Bergsteiger und der Bergpfade kundig; sie sollen daher bewährte Anführer dazu erwählen und sich ihrer Leitung übergeben. Öfters wollen auch Andere sich mitgesellen; doch gebieterische, eigensinnige, verdriessliche und furchtsame Gesellen sollen davon ausgeschlossen werden. Um hohe Berge zu besteigen, sind fette Männer ebenso zu alte und junge, nicht tauglich; denn entweder vermögen sie nicht, oder dürfen die Reise nicht fortsetzen.»

Vor jeder Tour sollte man eine Nachricht über Ziel und beabsichtigte Zeit der Rückkehr hinterlassen. Alleine in die Berge zu gehen ist keine gute Idee. Eine gute Idee hingegen ist, sich bei den Hüttenwarten über die Verhältnisse zu erkundigen, denn zuverlässigere Informationen finden sich in den Bergen kaum. Auch das Wetter spielt bei der Vorbereitung eine grosse Rolle. Ist das Wetter für das gewählte Ziel zu unsicher oder zu schlecht, verzichtet man besser auf die Tour.

Ausrüstung
Die hier beschriebenen Routen verlangen eine gute Wanderausrüstung, aber in der Regel keine speziellen alpintechnischen Hilfsmittel. Ausnahmen sind, wo nötig, erwähnt. Stabile und eingelaufene Berg- oder Wanderschuhe mit griffiger Sohle sind unbedingt notwendig. Der Rucksack sollte nicht zu schwer beladen sein, unabdingbar sind aber ein guter Wind- und Regenschutz, eine bequeme, vor Wind schützende und schnell trocknende Wanderhose, ein warmer Pullover oder eine Faserpelzjacke, Handschuhe und eine gute Mütze, denn auch im Sommer kann es (beispielsweise während eines Gewitters) empfindlich kalt werden. Sonnenbrille, Sonnenschutz und

Kopfbedeckung gehören ebenfalls in den Rucksack. Nicht zu vergessen sind Speis und Trank, denn ein Schwächeanfall wegen mangelnder Verpflegung kann – z.B. bei einem Schlechtwettereinbruch – unangenehm bis sehr gefährlich werden.

«Ich habe bemerkt, dass die leichtesten die tauglichsten Kleider auf Bergreisen sind; je weniger man bei sich haben muss, desto kömmlicher ist die Reise.»

Ausrüstungsliste für eine zweitägige Bergtour

Rucksack ca. 40 Liter (evtl. mit Regenhülle)
Eingelaufene Bergschuhe (schneetauglich, stabile Sohle)
Teleskopstöcke
Gamaschen (Schneestülpen)
Bergjacke (gegen Wind und Regen)
Wanderhosen
Regenhosen / Windhosen
Shorts / kurze Wanderhosen
Pullover / Faserpelzjacke / Hemd
T-Shirts
Unterbekleidung und Socken
Hüttenkleider (z.B. Trainerhosen)
Handschuhe
Sonnenhut, Mütze
Sonnenschutzcrème, Lipstick (mit hohem Schutzfaktor)
Sonnenbrille mit hohem UV-Schutz
Toilettenartikel
Kleine Apotheke (evtl. persönliche Medikamente)
Trinkflasche / Thermosflasche samt Inhalt
Proviant
Sackmesser
Kleine Taschenlampe mit Reservebatterien
Bargeld, Identitätskarte
Kartenmaterial, Kompass, Höhenmesser
Bahnabonnement
Alpenclub- oder Alpenvereinsausweis

Sowie, je nach Situation und Bedarf:
Kleiner Regenschirm (Knirps)
Badekleider
Leichte Hüttenschuhe / Sandalen
Ohropax
Leintuchschlafsack
Fotoausrüstung, Fernglas
Bestimmungsliteratur
Isolierende Sitzunterlage
Alu-Rettungsfolie
Kleiner Eispickel

Gesamtgewicht inklusive Rucksack: ca. 8–10 kg

Ausgangs- und Endpunkt

Die Anreise mit öffentlichen Verkehrsmitteln hat viele Vorteile, nicht nur bei Touren mit unterschiedlichem Ausgangs- und Endpunkt: Im Zug kann man die Karte studieren, Sonnencrème einschmieren, einen Kaffee trinken oder weiterdösen. Öffentliche Verkehrsmittel sind auch flexibler und sicherer. Manche schöne und ermüdende Tour hat spätabends irgendwo auf einer Autobahn noch eine böse Wende genommen.

Einfach und schnell ist der Abruf von Verbindungen über die Homepage www.sbb.ch, auf der man auch erfährt, wie Fahrpläne aufs Handy geholt werden – eine nützliche Sache, wenn man unterwegs seine Pläne ändert.

Bei Seilbahnen, die nicht im Kursbuch aufgeführt sind, haben wir eine Telefonnummer für Auskünfte und Anmeldungen angegeben. Informationen über Taxi-Dienste und Kleinseilbahnen erhält man beim örtlichen Verkehrsbüro oder auch in der von Mountain Wilderness herausgegebenen Broschüre «AlpenTaxi» (Bestellungen über www.mountainwilderness.ch).

Sicherheit und Routenwahl

«Seye er bey allen Zeiten und Gelegenheiten sich selbst gewärtig! setze er keinen Fuss unbedachtsam und nur aufs Geratewohl hin! an bedenklichen und gefahrvollen Orten zu gehen, überlege er wohl! er gedenke der Förtel und bediene sich der Waffen und Gehilfen, die er bei sich hat! Suche er erst hin und her, gehe er hin und wieder und wenn es nicht vorwärts gehen will, so gebe er sein Vorhaben auf; Denn es ist besser, seiner Umsicht, als dem Unglück nachgeben zu müssen.»

Die meisten der beschriebenen Touren sind in der Regel ab Mitte Juli mehr oder weniger schneefrei. Führt der Weg über Schnee (Altschnee, Neuschnee, Firn, Lawinenschnee etc.), so ist erhöhte Vorsicht angebracht. Solche Wegabschnitte können sehr gefährlich sein, besonders wenn der Schnee hart und das Gelände steil ist. An steilen und besonnten Hängen besteht bis in den Frühsommer hinein auch die Gefahr von Nassschneerutschen.

Teilkontrollierte Rutschpartie am Pizzo Tambo.

Zeit nehmen, Zeit haben. In Soglio, am Ziel des Pizz Gallagiun.

Der Winter hält in den Bergen wesentlich früher als im Tal Einzug. Es muss deshalb schon im Oktober auf weiten Strecken mit einer geschlossenen Schneedecke gerechnet werden, die sowohl Wege wie auch Markierungen verdeckt. Eine solche Schneedecke ist trügerisch, weil sie Steine und Löcher nur überdeckt und die Gefahr von Fehltritten besteht.

Zeiteinteilung und Pausen

Einige der beschriebenen Touren sind lang und anstrengend, eine entsprechende Kondition ist deshalb Voraussetzung. Wer seine Tour so früh wie möglich am Morgen beginnt, profitiert während der ganzen Wanderung von einer Zeitreserve, die grosszügige Pausen ermöglicht. Sonnenauf- und untergang sind deshalb wichtige Eckwerte bei der Tourenplanung.

Sonnenuntergang bei der Capanna Cadlimo CAS, vor dem Piz Blas.

	Sonnenaufgang	Sonnenuntergang	Tageslänge
1. Jan	8 h 10'	16 h 48'	8 h 39'
15. Jan	8 h 06'	17 h 04'	8 h 59'
1. Feb	7 h 50'	17 h 29'	9 h 39'
15. Feb	7 h 30'	17 h 50'	10 h 20'
1. Mär	7 h 06'	18 h 11'	11 h 05'
15. Mär	6 h 39'	18 h 31'	11 h 51'
1. Apr	7 h 06'	19 h 54'	12 h 47'
15. Apr	6 h 40'	20 h 13'	13 h 33'
1. Mai	6 h 12'	20 h 34'	14 h 22'
15. Mai	5 h 52'	20 h 52'	15 h 00'
1. Jun	5 h 52'	21 h 10'	15 h 34'
15. Jun	5 h 32'	21 h 20'	15 h 48'
1. Jul	5 h 36'	21 h 22'	15 h 46'
15. Jul	5 h 47'	21 h 15'	15 h 28'
1. Aug	6 h 06'	20 h 57'	14 h 52'
15. Aug	6 h 23'	20 h 36'	14 h 13'
1. Sept	6 h 45'	20 h 06'	13 h 21'
15. Sept	7 h 03'	19 h 38'	12 h 36'
1. Okt	7 h 23'	19 h 07'	11 h 43'
15. Okt	7 h 42'	18 h 40'	10 h 58'
1. Nov	7 h 06'	17 h 11'	10 h 05'
15. Nov	7 h 27'	16 h 53'	9 h 26'
1. Dez	7 h 48'	16 h 40'	8 h 52'
15. Dez	8 h 02'	16 h 39'	8 h 36'

Werte für Airolo (in der Mitte des Schweizer Alpenbogens), bei offenem Horizont. Die Tageslänge ist die Zeit zwischen Sonnenaufgang- und untergang.

«Ich ging Anfangs sehr sachte einher; redete wenig und sah mich nirgends um (...) Den Mund schloss ich geflissentlich so lang zu, als es möglich war, um den Aushauch zu verhindern, und zog den Athem durch die Nase. Den Leib hütete ich vor jeder Erschütterung, Anstrengung und Verdrehung, und nahm möglichst einen gleichen und gemächlichen Fortgang.»

Bei langen Touren spielt der haushälterische Umgang mit den Kräften eine grosse Rolle. Langsam beginnen, einen regelmässigen Gang einschlagen, gleichmässig atmen und den Kopf frei halten für die grossen und kleinen Wunder am Wegrand und in der Ferne. Aber: Gehen Sie, wenn Sie gehen und sehen Sie, wenn Sie stehen.

Optimal für Energiehaushalt und Belastungsrhythmus sind Pausen à 20–30 Minuten etwa alle 2 Stunden (Erholung, Trinken und Essen). Bei Regen oder Kälte sind hingegen häufigere, kürzere Pausen sinnvoller. Es ist wichtig, stets über eine gewisse physische und psychische Reserve zu verfügen, damit man zulegen kann, wenn es die Situation (Schlechtwetter, Notfall usw.) erfordert. Das Tempo muss dem Konditionsstand, die Schwierigkeit den technischen Fähigkeiten des schwächsten Gruppenmitglieds angepasst werden. Wer will denn schon immer am Limit laufen…

Karten

Es lohnt sich, über eine aktuelle Ausgabe der Landeskarte im Massstab 1:25 000 zu verfügen, da sich gerade das für diesen Führer typische Gelände laufend verändert. Erdrutsche und Gletscherrückgang geben einer Region ein neues Gesicht, Wege und vor allem Wegspuren verfallen und Waldgrenzen verändern sich innert kurzer Zeit. Eine Karte nützt übrigens in der Hand oder in der Hosentasche mehr als schön gefaltet im Rucksack.

Marschzeit

Das Errechnen der Wanderzeit einer Tour setzt sich aus zwei Komponenten zusammen: einerseits aus der benötigten Zeit für die Horizontaldistanz und andererseits aus einem Zuschlag für den Auf- bzw.

Abstieg. Zusammengezählt ergeben diese Komponenten die totale Wanderzeit (wobei besonders im Abstieg die Qualität und Steilheit des Weges eine Rolle spielen). Mit folgender Formel lässt sich der ungefähre Zeitbedarf ermitteln: Für 1 km Horizontaldistanz benötigt man rund 15', pro 100 Höhenmeter Aufstieg werden 15' und pro 100 Höhenmeter Abstieg 8' dazu addiert. Im Internet halten die SAW Schweizer Wanderwege unter der Adresse www.swisshiking.ch eine ausgeklügelte und einfach zu bedienende Tabelle zur Marschzeitberechnung zum Download bereit.

Unterkunft während der Tour

«Dem Gesichte ist es sehr zuträglich, dass es ein Obdach habe, auch für den Regen und die scharfen, kalten Winde.»

Die meisten hier erwähnten Unterkünfte sind Hütten oder einfache Berggasthäuser, nur selten sind Hotels dabei. Hütten sind keine Hotels! Schon nur aufgrund ihres abgelegenen Standortes können Berghütten den im Flachland üblichen Komfort unmöglich bieten. Duschen oder Doppelzimmer sind selten, Waschräume und Mehrbettzimmer die Regel. Bei voll belegter Hütte lassen die Platzverhältnisse nicht sehr viel Privatsphäre zu. Andererseits bieten diese Hütten ein grossartiges Naturerlebnis, wie es heute nur noch selten angetroffen wird: Sonnenauf- und -untergänge auf abgelegenen Aussichtsbalkonen der Extraklasse. Die Einbussen im Schlafkomfort werden auch durch erstaunlich abwechslungsreiches und reichhaltiges Essen wettgemacht.

Hütten des SAC

Die 153 Clubhütten des Schweizer Alpen-Clubs SAC stehen allen Wanderern und Bergsteigerinnen offen. Während der saisonalen Bewartung sind Getränke und einfache Mahlzeiten, meist auch Halbpension erhältlich. Alle SAC-Hütten haben einen ganzjährig geöffneten Winterraum (Selbstversorgerraum), wo Ofen, Holz und Lager mit Wolldecken gegen einen Unkostenbeitrag benutzt werden können.

Übernachtungsreservationen nehmen Hüttenwarte oder die Besitzersektionen entgegen. Umfassende Informationen zu etwa 300 Berghütten der Schweiz finden sich im laufend nachgeführten Führer *Hütten der Schweizer Alpen* von Remo Kundert und Marco Volken aus dem SAC-Verlag, oder im Internet unter www.sac-cas.ch.

In SAC-Hütten besteht kein Konsumationszwang. Die Erträge aus Mahlzeiten und Getränken sind aber die wichtigste (oft einzige) Einnahmequelle der Hüttenwarte, da Übernachtungstaxen an die Hüttenbesitzer gehen. Oft sind die Kosten für Mahlzeiten in Hütten günstiger als für vergleichbare Speisen im Tal.

Für Übernachtungen empfiehlt sich eine Reservation, wenn möglich einige Tage im Voraus. Es kann auch vorkommen, dass Hütten wegen verzögerter Schneeschmelze oder unerwartet frühem Einschneien usw. noch nicht bzw. nicht mehr bewartet sind – schon deshalb lohnt sich die Voranmeldung. Zur Reservation gehört, dass man sie absagt, wenn man sie nicht einhalten kann, andernfalls haben die Hüttenwarte Anrecht auf die Erhebung einer Annullationsgebühr.

Andere Unterkünfte

Hotels und Pensionen in den Dörfern sind oft ganzjährig geöffnet; private Berghäuser haben hingegen saisonale Öffnungszeiten. Genauere Informationen sind bei den lokalen Verkehrsbüros erhältlich.

Tipps für unterwegs

Wege verfallen, Routen ändern sich, Markierungen verblassen, Pfade verschwinden oft innert kurzer Zeit. Unsere Angaben beruhen primär auf Begehungen in den Jahren 2001 und 2002. Es ist gut möglich, dass die Idealroute bereits nach wenigen Jahren davon abweicht. Daher sollte man sich nicht blindlings auf die Routenbeschreibungen verlassen, sondern bei Bedarf dem Auge und Instinkt folgen und vor allem umkehren, wenn es die Situation erfordert.

Der Rückgang der Gletscher hinterlässt Jahr für Jahr deutlichere Spuren in der Berglandschaft und macht einerseits Wanderbesteigungen dort möglich, wo vor

Cabane d'Ar Pitetta CAS, Stützpunkt für ebenjene Pointe.

wenigen Jahren noch Seil, Pickel und Steigeisen über das sogenannt ewige Eis benötigt wurden. Andererseits hinterlässt das Verschwinden der Gletscher oft mühsame, schlecht verfestigte Schutthalden.

Mit dem Rückgang der Gletscher und dem raschen Ausapern von steilen Geländepartien wird Steinschlag auch für Wanderer zu einem ernsten Thema. Wanderer sind sich selten bewusst, was über den Wegrand geschubste, harmlose Steinchen anrichten können. Viele Steinschlagunfälle sind der Unachtsamkeit weiter oben gehender Wanderer zuzuschreiben, aber auch Wildtiere (besonders Steinwild) sowie Wind und Frost können Steine den Berg hinunterpoltern lassen. Das Risiko lässt sich minimieren, wenn man die Umgebung im Auge behält und exponierte Stellen einzeln durchschreitet.

Trotz einem Fehler pro Fremdsprache: Klartext am Titlis.

«In meinen jungen Jahren, da ich noch voll Feuer war, wagte ich öfters allein die Berge zu besteigen und die Eis- und Schneelagen zu durchsetzen. Nachdem ich aber eine Herbstreise, wo der Schnee sehr stark geschmolzen, und die Erde gefroren war, unternommen hatte, sah ich erst die Abgründe der Eisschrunden, wohin ich so leicht hätte fallen und darin begraben werden können.»

Das Begehen von Gletschern erfordert wegen der Ausrutsch- und Spaltensturzgefahr normalerweise Bergausrüstung wie Steigeisen, Pickel, Anseilgurt und Seil. Einige in diesem Buch beschriebene Routen führen über Gletscherfelder – jedoch nur über solche, die kaum Spalten aufweisen. Sofern der Gletscher flach, das Eis aper und die Spalten sichtbar sind, kann man sich auf den angegebenen Routen auch unangeseilt über das Eis wagen. Ein kleiner, handlicher Pickel am Rucksack hat aber selten geschadet.

Kaltfront am Sparrhorn, gleich kommt Wind auf.

Wetter

Bei gutem Wetter ist das Wandern in den Bergen wunderschön. Blitzschnell kann an einem sonnigen Tag jedoch ein Gewitter aufziehen, dichte Wolken verdunkeln die Sonne und Nebel raubt die Sicht. Es wird kalt und beginnt zu regnen oder – das ist über 2500 Meter auch im Sommer möglich – zu schneien.

Es lohnt sich, zu Hause vor der Tour den Wetterbericht zu studieren und die Wanderung so zu planen, dass man rechtzeitig wieder im Tal oder in der Hütte ist, falls z.B. Gewitter angesagt sind.

Wird man trotzdem von einem Gewitter überrascht, sollte man sofort exponierte Punkte wie Grate, Gipfel, einzelne Bäume oder Felsblöcke verlassen und auch freie Flächen und Felsnischen meiden. Am sichersten ist man im dichten Wald, in einem Gebäude oder in Kauerstellung an einem vertieften, trockenen Ort.

Es ist wichtig, während der Tour jederzeit zu wissen, wo man sich befindet, denn Nebel kann sehr schnell aufziehen. Bei schlechter Sicht sollte man den Weg auf keinen Fall verlassen. Befindet man sich bereits abseits der markierten Route, wartet man mit Vorteil erst einmal ab – gut möglich, dass sich die Sicht rasch wieder bessert. In dichtem Nebel ist es meist reine Glückssache, den verlorenen Weg wieder zu finden. Das satellitengestützte Global Positioning System (GPS) kann bei schlechter Sicht eine wertvolle Navigationshilfe sein. Im Handel befinden sich seit einiger Zeit sehr genaue, wandertaugliche Geräte, die einen Kompass ersetzen, nicht aber den Höhenmesser – und nach wie vor gutes Kartenlesen voraussetzen.

«Betreffs der Witterung kann der Bergsteiger sich nicht vorbereiten, denn diese hängt nicht von ihm, sondern von einem anderen Herrn ab. Der Mensch ist aber mit Vernunft und anderen Erfahrungsmöglichkeiten begabt; folglich kann er, wenn er will, vieles auf die zukünftige Witterung schliessen.»

Es gibt mehrere Möglichkeiten, sich über die Wetterentwicklung zu erkundigen. Aktuell und rasch ist es, sich telefonisch bei MeteoSchweiz zu informieren:

- Automatischer Wetterbericht: Tel. 162
- Persönliche Wetterberatung: Tel. 0900 162 333
- Schweizer Alpenwetterbericht: Tel. 0900 552 138 (Tonband, täglich ab 16.00 Uhr)
- Spezialwetterbericht: Tel. 0900 552 111 (Tonband, täglich ab 17.30 Uhr, ausführliche Wetterlage)

Wetterprognosen und -meldungen lassen sich auch per SMS-Kurzmitteilung aufs Handy holen. Details dazu auf www.meteoschweiz.ch.

Rettung

Falls ein Unfall passiert: Über die Telefonnummer 1414 (aus dem Ausland 0041 333 333 333) oder die Funkfrequenz 161.300 MHz erreicht man die rund um die Uhr im Einsatz stehende Alarmzentrale der Rettungsflugwacht REGA, die eine rasche Hilfe einleitet. Der Einsatz von Flugrettung und Rettungsmannschaften kann sich jedoch bei schlechter Witterung oder in der Nacht verzögern.

Die Mobiltelefon-Abdeckung in den Bergen ist längst nicht so flächendeckend wie diejenige im Mittelland. Oft ist man stundenlang ohne Empfang unterwegs, Witterungseinflüsse beeinträchtigen den Empfang zusätzlich. Ein Handy mitzunehmen ist zwar eine gute Idee – sich darauf zu verlassen, dass man damit im Notfall den Heli bestellen kann, jedoch nicht. Etwas besser als die Sendeabdeckung der Mobiltelefone ist diejenige des REGA-Funknetzes. Funkgeräte für die Notfrequenzen sind im Fachhandel erhältlich.

Militärisches Schiessen

Unter www.vbs.admin.ch/internet/Heer/aausbreg/d/auskunft.htm findet man die Telefonnummern der Armeestellen, die Auskünfte zum Schiessbetrieb und zu den damit zusammenhängenden Wegsperrungen erteilen. Leider hat es das Militär noch immer nicht geschafft, diese Informationen zu bündeln und im Internet zugänglich zu machen.

Lass nichts zurück

In den Bergen begegnen wir einer Welt, die nicht uns gehört. Wir sind Gäste. Dazu gehört, dass wir uns der Fragilität der Bergwelt bewusst werden und uns möglichst schonend verhalten:

- Die Stille respektieren, auf Lärm verzichten.
- Vorschriften und Besonderheiten der besuchten Gegend kennen und einhalten.
- Lebensmittel umpacken, um Abfälle zu vermeiden.
- Trittempfindliche Böden wie Moose, Moore, Riede und Feuchtgebiete, sowie erodierende Böden meiden; unempfindliche Böden sind z.B. Wege, Weiden, Fels, Kies, trockene Rasen oder Schnee.
- Auf den vorhandenen Wegen bleiben. Hintereinander laufen und Wege nicht verbreitern.
- Keine Blumen pflücken oder Pflanzen ausreissen, keine Steine mitnehmen, keine artfremden Tiere oder Pflanzen einführen.
- Sich auf vorhandene Feuerstellen beschränken.
- Wildtiere respektieren, in gebührendem Abstand beobachten und nicht verfolgen. Einstandsgebiete während der Dämmerung, in der Paarungszeit und im Winter meiden. Tiere nie füttern, Hunde an der Leine führen.
- Abfall korrekt entsorgen. Was ausgepackt wird, wird wieder eingepackt. Kompostierbare Abfälle mitnehmen oder zumindest schnitzeln/zerkleinern.

Abfälle halten sich erstaunlich lange:
Apfel	2–4 Wochen
Baumwolltüchlein	1–6 Monate
Papier, Bananen- oder Orangenschale	3–6 Monate
Zigarettenkippe, Zündholz	1 Jahr
Kaugummi	5 Jahre
Plastifiziertes Papier, Milchpackung	10 Jahre
Nylonstoff	30–40 Jahre
Leder	50 Jahre
Gummisohle	50–100 Jahre
Blech- oder Aludose	100–500 Jahre
Plastikflasche, -sack	500–1000 Jahre
Glasflasche	> 10 000 Jahre
Styropor	> 10 000 Jahre

Weiterführende Wanderliteratur

Der SAC-Verlag (www.sac-verlag.ch) publiziert nebst den altbekannten Clubführern, die in über 40 Bänden sämtliche Gipfel der Schweizer Alpen beschreiben, nun auch eine Reihe unter dem Titel «Alpinwandern». Die darin vorgestellten Routenvorschläge ähneln im Schwierigkeitsgrad den in diesem Buch beschriebenen Touren. Im Juni 2004 wird mit Erscheinen des Bands «Alpinwandern Tessin» die ganze Schweiz mit SAC-Wanderführern abgedeckt sein.

Eine stattliche Sammlung an sehr spannenden und empfehlenswerten Bergbüchern mit viel Hintergrundgeschichte(n) findet sich im Sortiment des Rotpunktverlages (www.rotpunktverlag.ch).

Veraltete Abfälle, aktuelle Botschaft am Fusse des Munt Pers.

Eher selten ein Kreuz, aber fast immer ein bodenständiger Gipfelsteinmann begrüsst die Ankömmlinge. Hier auf der Bella Tola mit Sicht zu den Bergen über dem Lötschental.

Manchmal im Steinmann versteckt, hier aus der Gamelle hervorgezaubert. Das Gipfelbuch verrät viel über die Einsamkeit eines Berges. Auf der Bütlasse mit Blick zum Wetterhorn, Eiger und Mönch.

Auf der Haute Cime: Kleider von heute, Blick wie damals zum Mont Blanc.

Dents du Midi (Haute Cime)

Dent du Midi. Haute Cime.
3285 mètres. 8 h.
Guide : fr. 20.
Dents du Midi. Haute Cime.
3257.4 m. 7 Stunden.
Bergführer Fr. 400.–
Salvan – Un bon marcheur y monte en une heure de la station du chemin de fer de Vernayaz ; un véhicule vous y transporte en une heure et demie.
Die Eisenbahn führt uns vom Bahnhof Vernayaz in 12 Minuten nach Salvan hinauf; mit dem Auto rechnet man mit etwa 15 Minuten.
Monter par les Granges ; 3 minutes après, prendre le sentier à gauche (…) puis traverser Van-Haut.
Ein Kleinbus fährt uns über eine geteerte Strasse nach Van d'en Haut. Manchmal erblicken wir einen Fussweg, der von der Strasse mehrmals gekreuzt wird.
Au Plan de Salanfe, on est largement récompensé. Cet admirable pâturage, pour être si parfaitement plat, aurait-il été autrefois le bassin d'un lac? (…) Les chalets sont habités de juillet à septembre. Un journal français mentionnait les 600 chalets de Salanfe! – On a pris pour le nombre de chalets celui des têtes de bétail qui s'y trouvent en géneral au mois d'août!
Bald erreichen wir die Staumauer. Bis vor 50 Jahren soll hier, anstelle des Sees, eine wunderschöne, weite Viehweide mit grosser Siedlung gelegen haben.
On va géneralement coucher à Salanfe (sur le foin).
Wir übernachten im Berggasthaus Salanfe auf Betten. Das alte Strohgemach steht unter Stauwasser.
Des chalets de Salanfe, se diriger à l'Ouest (…) montée rapide et régulière dans la direction du col de Susanfe, 2420 m., que l'on aperçoit bientôt.
Vom Berggasthaus folgen wir dem Seeufer, um bald darauf die Flanke der Haute Cime zum Col de Susanfe (2494 m) zu traversieren. Der alte Weg, der direkt zum Sattel stieg, wird wegen seiner Gefährlichkeit nicht mehr unterhalten und ist an mehreren Stellen abgerutscht. Kurz unter dem Sattel steht ein blechernes Schutzbiwak.

Du col, obliquer à droite, pour attaquer la Dent sur son versant SE (laissant l'arête à gauche). La piste est assez bien marquée dans les rocailles parfois entièrement dégarnies de neige. (…) Si les pentes rocailleuses sont dégarnies de neige, ce qui est parfois le cas à la fin de l'été, l'ascension sera plus fatigante. (…) On atteint bientôt le col des Paresseux, puis on monte tout droit au sommet, sans s'écarter de l'arête finale. De Salanfe au sommet : 5 heures.
Vom Sattel steigen wir zuerst nach rechts über einen spärlich markierten Pfad. Die Schutthänge sind im Sommer durchgehend schneefrei. Bald stehen wir auf dem Col des Paresseux und weichen nun etwas nach links in die Flanke hinaus, um den Gipfel zu erreichen. Von Salanfe bis zum Gipfel: knapp 5 Stunden.
[L'ascension] n'est pas difficile (des dames y sont montées seules), mais elle exige de bons jarrets et de bon poumons. Il arrive souvent que des touristes inexpérimentés, surtout ceux qui marchent trop vite en commençant éprouvent un mal dit mal de montagne. Ils sont nombreux ceux qui ont dû s'arrêter épuisés au Col des Paresseux.
Die Besteigung ist nicht schwierig, selbst eine junge Schulklasse in Turnschuhen ist unterwegs. Sie steigen hastig hinauf und grölen herum, auf dem Gipfel zünden sich einige der Schüler gar eine Zigarette an.
La vue de ce Belvédère est fort belle, bien que la Tour Saillières lui ôte une partie de son horizon. Par un temps clair on distingue les cimes de la Tarentaise et peut-être du Dauphiné.
Der Blick von diesem Aussichtsgipfel ist imposant, obwohl die Tour Sallière ein bisschen im Weg steht. Wir haben Wetterglück und sehen bis zu den Gipfeln der Tarentaise. Einer behauptet gar, die Spitzen am Horizont seien diejenigen der Dauphiné…

1885.
2002.

Auguste Wagnon, Autour de Salvan: Excursions et escalades de la Dent du Midi au Buet, Imprimerie A. Centlivres, Morges 1885.

3257.4 m

Schwierigkeit: T4
Die Schlüsselstelle an der Haute Cime, dem höchsten Gipfel der Dents du Midi, ist der letzte steile Gipfelhang ab dem Col des Paresseux: mühsames und abschüssiges Geröll mit einem kleinen Felsriegel ohne durchgehende Spur. Bei Schnee sehr heikel. Kurz vor dem Col de Susanfe auf der Salanfe-Seite, sowie beim Pas d'Encel führt der Weg durch steile Felsstufen, die mit Ketten gut abgesichert sind aber Schwindelfreiheit erfordern.

Karten
1304 Val-d'Illiez, 1324 Barberine, 1325 Sembrancher

Zeit und Höhendifferenz 1. Tag
3 h 30' ↗ 1100 m ↘ 40 m
Bonavau–Cabane de Susanfe 3 h 30'

Zeit und Höhendifferenz 2. Tag
8 h ↗ 1170 m ↘ 2340 m
Cabane de Susanfe–Col de Susanfe 1 h 15'
Col de Susanfe–Haute Cime 2 h 15'
Haute Cime–Col de Susanfe 1 h 15'
Col de Susanfe–Auberge de Salanfe 1 h 15'
Auberge de Salanfe–Salvan 2 h

Ausgangspunkt
Champéry (1036 m). Endpunkt der Schmalspurbahn Aigle–Champéry.

Unterkunft
Cabane de Susanfe CAS (2102 m). 90 Plätze, immer offen, bewartet von Juni bis September (Tel. 024 479 22 72, www.sac-cas.ch).

Unterwegs einkehren
Bonavau (1550 m): Cantine mit eingeschränkter Übernachtungsmöglichkeit, Auskunft beim Verkehrsverein Champéry (Tel. 024 479 20 20).
Salanfe (1942 m): Auberge bei der Staumauer des Lac de Salanfe, Übernachtungsmöglichkeit (Zimmer und Lager, Tel. 027 761 14 38).
Van d'en Haut (1395 m): Buvette beim Campingplatz.

Endpunkt
Salvan (934 m). An der Schmalspurbahn Martigny–Chamonix. Im Sommer verkehrt ein Bus von Van d'en Haut nach Salvan, dessen Weiterbetrieb ist allerdings ungewiss (Stand 2003).

Die Route
Vom Bahnhof Champéry (1036 m) zuerst auf der Strasse taleinwärts zum Grand-Paradis (1055 m). Bei Les Clous (1113 m) links hoch durch den Wald, eine Strasse kreuzend, nach Bonavau (1550 m). Über P. 1594 und durch einige abgesicherte Felsgürtel erreicht man den Pas d'Encel: eine mit Halteketten entschärfte, leicht ausgesetzte und spektakuläre Steilstufe durch die Schlucht der Saufla. Bei der Passerelle auf 1798 m wechselt man die Bachseite, und nach einer letzten Passage mit Seilhandlauf findet man rasch zur Cabane de Susanfe (2102 m).
Von der Cabane führt ein gut markierter Weg durch das anfänglich coupierte Gelände von Susanfe und steigt dann über schwarzes Geröll, das an eine Mondlandschaft erinnert, leicht zum Col de Susanfe (2494 m).
Der Aufstieg zur Haute Cime folgt nun mehr oder minder dem markanten Rücken, der vom Gipfel zum Col de Susanfe herabzieht und weitgehend aus Geröll besteht. Eine erste Felspartie zwischen 2600 und 2700 m umgeht man rechts (einfache Stufen), kehrt dann zum Grat zurück und erreicht den Vorgipfel beim Col des Paresseux («Sattel der Faulen», 3056 m). Nicht wenige kehren hier beim Anblick des Gipfelhangs um, doch es lohnt sich weiterzugehen. Die Wegspuren werden spärlicher und verzweigen sich, das Geröll wird mühsamer und das Gelände abschüssiger. Einige kurze Felsadern müssen überkraxelt werden, und bei Altschneeresten ist grosse Vorsicht geboten (evtl. Pickel oder Steigeisen). Schliesslich führen wieder bessere Spuren zur Haute Cime (3257.4 m),

deren Gipfel aus groben Blöcken besteht und gute Sitzmöglichkeiten bietet. Der Abstieg erfolgt auf dem gleichen Weg.
Vom Col de Susanfe ostwärts an einer Blechhütte vorbei (kleines, immer offenes Notbiwak), dann dreht der neue Wanderweg bald nach links und steigt über eine Felsbarriere mit Fixketten hinunter (der alte Weg dem Bach entlang nach Plan Château wird nicht mehr unterhalten, ist aber mit etwas Gespür noch gut begehbar). Ab ca. 2200 m wird der Weg sanfter und führt leicht zum Seeufer und zur Staumauer von Salanfe (Auberge bei P. 1942).
Nun der Salanfe entlang, ab P. 1775 mit zwei Varianten – einer direkteren mit ein paar harmlosen Leitern sowie einer sanfteren, rechts ausholenden – nach Van d'en Haut (1391 m; ab hier besteht manchmal ein Busservice nach Salvan, und man kann auch ein Alpentaxi bestellen, Informationen dazu in Salanfe). Bei P. 1371 überschreitet man den Bach, behält die Höhe, quert einen Wald oberhalb Van d'en Bas und steigt markiert, die Strasse einmal kreuzend, nach Les Granges und Salvan (934 m) ab.

Die Kettenpassage auf der
Ostseite des Col de Susanfe.

Zwischen Col de Susanfe
(unten in der Bildmitte)
und Haute Cime –
und dabei stets die
Tour Sallière im Rücken,
bald auch der Mont Blanc.

Mit allen Wassern gewaschen: nach 20 Jahren Rogneux-Gipfeldienst.

Mont Rogneux

«The high-level glacier route from Chamounix to Zermatt» hiess ein 1862 in der britischen Schriftenreihe «Peaks, Passes and Glaciers» erschienener Aufsatz. Darin wurde eine mehrtägige, hochalpine Traversierung vorgestellt, die als Haute Route in die Annalen eingehen sollte. In einem Zeitalter, in dem es vor allem um die (Erst-) Besteigung prestigeträchtiger Berge ging, entsprang diese Idee einem grundlegend neuen Ansatz: Zwei entfernte Orte nicht auf dem schnellsten, sondern aus purer Abenteuerlust auf dem schönsten Weg zu verbinden, und zwar ohne in die Täler abzusteigen und fernab aller Zivilisation. Damals gab es übrigens noch keine Berghütten.

Die *Haute Route* ist heute noch die einzige wirklich berühmte Gletscherüberschreitung in den Alpen. Doch die Idee wurde später aufs Wandergelände übertragen, wo sich weit mehr Leute aufhalten als im Hochgebirge und wo der Weg viel eher das Ziel ist als beim Bergsteigen. Die Fernwanderung, neudeutsch Trekking genannt, war geboren. Vom nordamerikanischen *Pacific Crest Trail* bis zum neuseeländischen *Abel Tasman Coastal Track*, vom *Inca Trail* in Peru bis zum *Khumbu Trekking* in Nepal – überall wimmelt es von wohlklingenden Namen, die Sehnsucht wecken nach Abgeschiedenheit und Abenteuer. Auch in den Alpen wurden unzählige Weitwanderwege zusammengestellt, von der *Grande Traversata delle Alpi* bis zum *Grossen Walserweg*, vom *Kulturweg Alpen* bis zum eben eingerichteten *Trans Swiss Trail*.

Allein im Wallis führt der kantonale Wanderwegverein Valrando 23 Trekkings im Angebot. Darunter finden sich bekannte Touren wie die *Tour du Mont Blanc*, die *Tour Monte Rosa* oder die kürzlich lancierte *Tour du Cervin*, die Rundtour um den berühmtesten Berg der Alpen – und solche, die ausserhalb des Kantons (noch) wenig Ansehen geniessen, so die *Mineralientour* um Binntal und Monte Leone oder die *Tour du Ruan* südlich der Dents du Midi. Die *Tour des Combins* gehört zur Kategorie der beliebten, häufig besuchten Rundwanderungen. Vor allem Franzosen und Italienerinnen, aber zunehmend auch deutschsprachige Wandersleute machen sich im Sommer auf den langen Weg. Vom Val d'Entremont ins Val de Bagnes, über die Grenze ins italienische Valpelline und über den Col du Grand St. Bernard zurück zum Ausgangspunkt wandert man über schöne Alpweiden, Stock und Stein, an mächtigen Gletschern und winzigen Bergblumen vorbei, Pässe und Wildbäche überschreitend, und ist eine Woche lang der Unbill des Bergwetters näher als den Sorgen des Alltags. Im Führer «Alpinwandern Wallis» schlägt der Autor Bernhard Rudolf Banzhaf für die Combins-Rundwanderung den Untertitel *Rund um den Schweizer Himalaja* vor. Er muss es wissen, mit mehr als 1500 Tagen Wander- und Beobachtungserfahrung in und um Nepal. Und tatsächlich, am Grand Combin, dem mit Abstand höchsten Unterwalliser Gipfel, treffen sich Höhe und Weite in einer faszinierenden Mischung.

Die *Tour des Combins* lässt sämtliche Gipfel rechts liegen – sofern man sie im Uhrzeigersinn begeht. Doch wer die Originalroute mehr als Vorschlag denn als Vorschrift interpretiert, wird einen Abstecher auf den einen oder anderen Gipfel nicht auslassen wollen. Drei schöne Wanderdreitausender können ohne grossen Aufwand «mitgenommen» werden. Einer ist der Grand Tavé, der ebenfalls in diesem Buch vorgestellt wird. Der zweite heisst Mont Avril, liegt auf der Landesgrenze zwischen Val de Bagnes und Valpelline und lässt sich von der Fenêtre de Durand auf einer guten Wegspur erklimmen.

Der dritte ist der Mont Rogneux. Auf dem Kamm, der das Val de Bagnes vom Val d'Entremont trennt, in Sembrancher als sanfter Waldhang beginnt und sich in einem steten Crescendo bis zum 4314 m hohen Grand Combin steigert, ist der Mont Rogneux der erste richtige Felsgipfel. Entsprechend grossartig ist seine Aussicht – und Grund genug, beim Col de Mille die *Tour des Combins* kurz zu verlassen.

Bernhard Rudolf Banzhaf, Alpinwandern Wallis, Verlag des Schweizer Alpen-Clubs, 2003.

3083.8 m

Schwierigkeit: T3+
Vom Col de Mille folgt man den guten Spuren durch eine nicht allzu steile Geröllrippe bis zum Vorgipfel (P. 3032). Anschliessend geht's über Blockgelände und zuletzt auf dem Verbindungsgrat mit kurzen, manchmal etwas luftigen Kraxelstellen zum Gipfel. Heikel, wenn am Grat noch Schnee liegt.

Karten
1345 Orsières, 1346 Chanrion, 1326 Rosablanche

Zeit und Höhendifferenz 1. Tag
4 h 30'   ↗ 1010 m   ↘ 160 m
Bourg-St-Pierre–Col de Mille 4 h 30'

Zeit und Höhendifferenz 2. Tag
7 h 30'   ↗ 820 m   ↘ 2210 m
Col de Mille–Mont Rogneux 2 h
Mont Rogneux–Col de Mille 1 h 15'
Col de Mille–Cabane Brunet 2 h 15'
Cabane Brunet–Lourtier 2 h

Ausgangspunkt
Bourg-St-Pierre (1632 m). Haltestelle der Buslinie Martigny–(Grand St-Bernard)–Aosta.

Unterkunft
Cabane du Col de Mille (ca. 2475 m). 40 Plätze, offen und bewartet von Mitte Juni bis Anfang Oktober (Tel. 079 221 15 16).

Unterwegs einkehren
Cabane Brunet (2103 m): Hütte mit Übernachtungsmöglichkeit, offen und bewartet von Juli bis September (Tel. 027 778 18 10).

Endpunkt
Lourtier (1087 m). Postauto nach Le Châble, dort Bahn nach Martigny.

Die Route
Von Bourg-St-Pierre (1632 m) nordwärts, beim Roc de Raveire unter der Schnellstrasse hindurch und zur Kapelle von Notre Dame de Lorette (1629.5 m). Durch den Wald talauswärts ansteigend zur Alphütte Creux du Mâ (1975 m), über zwei Bäche und bis zur Weggabelung (ca. 2190 m) knapp unterhalb Boveire d'en Bas. Wieder über einen Bach und auf dem langen Höhenweg nach Le Coeur (2233 m) und P. 2345 zum Sattel P. 2453 östlich der Vuardette. Rechts der Flanke entlang nur leicht zu P. 2429 absteigen und erneuter Aufstieg über den Plan Souvéreu mit seinem Seelein (2493 m) zu P. 2563. Allmählich hinab durch die Weiden zum Col de Mille (2472 m) und zur 200 m westlich davon gelegenen gleichnamigen Hütte.

Vom Col de Mille auf ausgeprägtem und angenehmem, weiss-blau-weiss markiertem Weg über den grasigen Nordwestrücken zu P. 2766. Das Gelände wird nun etwas karger, und auf einer Mischung aus Gras, Schutt und einfachen Schrofen gelangt man zum Vorgipfel P. 3032, wobei der Weg im oberen Teil eher etwas in die Flanke rechts des Grats ausweicht. Bei P. 3032 offene Armeebaracke, guter Unterstand bei Regenwetter. Zuerst etwas rechts des Verbindungsgrats, später auf diesem leicht aufsteigend (kurze, leicht ausgesetzte aber durchwegs einfache Kraxelstellen) zum Gipfelkreuz des Mont Rogneux (3083.8 m).

Zurück zum Col de Mille und scharf rechts abbiegen, um nordostwärts auf einem neuen Weg hinab über Grasweiden zu steigen, bis man in der Nähe von P. 2244 auf den unteren Weg stösst. Auf diesem weiter, die Richtung behaltend, zum Seelein von Servay (2062 m). Nun mit einigem Auf und Ab um den Berg herum (P. 2092, P. 2050) zum Strässchen, das man bei P. 2001 erreicht und das zur Cabane Brunet (2103 m) führt. Der Talabstieg verlässt die Hütte nordwärts nach La Treutse, dreht dann rechts hinab zum Plan Tornay (1764 m) und steigt durch den stellenweise steilen Wald nach Barmasse ab. Die Strasse einige Male kreuzend und ganz zuletzt auch benutzend nach Lourtier (1087 m).

Varianten
Wer's kürzer mag, erreicht die Hütte von Liddes aus: über P. 1424, P. 1537, Le Clou, Erra d'en Bas, Erra d'en Haut und die Combe de Mille (Liddes–Col de Mille 3 h 30').

Wer rechtzeitig in der Hütte ankommt, sollte sich den kurzen und kurzweiligen Abstecher zum aussichtsreichen Hüttengipfel Mont Brûlé (2572 m) nicht nehmen lassen. Auf gutem Weg über die Krete, an alten Armeebaracken vorbei zum Gipfel (Cabane du Col de Mille–Mont Brûlé und zurück 30', Schwierigkeit T2+).

Wem's zuviel ist, steigt vom Col de Mille nordwärts auf markiertem Bergwanderweg, nicht selten durch eine grosse Herde Eringerkühe (Vorsicht, Kampfkühe...), zu den Ecuries de Mille (2150 m), dann über Le Tseppiet und einen bewaldeten Rücken nach Bruson (1042 m) ab (Col de Mille–Bruson 2 h 45', Schwierigkeit T2).

Wer nicht genug hat, kann von der Cabane Brunet auf der Tour des Combins bleiben und zur Cabane F.-X. Bagnoud traversieren, und tags darauf den Grand Tavé besteigen (Cabane Brunet–Cabane F.-X. Bagnoud 3 h, Schwierigkeit T4–, markierte Gletscherüberquerung).

Die Kaltfront zieht ab, über dem Val d'Entremont lösen sich die Wolken langsam auf. Blick vom Mont Brûlé.

Ein Blick nach Südwesten im frühmorgendlichen Aufstieg zum Mont Rogneux: links die Grandes Jorasses, rechts der franko-italo-helvetische Mont Dolent.

Vom Mont Brûlé lässt sich der Aufstieg zum Mont Rogneux, links im Bild, gut studieren. Die Gratsenke darunter ist der Col de Mille.

Auf Du und Du mit dem Mächtigen: Grand Combin vom Grand Tavé.

Grand Tavé

Berge stehen im Ruf, zu Stein gewordene Symbole von Dauerhaftigkeit und Festigkeit zu sein. Ihr Abbild auf den Landeskarten ist demzufolge beständig, wie in Stein gemeisselt. So die weit verbreitete Meinung.

In Wirklichkeit zwingen die mit der Klimaerwärmung zusammenhängenden Murgänge und Felsstürze die Erbauer der Bergwege jedes Jahr zu zahlreichen Routenänderungen. Gletscher verschwinden und hinterlassen eine vollständig umgeformte Landschaft und sogar Hüttenstandorte verschieben sich im Laufe der Zeit: so zum Beispiel die Cabane F.-X. Bagnoud, genannt Panossière.

Die Landeskarte aus dem Jahre 1988 zeigt die Cab. de Panossière CAS auf der Seitenmoräne des Glacier de Corbassière, gleich unterhalb des Grand Tavé. Wer heute aus dem Val de Bagnes aufsteigt, findet die Hütte zwar noch immer auf derselben Seitenmoräne, aber nicht mehr unterhalb des Grand Tavé, weil dort im März 1988 eine angebliche Jahrhundertlawine die alte Hütte in Kleinholz zerlegt hatte. Sicherheitshalber wurde der Standort um einen Kilometer gletscherabwärts auf einen Moränenbuckel verlegt. Der Schweizer Alpen-Club (SAC) und die Gemeinde Bagnes wurden sich über die Wiederaufbaumodalitäten jedoch nicht einig, denn die Gemeinde hatte ein Angebot von Monsieur Bagnoud, dem Inhaber von Air-Glaciers. Dieser offerierte, zum Andenken an seinen tödlich verunglückten Sohn François-Xavier eine private Hütte zu finanzieren und der Gemeinde zu schenken. So verlor der SAC eine seiner bestfrequentierten Hütten, und die Karte musste gleich bezüglich Standort und Hüttenname modifiziert werden.

Dass sich die Namen der Hütten ändern, ist – auch aufgrund der bescheidenen Mäzenenkultur in der Schweiz – selten. Dass sich Standorte ändern, kommt jedoch immer wieder vor; so war Lawinengefahr zum Beispiel der Grund zur Verlegung der Cristallina- (TI), Lämmeren- (VS), Coaz- (GR) und Pianseccohütte (TI). Auch die Energieversorgung führte schon zu Standortverlegungen, so geschehen bei der Keschhütte (GR), die nun dank besserer Südausrichtung ihren Energiebedarf zu fast 80% durch die Sonnenstrahlen deckt (und dafür den Schweizer Solarpreis erhielt), oder bei der Albigna-Hütte im Bergell, deren alter Standort dem Stausee und Stromhunger von Zürich geopfert werden musste.

Viele SAC-Hütten wurden zwischen 1864 und 1920, in der Pionierzeit des Alpinismus gebaut und dienten vorab dem Bedürfnis der Bergsteiger, möglichst nahe am Gipfel ein Dach über dem Kopf zu finden. Komfort war nebensächlich. Zeiten und Ansprüche haben sich geändert und der SAC ist heute nebst seiner Funktion als Sportverband auch eine Art Beherbergungsunternehmen mit 10 000 Übernachtungsplätzen in 153 für die Allgemeinheit zugänglichen Hütten geworden. Zusätzliche Hütten baut der SAC zum Schutze der noch unberührten Gebirgsregionen schon lange keine mehr. Das raue Gebirgsklima aber sorgt dafür, dass jede Hütte alle 30 bis 40 Jahre einer je nach Hüttenpublikum unterschiedlichen Sanierung bedarf. Da viele Hütten heute eher von Wanderern denn von Bergsteigern frequentiert werden, ist zunehmend mehr Komfort gefragt. Priorität hat hier die Reduktion der Zimmergrössen von grossen Schlafsälen hin zu 4er bis 12er Zimmern, sowie die umfassende Sanierung der WC- und Waschanlagen. Obwohl die Cabane F.-X. Bagnoud nicht mehr dem SAC gehört, setzt auch sie auf kleine Zimmer und ökologisch zukunftsweisende Lösungen.

Immer wieder wird der Ruf nach Duschen, Einzel- und Doppelzimmern laut, so wie es manche Hütte in unseren Nachbarländern anbietet. Aber ist nicht die Bescheidenheit der Mittel, die dadurch relativ geringe Umweltbelastung und die der kargen Berglandschaft angepasste Einfachheit der Unterkunft gerade ein Anziehungspunkt, der die SAC-Hütten klar vom Einerlei des grossen Durchschnitts im Tal abgrenzt? Die steigenden Übernachtungszahlen der letzten Jahre lassen jedenfalls ein Rückbesinnen auf einfache und erlebnisreiche Übernachtungsformen erkennen!

3158 m

Schwierigkeit: T4
Vom Col des Otanes zum Vorgipfel führt die Route durch teils rutschiges, aber kaum exponiertes Geröll- und Blockgelände. Beim Übergang zum Hauptgipfel muss eine kurze Kletterstelle im I. Grad gemeistert werden.

Karte
1346 Chanrion

Zeit und Höhendifferenz 1. Tag
3 h 30' ↗ 1190 m ↘ 40 m
Fionnay–Cabane Bagnoud 3 h 30'

Zeit und Höhendifferenz 2. Tag
4 h 45' ↗ 550 m ↘ 1350 m
Cabane Bagnoud–Col des Otanes 45'
Col des Otanes–Grand Tavé 1 h 15'
Grand Tavé–Col des Otanes 45'
Col des Otanes–Mauvoisin 2 h

Ausgangspunkt
Fionnay (1491 m) im Val de Bagnes. Von Martigny mit der Bahn nach Le Châble, dann mit dem Postauto Richtung Mauvoisin bis Haltestelle Fionnay.

Unterkunft
Cabane François-Xavier Bagnoud (2645 m, Cab. FXB-Panossière auf der Landeskarte). 103 Plätze, immer offen, bewartet von Juli bis September (Tel. 024 479 22 72).

Unterwegs einkehren
Mauvoisin (1841 m): Hôtel Mauvoisin bei der Postauto-Haltestelle, Übernachtungsmöglichkeit (Tel. 027 778 11 30).

Endpunkt
Mauvoisin (1841 m). Endstation der Postautolinie des Val de Bagnes. Die Haltestelle befindet sich beim Hôtel Mauvoisin. Von dort nach Le Châble und mit der Bahn nach Martigny.

Die Route
Von der Haltestelle Fionnay (1491 m) über die Dranse de Bagnes ins Dorf. Der gute Weg führt zu P. 1543 und über einen Erlenhang durch eine mässig steile Flanke zu den Ruinen von Vers le Grenier de Corbassière (1959 m). Nun südostwärts über Grashänge und durch eine Flanke zum flachen Plan Goli. Ein letzter Hang führt über La Tsessette zur modernen und aussichtsreich gelegenen Cabane F.-X Bagnoud (2645 m).
Von der Cabane F.-X. Bagnoud der Moräne des Glacier de Corbassière entlang bis zum Standort der alten Cabane Panossière (ca. 2660 m), dann links hinauf, auf gutem Weg im Zickzack zur ersten Einsattelung des Col des Otanes (ca. 2850 m, 100 m östlich von P. 2880). Vor den markanten gelben Felsen auf der Passhöhe verlässt man den Weg in Richtung Osten. Über Geröll und Blöcke steigt man südlich des winzigen Glacier des Otanes durch eine breite Rinne hinauf (Steinmännchen) zum Nordgrat des Grand Tavé, den man 350 m nördlich des Gipfels betritt. Über den breiten, bequemen Rücken an zahlreichen Steinmännchen vorbei zum Vorgipfel. Man steigt kurz in eine Scharte hinab und gelangt, rechts ausholend, mit ein paar einfachen Kletterschritten im I. Grad (verschiedene Varianten) zum Gipfel auf 3158 m. Auf gleichem Weg zurück zum Col des Otanes.
Vom Col des Otanes zieht der Weg nordostwärts durch eine flache Mulde (häufig Altschneereste, Markierungen dann unter Umständen schlecht sichtbar) und steigt hinab bis ca. 2550 m. Nun beginnt eine lange Traverse mit einigem Auf und Ab über La Tseumette, die mehrere Bachläufe quert (Vorsicht bei Hochwasser). Zuletzt im Zickzack steil hinab und zu Hotel und Haltestelle Mauvoisin (1841 m).

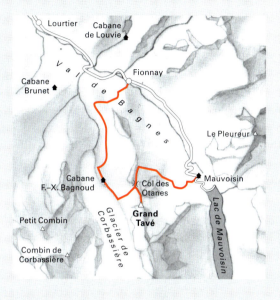

Variante
Wer am ersten Tag zu früh in der Hütte ankommt, kann sich auf den riesigen Eisstrom des Glacier de Corbassière wagen. Die auch auf der Landeskarte als Wegspur eingezeichnete Überquerung des Gletschers in Richtung Col des Avouillons (Schwierigkeit T4–) gehört zur Rundwanderung «Tour des Combins» (wie übrigens auch der Col des Otanes). Sie ist mit weiss-blau-weissen Stangen markiert und bietet bei ausgeaperten Verhältnissen höchst interessanten Anschauungsunterricht in Sachen Glaziologie. Bereits der Abstieg über die Moränenflanke zeigt, wie der Gletscher seine Umgebung abträgt und instabile Ablagerungen hinterlässt. Die zahlreichen gurgelnden Bächlein auf der Eisoberfläche, die wellenförmigen Wasserrinnen und die Gletschertische zeugen hingegen vom steten Schmelzprozess, der unter der kräftigen Sonneneinstrahlung wirkt.

ickfang: der Grand Combin,
nseits der Hüttenterrasse und
es Glacier de Corbassière.

Nachfolgerin: die moderne
Cabane François-Xavier Bagnoud,
etwas unterhalb der
ehemaligen Cabane Panossière.

Wenig Steinmann, viel Panorama:
Glacier du Giétro, links Pleureur, rechts
Mont Blanc de Cheilon und Ruinette.

Mont de l'Etoile

(K)ein Plaisir? Abseits des Massenrummels am Mont de l'Etoile.

«Die Felsqualität in dem von diesem Führer abgedeckten Gebiet lässt die Entwicklung der sogenannten modernen Kletterei, wo jeder Griff sicher sein muss, nicht zu. Es ist also eine dem Alpinisten geschenkte Zone abseits des Massenrummels», schreibt Maurice Brandt 1999 im Vorwort zu seinem SAC-Führer der Walliser Alpen über die Gipfel zwischen Val d'Hérens und Val d'Entremont.

Und in der Tat: Es tummeln sich erstaunlich wenig Kletterer in der und um die Cabane des Aiguilles Rouges. Wer will heutzutage schon in einem Gebiet klettern, von dem bereits der 1911er Baedeker «difficult and dangerous from falling stones» zu berichten wusste. Heute ist beim Klettern Plaisir gefragt: kurze Anstiege, bombenfester Fels, grosse Auswahl, eingebohrte Sicherungen alle zwei Meter. Und gut besucht sollte das Gebiet auch noch sein – schliesslich bestätigt ja die Warteschlange am Routeneinstieg, dass man die richtige Wahl getroffen hat. Das alles findet man in den Aiguilles Rouges d'Arolla definitiv nicht.

Die Cabane des Aiguilles Rouges wurde 1948 vom Club Alpin Académique de Genève errichtet. Damals waren «interessante Klettereien in alpinem Gelände», so die in Führern übliche Umschreibung für Routen zweifelhafter Felsqualität, durchaus en vogue. Denn nebst *Tricounis* (Schuhbeschläge) und Vibramsohlen, Hanfseil und Schultersicherung gehörte zum Emporklimmen auch eine gute Portion Abenteuerlust. Die Aiguilles Rouges boten das geeignete Gelände dazu und wurden entsprechend häufig bestiegen. Doch die kühnen Felszacken sind längst aus dem Gault-Millau des Kletterns gefallen und nur noch Liebhaberobjekt für unverbesserliche Kletterromantiker. Dafür machen sich Wanderer breit, welche die Hütte mehr als Hochgebirgsgetränkeausschank denn als Nachtlager und Stützpunkt für alpinistische Taten verstehen.

Überhaupt scheint die ganze Gegend um Arolla leicht «démodé» zu sein. Hotels wirken, als ob sie ihre beste Zeit hinter sich hätten – behalten aber gerade deswegen ihren Charme. Die wenigen Skilifte sehen nicht eben futuristisch aus, die Tageskarte kostet im Januar 2003 ganze Fr. 14.50. Und auch die vielen herumstehenden Gipfel (Mont Collon, Pigne d'Arolla, Aiguille de la Tsa, Grande Dent de Veisivi) lassen eher an verblichene Heldentaten der Entdeckerzeit denn an knackige Trendberge der Neuzeit denken. Arolla und das ganze Val d'Hérens blicken in den Rückspiegel auf ihre alpinistische Blütezeit. Das Wallis wird bekanntlich auch «le vieux pays» genannt, was in Arolla leicht nachvollziehbar ist.

Auch für Wanderungen sind die Möglichkeiten durch das ruppige, manchmal felsig-geröllige Terrain etwas eingeschränkt. Kommt hinzu, dass bei einer Starthöhe von 2006 m (Arolla) und Gletschern, die stellenweise bis auf unter 2300 m hinabreichen, wenig Spielraum für Wanderer bleibt. Erfreuliche Ausnahme ist die beliebte Wanderung von Arolla zur Cabane des Aiguilles Rouges mit Abstieg nach La Gouille, die entsprechend häufig begangen wird. Die Aussicht auf wuchtige, eisgepanzerte Gipfel, der stete Wechsel von Wiesen- und Geröllandschaften, Wasser in allen Variationen und alte Stadel aus Lärchenholz bieten Abwechslung auf dieser Tour.

Doch es wäre schade sich mit der Hütte als einzigem Ziel zufrieden zu geben. Der Abstecher zum Mont de l'Etoile fügt einige Steine mehr ins Mosaik der Tagestour: eine Mondlandschaft mit vielen unerwarteten Geröllfarben («langweilige Geröllhalden» steht dazu fälschlicherweise im SAC-Führer), ein erstaunlicher Seitenblick aufs Profil der Aiguilles Rouges, eine gestaffelte Aussicht auf die Kulissen der Walliser und Berner Alpen und eine Einsamkeit für drei Stunden, die manchmal den grössten Reiz einer Wanderung ausmachen kann.

Dass die Kletterer auf ihrer Suche nach Amusement den Aiguilles Rouges den Rücken kehren, mag den Hüttenwart und den Club Alpin Académique de Genève stören, uns kann es nur recht sein. Es lebe das brüchige Gestein, es lebe das Plaisirklettern.

3370 m

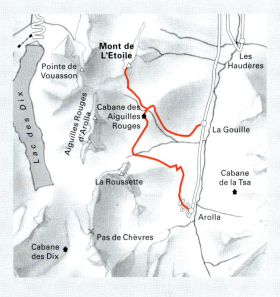

Schwierigkeit: T3–
Der Aufstieg von der Hütte zum Gipfel verläuft durchgehend auf einer guten, markierten Wegspur. Zuletzt ist das Gelände etwas rutschig, aber nicht ausgesetzt.

Karten
1326 Rosablanche, 1327 Evolène, 1347 Matterhorn

Zeit und Höhendifferenz
7 h 30'   ↗ 1400 m   ↘ 1570 m
Arolla–Cab. des Aig. Rouges 3 h
Cab. des Aig. Rouges–Mont de l'Etoile 1 h 45'
Mont de l'Etoile–La Gouille 2 h 45'

Ausgangspunkt
Arolla (2006 m). Postauto-Verbindung von Sion mit Umsteigen Les Haudères.

Unterwegs einkehren
Arolla (2006 m): Gasthäuser, Restaurants und Lebensmittelgeschäfte.
Cab. des Aiguilles Rouges CAAG (2810 m): immer offen, bewartet von Ende Juni bis Ende September, Übernachtungsmöglichkeit (Tel. 027 283 16 49).
La Gouille (1834 m): Pension du Lac Bleu, Übernachtungsmöglichkeit (Zimmer und Lager, Tel. 027 283 11 66).

Endpunkt
La Gouille (1834 m). Kleine Siedlung mit Haltestelle an der Postautolinie Arolla–Les Haudères, dort Anschluss nach Sion.

Die Route
Beim Dorfplatz in Arolla (2006 m) biegt man in den markierten Wanderweg Richtung Cabane des Aiguilles Rouges ein. Vom oberen Dorfrand, an einem Skilift älterer Bauart vorbei, steigt der Weg nordwärts zu P. 2156.0 an und erreicht ein Feldsträsschen, das über die Weiden von Pra Gra (mehrere Abkürzungen möglich) zur schönen, sagenhaft gelegenen Remointse de Pra Gra (2479 m) führt. Der Weg steigt nordwestwärts noch leicht an und erreicht eine Gratschulter, von der sich ein kurzer Abstecher zur Tête du Tronc (2549 m) lohnt. In einem langen Halbkreis geht's nun auf gutem Bergweg über Les Ignes und P. 2706 durch karges Gelände, manchmal auch über etwas ruppiges Blockwerk (eine Stelle mit Halteketten) zur Cabane des Aiguilles Rouges (2810 m).
Man verlässt die Hütte nordwestwärts und stösst noch vor P. 2824 auf weissblaue Markierungen. Diesen Markierungen und einem Wegpfeil «VUA» (für Vouasson) folgend auf guten Spuren nordostwärts durch ein Tälchen und über einige Gletscherbäche (knifflig bei hohem Wasserstand) zur Moräne, die sich von P. 3073 herabzieht und die man auf ca. 2850 m betritt. Auf der Moräne, eine weissgelb markierte Abzweigung auf etwa 2880 m ignorierend, bis 2980 m. Die weissblaue Route führt weiter Richtung Pointe de Vouasson, wir hingegen wenden uns nach rechts und folgen den nun weissgrünen Zeichen, die auf ungefähr 3100 m den Südgrat des Mont de l'Etoile von links her erreichen. Dem Grat nach, manchmal auch links davon über Spuren zum Vorgipfel mit Steinmännchen. Ein allfälliger Abstecher zum 30 Meter entfernten, kaum markanteren Hauptgipfel (3370 m), auf dem weder Steinmann noch Kreuz noch Gipfelbuch stehen, führt zuerst knapp links, dann rechts vom Grat durch etwas abschüssiges Gelände (T3+).
Man steigt auf der selben Route wieder bis ca. 2850 m ab und mündet nach ein paar weglosen Schritten in den Hüttenweg, der von La Gouille her kommt. Weiter ohne Schwierigkeiten, die manchmal weidenden Gämsen gebührend respektierend, über die Remointse du Sex Blanc und den Lac Bleu (2092 m) hinunter nach La Gouille (1834 m).

Variante
Vom Hauptgipfel kann man rechts des Grats durch abschüssiges Gelände zum Nordgipfel (3330 m) traversieren, von wo die Aussicht ins Val d'Hérens hinunter umfassender ist. Der Abstieg erfolgt am Besten über den offenen, recht steilen Geröllhang, der sich zwischen den beiden Gipfeln gegen Südosten zieht und bei guter Rutschtechnik eine flotte Gangart zulässt. Anschliessend westlich von P. 3029 hinunter zur Aufstiegsroute (Schwierigkeit T4).

Fussnote
Dem Wort Remointse (remoueïntsu im lokalen Patois) begegnen wir im Val d'Hérens immer wieder. Es bezeichnet eine der Alpstationen der nomadisierenden Viehwirtschaft (vergleichbar dem Stafel oder Säss in der deutschen Schweiz und dem Corte im Tessin). Die Hauptalp, Mittelpunkt der Sommersaison, heisst Tsa (tsaleù), während die Mayens Maiensässe sind.

Die Cabane des Aiguilles Rouges. Rechts der Fahne das Weisshorn.

«Langweilige Geröllhalden»: oberhalb der Hütte…

… und
auf dem Gipfel.

… im Aufstieg zum
Mont de l'Etoile…

Sasseneire

Die Sasseneire, unscharf wahrgenommen im Abstieg von der Cabane de Moiry.

Wir folgen dem *krethètt* (Grat), auf dem sich da und dort eine *pachâyu* (Wegspur) findet. Das Wetter ist *ëntsarpunà* (neblig), ab und zu *kuvachyè* (nieselt es). Würde die *arrùhyo* (Sonne) scheinen, könnte der Blick bis zur *achouejeùn* (fernen Horizontlinie) wandern; so bleibt er halt an einem *perètt* (Enzian) oder an einer *pùpa de Chèïn Pîrro* (Mehlprimel) hängen. Plötzlich flattert einige Meter neben uns ein *arbèïnna* (Schneehuhn) davon. Nach einer einfachen *sèïnlyo* (Felspassage) geht's weiter, bis das *kroùì* (Kreuz) auftaucht. Der Gipfel besteht aus einem abgespaltenen *grètchyo* (Felsblock), ein regelrechter *âla* (überhängender Felsen). Ohne zu *aneyè* (zögern) besteigen wir ihn. Richtig *grepà* (klettern) muss man zwar nicht, doch die feuchte Witterung zwingt uns zu erhöhter Vorsicht: Ein *kyokâku* (Fehltritt) hätte zweifellos einen *kambardulâyu* (schlimmen Sturz) zur Folge.

Obwohl es stark *enùblo* (bedeckt) ist, geniessen wir die wohl verdiente *poûja* (Pause) auf der *Sasseneire* (schwarzer Stein). Eine *fyóoula* (Flasche) macht die Runde. Plötzlich reisst der Himmel ein wenig auf, die schwachen Farben eines *â dóou liktòn* (Regenbogen) zeigen sich, und wir sehen auf eine *tsa* (steinige Alp) hinunter, dann weiter hinab bis nach Evolène. Das ist unser heutiges Ziel.

Evolène, oder Evolena, wie die Einheimischen sagen, ist ein beschauliches Walliser Dorf mit einem sehenswerten alten Kern und unaufdringlichem touristischen Angebot mitten im Val d'Hérens. Durchaus reizend, aber nicht besonders aussergewöhnlich. Aussergewöhnlich hingegen ist die Sprache – ist doch Evolène die letzte Gemeinde der französischsprachigen Schweiz, in der das sogenannte Patois noch lebt und im Alltag verwendet wird. Viele Kinder wachsen heute noch mit dieser Muttersprache auf und erlernen das Französische erst später hinzu.

Das Patois von Evolène und Umgebung gehört zur Familie der frankoprovenzalischen Sprachen, die sich sowohl von den französischen wie auch von den okzitanischen Mundarten wesentlich unterscheiden. Frankoprovenzalische Dialekte werden in der Schweiz, im Nordwesten Italiens (Valle d'Aosta, Valle di Susa etc.) sowie in gewissen Teilen Frankreichs (Savoyen, Lyonnais, Dauphiné, Franche Comté) gesprochen – sie sind allerdings überall mehr oder weniger auf dem Rückzug.

Von *aatètt* (Hügel) über *frènnzu* (Gletscherspalte) bis *zuték* (frühgeboren) bietet das Patois von Evolène einen sehr differenzierten Wortschatz mit zahlreichen Redewendungen und ist auf den typischen Alltag der Bergler und ihre spezifischen Bedürfnisse zugeschnitten. Besonders nuancenreich sind beispielsweise Ausdrücke für die Alpwirtschaft, für karge Geländeformen oder für die Viehzucht. Aus dieser Region stammen übrigens auch die robusten, für Kuhkämpfe eingesetzten Ehringer Kühe.

Auch für Begriffe wie «Schnee», «schneien» und «Lawinen» hält das Evolèner Patois mehrere fein abgestufte Bezeichnungen bereit, was die Erfahrung der Bergler im Umgang mit der Witterung und den alpinen Gefahren widerspiegelt. Doch Erfahrung ist leider nicht immer eine Garantie. Etwas ausserhalb von Evolène, in der Nähe des Ortsteils La Tour, ging nach anhaltenden Schneefällen am 21. Februar 1999 eine riesige Lawine nieder. Nicht zum ersten Mal: Die Einheimischen kannten die Lawinenbahn bereits aus früheren Zeiten und hatten sich stets davor gehütet, irgendwelche Wohngebäude in ihrem Auslaufbereich zu erstellen. Doch als im Winter 1999 die Schneemassen wieder einmal ins Tal donnerten, versperrte ihnen neuerdings eine moderne Chaletsiedlung den Weg. Zwölf Menschen, die sich darin befanden, überlebten die Tragödie nicht. Der Schnee war stärker als die Chalets. Schnee heisst in Evolène *nék*.

Marie Follonier-Quinodoz, Oleïnna – Dictionnaire du patois d'Evolène, La Sage 1989.
www.evolena-nostra.ch

3253.5 m

Schwierigkeit: T3
Zwischen Col de Torrent und Gipfel verläuft der Weg über einen breiten, nicht ausgesetzten Gratrücken mit Pfadspuren. Bei guter Routenwahl kann man beide Hände in den Hosentaschen lassen. Auch die allerletzten Schritte zum Gipfelkreuz, die auf den ersten Blick etwas verunsichern können, sind ohne Kletterkünste zu meistern.

Karte
1327 Evolène

Zeit und Höhendifferenz
6 h   ↗ 1010 m   ↘ 1520 m
Lac de Moiry–Col de Torrent 2 h 15'
Col de Torrent–Sasseneire 1 h
Sasseneire–Col de Torrent 30'
Col de Torrent–Villa 2 h 15'

Ausgangspunkt
Lac de Moiry (2250 m). Postauto-Verbindung von Sierre mit Umsteigen in Vissoie. Die Haltestelle befindet sich am östlichen Ende der Staumauer.

Unterwegs einkehren
Moiry (2250 m): Restaurant Barrage de Moiry, darüber auf 2310 m Dépendance Chalet du Barrage mit Übernachtungsmöglichkeit (Matratzenlager, Tel. 027 475 15 48).
Villa (1742 m) und La Sage (1667 m): Gasthäuser, Restaurants und Lebensmittelgeschäfte.

Endpunkt
Villa (1742 m). Kleine Ortschaft oberhalb Evolène, Postauto-Verbindung nach Les Haudères, dort Anschluss nach Sion. Der Ortsname schreibt sich häufig Villaz (so auch im Telefonbuch), die Postauto-Haltestelle heisst La Sage/Villaz.

Die Route
Von der Haltestelle des Postautos am Lac de Moiry (2250 m) über die Krone der Staumauer. Man folgt dem Strässchen (ein paar Abkürzungen möglich) zum grossen Alpgebäude von Moiry (2481 m). Bei einem Wegweiser beginnt der markierte Bergweg zum Col de Torrent, der zuerst sanft am schönen Lac des Audannes vorbei führt, um dann entschiedener bis zur Passhöhe (2916 m) anzusteigen.
Vom Col de Torrent zuerst auf der Westseite bis 2890 m absteigen, wo man auf ein Steinmännchen trifft. Nun scharf rechts hinauf über Geröll auf einer guten Zickzackspur, die allmählich gegen den Südostgrat zurückführt, den man auf 3000 m erreicht.
(Vom Col de Torrent kann man auch direkt über den Grat bis hierhin gelangen: gute Spur, allerdings muss ein 2 m hohes Wändchen im I. Grad hinabgeklettert werden).
Weiter dem breiten Schuttgrat entlang, ab und zu ein paar Meter nach links ausweichend und so bald wie möglich wieder zum Grat zurück, bis zum Vorgipfel (3139 m). Der Grat wird nun kompakter und weist einige wenige Felstürmchen auf, die wiederum auf der linken Seite umgangen werden (nicht zu weit absteigen). Von links her erreicht man schliesslich den Gipfel (3253.5 m), ein Felspilz mit einem mächtigen Kreuz.
Der Abstieg folgt bis zur Abzweigung bei 2890 m der Aufstiegsroute (stets in Gratnähe bleiben und nicht zu weit in die Flanke absteigen). Der gute Bergweg schlängelt sich zuerst etwas steiler, dann flach auslaufend über Alpweiden zum Kreuz und zu den Felstürmen von Béplan. Weiter hinab über weite Grashänge an P. 2232 vorbei zu den Mayens de Cotter (2057 m). Man bleibt nun kurz auf dem Strässchen und vermeidet Abkürzungen über die Futter- und Mähwiesen.

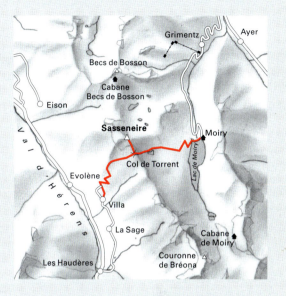

Bei der zweiten Haarnadelkurve auf ca. 1970 m zweigt ein Weg zu einem Brücklein ab, senkt sich zu einem zweiten Bachtobel und führt hinab ins schmucke und gut erhaltene Dörfchen von Villa (1742 m).

Variante
Von Villa kann man gut nach Evolène absteigen. Beim Kirchlein hinab durch den unteren Dorfteil, dann talauswärts über den Torrent des Maures. Ein schöner Zickzackweg überwindet die unterste Steilstufe und erreicht die Talstrasse bei P. 1386. Dieser entlang gelangt man nach Evolène (Villa–Evolène 45', Schwierigkeit T2).

Blick auf den Lac de Moiry,
im Abstieg vom Corne de Sorebois.
Wer die Sasseneire (oben rechts)
besteigen will, überquert die Staumauer,
wandert schräg hinauf zum
Col de Torrent und erreicht von links
her über den Grat den Gipfel.

Mayens de Cotter.

Lac de Moiry.

Schwarzer Stein
Sasseneire.

Bella Tola:
«The best viewpoint of the Alps»?

Bella Tola

Bereits die Anreise ist spektakulär. Nach einer kurzen Fahrt durch mässig reizvolle Vorortlandschaften steuert unser Postauto unvermittelt auf eine kahle Steilflanke zu und beginnt sich auf unzähligen Haarnadelkurven geübt emporzuschrauben. Vom Sitzplatz aus sehen wir abwechslungsweise eine erdrückende Felswand einen halben Meter vor der Nase, dann wieder atemberaubend weit ins Rhonetal hinaus und steil hinunter auf die Aluminiumwerke von Chippis. Bei der dritten Kurve gibt's eine kurze Pause. Ein Wohnwagen kriecht uns entgegen, ein Auto zaghaft vor sich schiebend. Unser Chauffeur lehnt sich aus dem Fenster, leitet den erschrockenen Urlauber an, bis wir an ihm vorbeifahren können, und spricht eine allgemeine Erheiterung auslösende Bemerkung über Fahrkünste und Flachland ins Bordmikrophon. Dann öffnet sich ein unerwartetes Tal: das Val d'Anniviers. Ab nun folgt die Strasse der linken Talflanke, die unter uns schroff abfällt und die Sicht auf die Talsohle versperrt. Dafür erhaschen wir einen kurzen Blick auf die legendäre Hängebrücke von Niouc.

1922 wurde sie erbaut, um den Weiler Briey mit Wasser zu versorgen. 190 Meter lang, einen halben schmal und 200 Meter über der Navisence schwingend, eine Art Hängesuone. Kürzlich renoviert, dient sie nun den Bungeejumpern als Sprungbrett. Das interessiert uns wenig, deshalb bleiben wir sitzen. Die nächste Attraktion folgt schon bald. Unser Postauto wendet nach links in eine Schlucht, die Strasse verengt sich zu einem schmalen Band und schmiegt sich an eine senkrechte Wand. Alle schlucken leer – bis auf die Einheimischen, die vor sich hin schmunzeln und zu unserem Entsetzen gar den Fahrer mit Dorfgeschwätz ablenken.

Mancherorts sieht man noch das Trassee des alten Saumweges, welches das Val d'Anniviers mit der übrigen Welt verband: Die Linienführung ist derart ausgesetzt, dass man den damaligen Anniviarden im Nachhinein ganz viel Trittsicherheit wünscht. Eine kleine Kapelle am Strassenrand lässt allerdings vermuten, dass der Wunsch für manchen wohl etwas spät kommt.

Dass wir selbst heil in Vissoie ankommen, verdanken wir dem tüchtigen Fahrer dafür gleich doppelt. Obwohl sich ein Besuch des kleinen Dorfes durchaus lohnen würde, sehen wir uns auf dem mit Postautos verstellten Hauptplatz nach unserem sofortigen Anschluss um und steigen nach kurzem Werweissen ins richtige Gefährt ein – dasjenige nach Chandolin, mit 1936 m übrigens die höchstgelegene Gemeinde der Schweiz. Ganz so weit fahren wir nicht, in St-Luc ist für uns Endstation. Eine kurze Fussstrecke durch den sehenswerten Dorfkern führt uns zur Standseilbahn, mit der wir schweissfrei die Tignousa auf 2180 m erreichen. Die Aussicht weitet sich und lässt auf noch mehr hoffen. Deshalb entscheiden wir uns, die Sternwarte und den Chemin des Planètes ein andermal zu besichtigen und machen uns auf die roten Socken. Selbst der Versuchung der Tischchen vor der nahen Cabane Bella Tola können wir widerstehen, den Blick stramm zum Gipfel gerichtet.

Der Aufstieg gestaltet sich recht abwechslungsreich. Planierte Skipisten und nackte Skilifte wechseln sich ab mit idyllischen Moorflächen, die man in diesem «erschlossenen» Landstrich nicht erwarten würde. Bequem läuft es sich. Dann, endlich, können wir alle Wintersportmechanik hinter uns lassen, der Weg richtet sich auf, es folgt ein einfaches Gipfelgratstück mit lustigen Felsformationen und schliesslich stehen wir neben dem kreideweissen Steinmännchen.

«Bella Tola (3025 m) is the best viewpoint in the Swiss Alps. This peak, although of modest height, is the one peak you must do if you only ever do one, because it stands out in the Rhone Valley above Sierre in such a way as to give a splendid view of the Berner Oberland peaks but also a view of the Pennine Alps.» Das ist nicht von uns, es ist die Meinung von Bergwanderer Ken aus London, die wir zufällig aus dem Internet gefischt haben. Wir kennen Ken nicht und Shakespeare hätte es womöglich anders formuliert. Aber wo er Recht hat, hat er Recht.

3025 m

Schwierigkeit: T2+
Einfacher Aufstieg auf gut ausgetretenem Weg. Uneinheitliche, aber klare Markierungen bis zum Gipfel. Anfang Sommer häufig Schneereste auf dem Gipfelrücken.

Karte
1307 Vissoie

Zeit und Höhendifferenz
4 h 30'   ↗ 870 m   ↘ 870 m
Tignousa–Cabane Bella Tola 20'
Cabane Bella Tola–Bella Tola 2 h 30'
Bella Tola–Tignousa 1 h 40'

Ausgangs- und Endpunkt
Tignousa (2178 m). Von Sierre Postautoverbindung nach St-Luc (umsteigen in Vissoie), dann in 10' zu Fuss durchs Dorf, an der Kirche vorbei, zur Standseilbahn und mit dieser hinauf zur Bergstation Tignousa.

Unterwegs einkehren
Tignousa (2178 m): Restaurant mit Übernachtungsmöglichkeit bei der Bergstation der Standseilbahn (Tel. 027 476 15 55).
Cabane Bella Tola (2346 m): Hütte mit Übernachtungsmöglichkeit (Tel. 027 475 15 37).

Die Route
Von der Bergstation der Funiculaire St-Luc–Tignousa (2178 m) auf gut ausgeschildertem Bergwanderweg zur Cabane Bella Tola (2346 m), die sich auf einer Geländeterrasse befindet. Von der Hütte steigt der Weg nur wenig an und durchquert dann ein weites, stark coupiertes Plateau mit einigen Skiliftanlagen. Man gelangt zu einer schönen Feuchtebene nordöstlich von P. 2484, die besonders im Frühsommer mit unzähligen Bächen und seichten Seelein gespickt ist. Nach einer kurzen Strecke auf der Werkstrasse der Skiliftanlagen zweigt man links ab, um über P. 2634 und P. 2726 in angenehmem, weit ausholendem Zickzack eine offene Schutzhütte auf ca. 2900 m und bald darauf den Pass (2927 m) zwischen Bella Tola und Rothorn zu erreichen. Über den schuttigen Verbindungsgrat, einige bizarre Felstürme umwandernd, und weiter meist knapp rechts der Gratschneide zum Gipfel der Bella Tola (3025 m).
Der Abstieg folgt der Aufstiegsroute.

Varianten
Knieschonender ist der Abstieg vom Gipfel nach Süden über Pas du Boeuf und auf dem breiten Erschliessungsweg zum Lac de la Bella Tola (Mehraufwand ca. 15'). Doch führt der Weg an weiteren Skianlagen vorbei…
Das Rothorn (2998.1 m), der nordwestliche Nachbar der Bella Tola, kann ohne Schwierigkeiten auf dem Verbindungsgrat erreicht werden (vom Sattel P. 2927 zum Rothorn und zurück ca. 30', Schwierigkeit T2+).
Weniger Franken, aber mehr Zeit kostet der wunderschöne Abstieg nach Zinal. Von der Bella Tola zum Pas du Boeuf, dann über den Lac de l'Armina nach La Roja (2308 m). Um den Toûno herum (möglicher Abstecher zum Hôtel Weisshorn, 2337 m) in die weite, abgeschiedene Tsa du Toûno mit den vielen Moorgebieten. Über Bella Vouarda (2621 m) zur Alpage Nava (2523 m) und hinab zum markierten, langen Höhenweg nach Zinal (Bella Tola–Zinal 5 h, Schwierigkeit T2+).

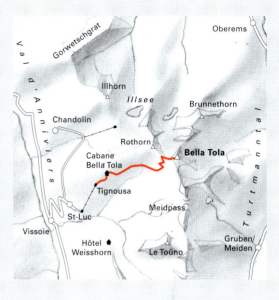

Wer mehrere Tage Zeit hat, kann sich die lohnende Mehrtageswanderung von St-Luc über Bella Tola, Turtmanntal, Barrhorn und Augstbordpass ins Mattertal überlegen. Von der Bella Tola lässt sich das hintere Turtmanntal nämlich ideal erreichen. Vom Gipfel hinunter zum Pas du Boeuf, dann auf Wegspuren durch eine – häufig bis weit in den Sommer hinein mit Altschnee gefüllte – Mulde zum Borterpass (2838 m) wechseln. Über einen sanften Geröllhang hinunter zum Meidsee, wo man auf den markierten Wanderweg des Meidpasses stösst. Dieser Weg steigt lieblich hinunter zur Alp von Meide. Hier trennen sich die Wanderwege. Wer nach Gruben (1818 m) absteigen will, geht an Meide Ober Stafel (2334 m) vorbei zum Unter Stafel (2234 m) und erreicht das Sommerdörfchen Gruben über die Brächmatte (Bella Tola–Gruben 2 h 30', Schwierigkeit T3). Wer hingegen gleich weiter in die Turtmannhütte will, schlägt bei der Wegverzweigung zwischen den zwei Meide Stafeln auf ca. 2320 m den Höhenweg ein, der über Bitzu Oberstafel zum Stausee des Turtmanngletschers und zum Hüttenweg führt (Bella Tola–Turtmannhütte 4 h 30', Schwierigkeit T3).

Aussicht von der Bella Tola in Richtung verhangene Mischabelgruppe. Rechts schaut als einziger Gipfel das Üssere Barrhorn vollständig aus den Wolken.

Noch wenige Minuten zum Gipfel der Bella Tola. Die weissen Berge am Horizont sind: (von links) Les Diablerets, Wildhorn und Wildstrubel. Im Vordergrund das Rothorn.

Üssers Barrhorn

Die Barrhörner, das Üssere rechts. Wandergipfel? Von hinten schon…

Barrhorn – noch nie gehört? Kein Wunder. Die Schweiz hat 26 Kantone und in deren 21 würde das Barrhorn als höchster Berg obenaus schwingen und sich grosser Bekanntheit erfreuen. Nicht so im Wallis, wo er weitaus prominenterer Nachbarschaft ausgeliefert ist. Das Weisshorn, einer der schönsten Viertausender, überragt ihn um fast einen Kilometer, das Bishorn als einer der einfachsten Viertausender immerhin noch um mehr als 500 Höhenmeter. Wie zahlreiche andere Gipfel der 3000er-Klasse steht er im Schatten höherer Nachbarn und ist kaum über die einschlägigen Kreise hinaus bekannt. Von den etwa 650 Walliser Dreitausendern dürften es höchstens zwei Dutzend ins Allgemeinwissen geschafft haben – vor allem solche, die eine touristische Bahnanlage in ihrer Nähe wissen (Gornergrat, Klein Matterhorn, Mont Fort) oder am Rande des Kantons stehen, wo die Konkurrenz nicht so erdrückend ist (Monte Leone, Pizzo Rotondo, Galenstock, Wildstrubel, Les Diablerets, Dents du Midi).

Das Barrhorn gehört also zur schweigenden Gipfelmehrheit, fristet ein Mauerbergchendasein. Und trotzdem hat er eine kleine Sensation zu bieten, ist er doch der höchste Wandergipfel der Alpen, ja gar Europas. (Die umstrittene Frage, ob der Kaukasus zu Europa gehört und somit einige andere Berge dem Barrhorn den Rang ablaufen, soll hier nicht weiter erörtert werden.)

Wenn wir ganz alleine auf dem Gipfel sitzen, die Ruhe geniessen und ohne Fernglas den langen Tatzelwurm aus Seilschaften ausmachen, der sich vier Kilometer weiter hinten breitspurig Richtung Bishorn bewegt, dann ist uns die mangelnde Publizität des Barrhorns sogar sehr recht. Im Gegenteil, die Bemerkung im 1978er SAC-Clubführer, die Besteigung des Barrhorns von der Turtmannhütte sei langweilig – auch wenn wir da anderer Meinung sind –, kommt uns äusserst gelegen. Nicht, dass wir es ganz mit dem Schriftsteller Hans Morgenthaler («Ihr Berge») halten, der bereits 1920 (!) nach einer kurzen, intensiven Bergsteigerkarriere erst dreissigjährig aus Wut über den zunehmenden Massenalpinismus seine gesamte Bergausrüstung in eine Gletscherspalte warf und der Bergsteigerei den Rücken kehrte. Aber es gibt schon Momente, da geniessen wir einen Gipfel am liebsten ganz alleine und hoffen, dass ja niemand auftaucht und unsere Andacht stört.

Wird es hier oben auch in Zukunft so ruhig bleiben? Bergwandern ist in. Die Kunde, dass das Barrhorn einen Europarekord hält, ist neueren Datums. Ein Gipfelkreuz wirbt neuerdings prominent für seinen 3610 m hohen Sockel. Und auch die Turtmannhütte als Ausgangspunkt betreibt aktiv Standortmarketing – nicht zuletzt mit ihrer guten Bewertungsqualität, der tollen Lage und dem modernen Ausbau.

Die Besteigung des Barrhorns lässt sich sehr gut mit einem Besuch des hinteren Turtmanntals verbinden. Die Seitentäler mit ihren kuriosen Namen – Pipjitälli, Brändjtälli, Blüomatttälli, Frilitälli, Niggelingtälli – sind lohnende Ziele für einsame Wanderabenteuer, bei denen das Weglose das Ziel ist. Überhaupt, dieses in die Länge gezogene, im Winter stark den Lawinen ausgesetzte und nur im Sommer besiedelte Tal (Neue Zürcher Zeitung: «eines der schönsten Gebirgstäler des Wallis») ist zweifellos eine Wanderreise wert. Einziger Wermutstropfen ist die Flut an Fahrzeugen, die sich an schönen Tagen über die Landschaft ergiesst und sich bei der Barriere am Talschluss staut, derweil die Busverbindung aus Oberems nur spärlich benutzt wird.

Eleganter ist es, das hintere Turtmanntal und sein Dörfchen Gruben zu Fuss zu erreichen. Von Oberems und Ergisch führen zwei aussichtsreiche Höhenwege auf etwa 2200 Meter ins Tal hinein. Oder noch besser: Man startet im Mattertal, in einem der Seilbahndörfchen Jungu ob St. Niklaus oder Schalb ob Embd, steigt über den Augstbordpass ins Turtmanntal ein, besucht das Barrhorn und steigt über das Furggulti oder den Meidpass Richtung Val d'Anniviers wieder aus. Vier Tage, bei denen der höchste Wandergipfel Europas nicht der einzige Höhepunkt ist.

3610 m

Schwierigkeit: T3+
Einzige ausgesetzte Stelle ist das Gässi, ein kurzes Couloir mit einer gut gestuften Felstreppe. Auf ca. 3000 m wird ein Abschnitt mit unschwierigen, sanft geneigten, plattigen Felsen überwunden. Ansonsten folgt der Aufstieg einem guten Weg über Geröllhänge und Moränenrücken. Ungewohnt für Wanderungen ist die Höhe, die bei einem Wettersturz Probleme bereiten kann.

Karten
1307 Vissoie, 1308 St. Niklaus

Zeit und Höhendifferenz 1. Tag
3 h ↗ 720 m ↘ 20 m
Gruben–Turtmannhütte 3 h

Zeit und Höhendifferenz 2. Tag
7 h 30' ↗ 1100 m ↘ 1800 m
Turtmannhütte–Üssers Barrhorn 3 h 15'
Üssers Barrhorn–Turtmannhütte 2 h
Turtmannhütte–Gruben 2 h 15'

Ausgangs- und Endpunkt
Gruben (1818 m). Sommerdorf im hinteren Turtmanntal. Vom Bahnhof Turtmann an der Bahnlinie Brig–Lausanne mit dem Postauto zur Talstation der Luftseilbahn Turtmann–Unterems–Oberems. Ab der Bergstation Oberems Buslinie nach Gruben (Fahrplanfeld 2246.2, Extrakurse und Alpentaxi auf Voranmeldung, Auskunft bei der Luftseilbahn, Tel. 027 932 15 50).

Unterkunft
Turtmannhütte SAC (2519 m). 74 Plätze, immer offen, bewartet von Mitte Juni bis Ende September (Tel. 027 932 14 55, www.sac-cas.ch).

Unterwegs einkehren
Gruben/Meiden (1818 m): Hotel Schwarzhorn (Tel. 027 932 14 14); Restaurant Waldesruh mit Lager (Tel. 027 932 13 97); Post und Lebensmittelgeschäft.
Simmigu (1785 m, von Gruben 1 km talauswärts): Restaurant Trächa.

Die Route
Von Gruben (1818 m) an der Kapelle vorbei zur Brücke und über die Turtmänna auf die westliche Talseite wechseln. Der Wanderweg bleibt meist in Bachnähe und mündet beim Vorder Sänntum in die Werkstrasse ein, die von der anderen Talseite herkommt (sie ist ab hier nicht mehr geteert und für den Allgemeinverkehr gesperrt). Man folgt dem Strässchen bis zu seinem Ende östlich der zwei kleinen Staubecken (2177 m). Der Weg windet sich empor, an P. 2281 vorbei (Materialseilbahn), bis zur Turtmannhütte (2519 m).
Von der Turtmannhütte südostwärts traversierend zum Einstieg ins Gässi, einer kurzen Felsschlucht (zuerst Geröll, weiter oben rechtshaltend fester und gut gestufter Fels). Beim grossen Steinmann angelangt, lässt man die Wegspuren zum Brunegggletscher und zur Tracuithütte rechts liegen und steigt auf die markante und lange Moräne, die Richtung Schöllijoch zieht. Diese Moräne endet auf ca. 2940 m und geht in zwei parallele Felsrücken über. Über den rechten, mässig geneigten Rücken, den Steinmännchen folgend, erreicht man P. 3090. Gute Wegspuren führen nun nordostwärts über eine Geröllrampe zum Fuss der breiten Westflanke des Innern Barrhorns. In einem Linksbogen hinauf gegen die Einsattelung P. 3488, die man nicht berührt. Der deutliche Weg steigt weiter, stets links des Südgrats, bis zum Üssern Barrhorn (3610 m).
Im Abstieg folgt man im Wesentlichen der Aufstiegsroute, wobei allfällige Altschneefelder für kräftesparende Rutschpartien ausgenützt werden können.

Varianten
Im Aufstieg zur Hütte kann man bei der Brücke P. 1901 die Talseite wechseln, zum Spicherli aufsteigen und durch steilen Wald die Kapelle beim Holustei (2222 m) erreichen. Weiter hinauf zu P. 2343 und auf dem Höhenweg zur Turtmannhütte (Mehraufwand ca. 20', kurze ausgesetzte Stelle mit Seilsicherung, Schwierigkeit T3+).
Variante für den Gipfelaufstieg (schwieriger, aussichtsreicher und wilder): gleich nach dem Gässi, die Moräne rechts lassend, ins Tälchen nördlich vom P. 2787 hinein. Teils auf spärlichen Wegspuren und teils weglos über die Grashänge und Geröllhalden von Barr aufsteigen – zuerst nordwärts, ab etwa 2940 m ostwärts. Eine Felspartie auf ca. 3100 m südlich umgehen und wieder nordwärts hinauf zu P. 3202 (man kann den Grat auch bei P. 3099 gewinnen und über diesen zu P. 3202 gelangen). Dem Grat entlang ohne Schwierigkeiten bis zum Gipfelaufschwung auf 3400 m. Nun brav einer schwachen Wegspur folgend (das Gelände abseits der Spur ist rutschig und unangenehm) bis zum Gipfel (gleicher Zeitaufwand, Schwierigkeit T4+, nicht zu empfehlen wenn im oberen Teil noch viel Schnee liegt).

ch Zweifel?
utliche Wanderspuren
f 3500 m.
r den Berg dahinter
Alpinerfahrung
gegen unerlässlich:
heisst Weisshorn,
gut viereinhalb
ometer hoch –
d Traum mancher
ilschaft.

Tiefblick vom
Üsseren Barrhorn
auf den Unteren
Stelligletscher.

Die Turtmannhütte SAC –
Pause nach dem Europarekord.

Pointe d'Ar Pitetta

**Prix Wilderness für die Pointe d'Ar Pitetta.
Links Zinalrothorn, rechts Dent Blanche.**

Das Hauptfeld der Tagesausflügler hat uns längst verlassen, denn für sie ist der kleine See oberhalb Le Chiesso meist Zielband und Wendeplatz. Dabei wird die Umgebung mit jedem weiteren Schritt erhabener, der Alltag mit jedem Höhenmeter hinfälliger, das bezaubernde Hochgebirge betört uns und weitet die Pupillen. «Was jedoch bei den Leuten zählt, sind die Augen. Wie klar sie doch nach den Bergtouren sind! So durchsichtig wie heisses Wasser oder Eis; die Iris verblasst: das Unendliche der Erde oder des Himmels tritt in sie ein. Man liest in ihnen die Entfernungen» (Maurice Chappaz, Journal des 4000). Der Weg ist das Ziel, die Aussicht die Triebfeder.

Plötzlich taucht die Berghütte auf. Statt der üblichen SAC-Insignien empfängt uns eine kleine Metalltafel mit der Aufschrift «Prix Wilderness 95 – décerné à la Cabane Arpitettaz, section La Dôle, Club Alpin Suisse». Im Jahr 1995 untersuchte die Alpenschutzbewegung Mountain Wilderness die Berghütten der Schweizer Alpen, nahm zwanzig davon in die engere Auswahl und unterzog sie einer Ökobilanz. Aus diesem Verfahren, bei dem unter anderem Energieversorgung, Abwasserreinigung, Müllvermeidung sowie die Art der Hüttenversorgung und -bewirtschaftung berücksichtigt wurden, schwang die Cabane d'Ar Pitetta als ökologisch am besten ausgestattete und geführte Hütte obenaus und erhielt den Prix Wilderness.

Die heimelige Hütte ist tatsächlich ein kleines Juwel, ein Ort der Wärme inmitten einer felsigen und eisigen Landschaft. Schüchtern steht der zweigeschossige Steinbau auf einer Terrasse, hebt sich farblich kaum von der Umgebung ab. Man mutet ihr die dreissig Plätze, die sie bietet, gar nicht zu. Drinnen ist sie charmant und gemütlich eingerichtet, auf Luxus und modisches Design wird bewusst verzichtet. Auch die Menuauswahl ist bescheiden, Suppe ist die einzige warme Mahlzeit, die angeboten wird. Die netten Hüttenwarte freuen sich auf unseren Besuch und laden uns spontan zu ihrem privaten Käsefondue ein.

Man spürt, dass hier keine Routine im Spiel ist: Die Hütte wird von gewöhnlichen SAC-Mitgliedern geführt, die sich im Turnus abwechseln und eine oder zwei ihrer Ferienwochen auf 2786 m Höhe verbringen, ein Viertel geniessend und drei Viertel Hütten bewartend. Die Kundschaft ist angenehm altmodisch; statt Horden militanter Viertausenderjäger Alpinisten der stillen Sorte, statt aufschneidende Ich-war-schon-überalls besinnliche Hüttenbesucherinnen.

Und da wäre noch die Umgebung, die ihrerseits eine Goldene Gämse oder sonst einen Grossen Preis der Wildnis verdient hätte. Temperamentvoll hochalpine, von Eis und Firn verzierte Gipfel. Zwischen Tête de Milon und Weisshorn, zwischen Zinalrothorn und Schalihorn, zwischen Blanc de Moming und Besso kleben Hängegletscher kühn an den Bergflanken, dazwischen strömt der weite, zerschrundete Glacier de Moming ins Tal hinab. Abgesehen von einzelnen Séracs in den Eisbrüchen, die manchmal krachend einstürzen, herrscht über dem Bergkessel absolute Ruhe. Man sitzt auf einer Moräne in Hüttennähe, blickt in die Gletscherlandschaft und staunt ob so viel rauer Unberührtheit. Gehts noch wilder?

Es geht. Noch eine Spur abgelegener als die Cabane d'Ar Pitetta ist die gleichnamige Pointe, eine massige Felsblockkonstruktion mit ebenfalls preiswürdiger Aussicht. Aus den nur spärlich vorhandenen Spuren zu schliessen, muss sie recht selten Besuch erhalten, von den vielen Gämsen einmal abgesehen. Dabei ist die Besteigung gar nicht besonders anspruchsvoll; eine gute Nase für eine sinnvolle Routenwahl und etwas Übung mit Grasflanken, Geröll und Felswerk reichen aus um diesen einzigen Wanderberg des Talkessels zu besuchen. Auf 3132.7 m wartet zwar kein Gipfelkreuz, auch der zurückhaltende Steinmann ist womöglich keiner und die herumstehenden Gipfel sind bis zu vierzehnhundert Meter höher. Und doch, auch die Pointe d'Ar Pitetta, die Spitze der kleinen Alp, ist ein grosser Berg. Ein Haufen Wilderness.

www.mountainwilderness.ch

3132.7 m

Schwierigkeit: T4
Die Route ist nicht markiert und weglos, erfordert also gutes Orientierungsvermögen. Die Gipfelflanke besteht aus grobem Blockwerk und kleinsplittrigem Geröll, das jedoch bei intelligenter Routenwahl recht gut zu begehen ist.

Karte
1327 Evolène

Zeit und Höhendifferenz 1. Tag
4 h 30'   ↗ 1160 m   ↘ 50 m
Zinal–Cabane d'Ar Pitetta 4 h 30'

Zeit und Höhendifferenz 2. Tag
5 h 15'   ↗ 450 m   ↘ 1560 m
Cabane d'Ar Pitetta–Pointe d'Ar Pitetta 2 h
Pointe d'Ar Pitetta–Lac d'Ar Pitetta 1 h 30'
Lac d'Ar Pitetta–Zinal 1 h 45'

Ausgangs- und Endpunkt
Zinal (1675 m). Postautoverbindung von Sierre mit Umsteigen in Vissoie.

Unterkunft
Cabane d'Ar Pitetta CAS (2786 m). 30 Plätze, immer offen, bewartet von Ende Juni bis Ende September, ausser Suppe werden keine Mahlzeiten angeboten (Tel. 027 475 40 28, www.sac-cas.ch).

Unterwegs einkehren
Keine Einkehrmöglichkeiten am Weg.

Die Route
Von der Postauto-Haltestelle Zinal (1675 m) auf der Nebenstrasse durchs Dorf taleinwärts zum Campingplatz, dann zur Hauptstrasse zurück und über die Brücke P. 1675 die Talseite wechseln. Zuerst auf der Fahrstrasse, dann auf einem breitem Weg nach Le Vichiesso. Bei P. 1908 quert man erneut die Navisence und steigt über Le Chiesso hinauf zum lauschigen Lac d'Ar Pitetta (ca. 2230 m, ohne Namen auf der LK).

Der Weg führt nun über Schafweiden und gelangt später in geröliges Moränengelände, wo zwei Stege auf rund 2600 m über Gletscherbäche helfen. Zuletzt wieder sanft zur Cabane d'Ar Pitetta (2786 m).
Von der Cabane d'Ar Pitetta nordwestwärts, auf dem neuerdings markierten Weg Richtung Col de Milon, bis zum Fuss der Moräne nordwestlich von P. 2720. Wo der Weg den Moränenkamm erreicht (auf ca. 2770 m) verlässt man die Spur und traversiert weglos, leicht absteigend bis zum tiefsten Punkt der Südwand der Pointe d'Ar Pitetta. Hier, auf ca. 2730 m, beginnt ein deutliches, auf der Landeskarte nicht eingezeichnetes Weglein, das auf konstanter Höhe nach Westen führt. Sobald man die letzten Platten der Südwestflanke der Pointe d'Ar Pitetta hinter sich hat, steigt man rechts an und erreicht einen Sattel mit einem markanten orangerötlichen Felsquader auf etwa 2780 m (auf halber Luftlinie zwischen Pointe d'Ar Pitetta und P. 2664). Nun nordwärts etwas hinab in die Mulde der Westflanke, um eine kompakte Plattenzone zu umgehen. Die Westflanke wird auf beliebiger Route über grobes Blockwerk und etwas nachgebendem Splitter erklommen, wobei man sich mit Vorteil eher rechts hält (einige Wegspuren, Steinmännchen). So erreicht man auf ca. 3060 m den Südwestrücken des Gipfelaufbaus, über den man auf angenehm stabilen, rauen Blöcken den Gipfel der Pointe d'Ar Pitetta (3132.7 m) gewinnt.
Im Abstieg folgt man der Aufstiegsroute bis ca. 2750 m und geht dann weiter weglos durch die Westflanke hinab, an P. 2581 vorbei. Das Gelände wird immer lieblicher und führt durch ein Tälchen über Louchelet zum Lac d'Ar Pitetta, wo man auf den Hüttenweg stösst. Auf diesem nach Zinal.

Varianten
Eine abenteuerliche, sehr anspruchsvolle Variante für den Hüttenaufstieg führt über den Pas du Chasseur. Von Zinal kommend wechselt man bei der Brücke P. 1731 die Talseite und folgt dem Weg, der sich hangaufwärts zieht. Auf etwa 1900 m verlässt man den Hauptweg und quert einen Bach am Fusse eines Wasserfalls. Hier beginnt der Pas du Chasseur: ein ausgesetzter Weg über teils senkrechte Felsstufen mit vielen Halteketten, der direkt zum Lac d'Ar Pitetta führt (20' Zeiteinsparung, Schwierigkeit T5, wenn feucht äusserst heikel).
Noch einiges schwieriger ist der Aufstieg zur Pointe d'Ar Pitetta über den Ostgrat. Von der Hütte auf dem markierten Weg Richtung Col de Milon, doch zuletzt statt in den Col in die benachbarte Scharte westlich davon steigen. Von dort quert man in die Nordflanke, ohne den Grat allzu sehr zu verlassen (der Grat selbst ist sehr schmal und ausgesetzt), und steigt über grosse und gefährlich instabile Blöcke hinauf. Weiter oben kehrt man auf den Grat zurück, der solide und anregende Kletterstellen bis zum II. Grad bietet (Cabane–Pointe d'Ar Pitetta 1 h 20', Schwierigkeit T6).

Preisgekrönte Cabane
d'Ar Pitetta CAS.
Der Eisgipfel heisst Zinalrothorn,
die Felsbastion Besso.

Ar Pitettas wilde Nachbarn:
Dent Blanche (links)
und Grand Cornier.

Mettelhorn

Noch eine Viertelstunde bis zum 360°-Panorama.

Alexander Seiler aus Sierre hat oft genug von einem aussergewöhnlichen Berg namens Horu gehört. Vor allem durch seinen Bruder Joseph, der seit 1847 im hintersten Dorf des Zermatter Tals als Kaplan seinen Dienst versieht. So macht sich Alexander eines Tages auf den nur bei gutem Wetter gangbaren Saumpfad und steht nach acht mühsamen Stunden vor dem Pfarrhaus. Der Anblick des Horu rührt ihn wie ein Schlag, er spürt, dass er alles aufgeben muss, was ihm im Tal unten lieb und teuer ist und dass es nur noch einen Platz für ihn geben kann: diese kleine Ansammlung armseliger Bergbauernhütten namens Zermatt, am Fuss des magischen Keils des Matterhorns, hier Horu genannt. Als einzige Unterkünfte im Tal stehen zu dieser Zeit die wenigen Pfarrhäuser offen; doch eines Tages bereitet der Bischof dem geistig und finanziell angeregten Treiben seiner Unterhirten ein Ende und untersagt die Unterbringung gegen Entgelt. Das ist die Stunde der Gebrüder Seiler, die – ihre Vision von einem luxuriösen Berghotel auf 2600 m am Riffelberg vor Augen – vorerst drei Gästezimmer im Haus neben der Pfarrei möblieren. Ein Jahr später wird von 6 auf 35 Betten aufgestockt und im nächsten Sommer stehen schon 121 Gästebetten in Zermatt. Und dies, obwohl noch immer kein Fahrweg das Dorf mit der Aussenwelt verbindet.

Als eine Art Tourismusminister und Hotelmanager in Personalunion eröffnet Alexander Seiler innert kürzester Zeit Hotel um Hotel, denn ab Mitte des 19. Jahrhunderts bricht die grosse Zeit der Touristen aus Grossbritannien an. Die Industrielle Revolution bringt der britischen Oberklasse und Teilen der Mittelklasse scheinbar unbegrenzte Dividenden, die auch zur privaten Welteroberung genützt werden. Nicht jeder ist ein James Cook oder Cecil Rhodes und erobert exotische Ländereien. Viele träumen eher davon, einen bislang unbestiegenen Berg mit dem Union Jack zu krönen, um wenig später auf der Titelseite der *Times* der staunenden Welt entgegen zu lächeln.

Jährlich strömen hunderte von Alpinisten des britischen «Alpine Club» nach Zermatt. Je kleiner die Zahl der noch unbestiegenen Viertausender, desto grösser der Andrang und verbissener der Wettlauf um die letzten verbliebenen Trophäen. Ein gewisser Edward Whymper logiert ebenfalls in Alexander Seilers Hotels: ein Heisssporn und schwieriger Typ, sicher nicht der beste Bergsteiger, aber zweifellos einer der ehrgeizigsten Alpinisten seiner Zeit. Sieben erfolglose Anläufe zum Gipfel des Matterhorns hat er bereits von der italienischen Seite her unternommen. Bei der achten Unternehmung kommt es zur Katastrophe. Vier der sieben Bergsteiger – darunter ein Verwandter der englischen Königin – stürzen nach der erfolgreichen Erstbesteigung beim Abstieg vom Matterhorn in die Tiefe. Das Medienecho auf die Katastrophe ist enorm, das Königreich schockiert. Doch schon hat ein Reflex eingesetzt, den man heute wohl Katastrophentourismus nennt. Nichtbergsteiger wie Alpinisten zieht es jetzt erst recht ans Matterhorn, denn nichts ist faszinierender als diese Mischung aus Schönheit und Schauder.

In dieser Zeit wird auch das erste «Hôtel du Trift» an der Südflanke des Mettelhorns erbaut. Es dient vor allem als Übernachtungsmöglichkeit und Rastplatz während dem Aufstieg zu den Viertausendern Ober Gabelhorn und Zinalrothorn, die einige Jahre zuvor erstbestiegen und nun einem breiteren Publikum zugänglich gemacht wurden. 1898 stürzt eine Jahrhundertlawine vom Platthorn über Trift bis nach Zermatt hinunter und zerstört das Hotel vollständig. Es wird erzählt, dass damals im Frühjahr auf den Wiesen von Zermatt intakte Weinflaschen des Hotels gefunden wurden. Um 1900 wird das zweite «Hôtel du Trift» im selben Stil und Ausmass an einem lawinensichereren Standort gebaut, was wir bei unserer Besteigung des Mettelhorns sehr zu schätzen wissen. Und beim Blick aus den Gemächern auf die Viertausender-Galerie fällt es nicht allzu schwer, sich in die Pioniertage des Alpinismus zurückzuversetzen, das Fernglas vor die Augen zu halten, zu beobachten, zu sehen und zu staunen.

3406.0 m

Schwierigkeit: T4–
Das Auffinden der Wegspuren auf der Westseite des Platthorns verlangt manchmal etwas Fingerspitzengefühl. Bei der Traversierung des kleinen Gletschers vor dem Mettelhorn können bei völlig ausgeaperten Verhältnissen Steigeisen von Vorteil sein.

Karten
1347 Matterhorn, 1348 Zermatt,
1328 Randa oder 2515 Zermatt-Gornergrat

Zeit und Höhendifferenz 1. Tag
6 h   ↗ 1160 m   ↘ 450 m
Zermatt–P. 2327 3 h
P. 2327–Trift 3 h

Zeit und Höhendifferenz 2. Tag
6 h 15' ↗ 1070 m   ↘ 1790 m
Trift–Mettelhorn 3 h
Mettelhorn–Trift 2 h
Trift–Zermatt 1 h 15'

Ausgangs- und Endpunkt
Zermatt (ca. 1620 m). Endpunkt der Bahnlinie von Brig und Visp durch das Mattertal. Privatfahrzeuge müssen auf einem der kostenpflichtigen Parkplätze in Täsch abgestellt werden. Weiterfahrt nach Zermatt mit der Bahn.

Unterkunft
Berggasthaus Trift (2337 m). Offen von Anfang Juli bis September (Zimmer und Lager, Tel. 079 408 70 20, www.mysunrise.ch/users/hbiner).

Unterwegs einkehren
Alterhaupt (1961 m): Restaurant Edelweiss, Sommerbetrieb.

Die Route
Vom Bahnhof Zermatt (ca. 1620 m) auf der Hauptgasse in Richtung Matterhorn und bei der Kreuzung nach der Kirche halbrechts gegen Herbrigg ansteigen. Am Postkarten-Weiler Herbrigg (1755 m) vorbei gewinnt der Weg langsam an Höhe und hält die eingeschlagene Richtung nach Hubel (1946 m) gegen Hubelwäng und dreht über dem Stausee langsam westwärts. Bei den Wasserfassungsanlagen im Vorfeld des Zmuttgletschers steigt der Weg durch die nördlich begrenzenden Felsen zu P. 2327 an. Hier zweigt man vom Weg zur Schönbielhütte rechts (nordwärts) ab und steigt in langsamem Zickzack durch die Weideflächen von Arben gegen Distelgufer P. 2788 auf. Der Weiterweg über Höhbalmen hinunter ins Berggasthaus Trift (2337 m) gilt als die «schönste Wanderroute Europas». Diese Ehre verpflichtet – und die Berge von der Dent d'Hérens über das Matterhorn bis zum Monte Rosa tun ihr Bestes, um den Vorschusslorbeeren gerecht zu werden.

Vom Hotel Trift nordwärts zu P. 2453 hinauf, dort den Weg zur Rothornhütte verlassen und rechts gegen die Schwemmebene der Triftchumme ansteigen. Oberhalb P. 2961 den Steinmännchen auf dem breiten Grat nordwärts folgen und die grosse Talmulde leicht ansteigend unter dem Platthorn hindurch zu einer Einsattelung, 100 m rechts von P. 3166 traversieren. Während des gesamten Aufstieges ist das Matterhorn hinter uns in die Höhe gewachsen – jetzt grüsst gegenüber das Weisshorn, wohl einer der imposantesten und schönsten Berge der Alpen. Nun noch rund 40 Höhenmeter gegen das Platthorn hinauf, das sanft geneigte Firnfeld queren und leicht ansteigend auf das grosse Schneeplateau am Fusse des Mettelhorns zuhalten. Der zwanzigminütige Schlussanstieg zum Gipfel führt im Zickzack über die mässig geneigte Flanke zum felsigen Gipfelaufbau auf 3406.0 m.

Der Abstieg führt auf gleichem Weg zurück zum Pass, wo auch die Möglichkeit besteht, in der Talsohle zum See bei P. 2961 abzusteigen, um dort wieder auf den Weg zu stossen. Vom Berggasthaus Trift dann dem Triftbach entlang nach Alterhaupt (1961 m, Restaurant Edelweiss) absteigen. Der breite Weg ist an einigen Stellen mit Fixseilen gesichert. Ausgangs der Triftschlucht erreicht der nun breitere Pfad die Weideflächen mit dem grossen Holzkreuz bei P. 1707 und kurz darauf die ersten Ferienhäuser. Und schon steht man mitten in der emsigen Shoppingatmosphäre der Zermatter Hauptgasse.

Variante
Bei ungünstigen Schnee- bzw. Eisverhältnissen auf dem kleinen Gletscherfeld vor dem Mettelhorn empfiehlt es sich, als Tourenziel das Platthorn (T3+) festzulegen. Der Gipfel (3345 m), dessen Aussicht nicht ganz an diejenige des Mettelhorns heranreicht, wird auf Wegspuren über den Westgrat erreicht. Die direkte Überschreitung vom Platthorn zum Mettelhorn ist Wanderern aufgrund einer rund 8 Meter hohen Felsstufe nicht möglich.

213°: Matterhorn.

Hôtel du Trift.

338°: Weisshorn.

252°: Ober Gabelhorn.
256°: Dent Blanche.

Oberrothorn: spiritueller Pfad und mineralischer Nachbar.

Oberrothorn

Japaner sind ein freundliches und sehr leises Volk. Wäre der Zug von Täsch nach Zermatt voll mit anderen Nationalitäten, hätte das wohl einen entscheidenden Einfluss auf Lärmpegel und Wohlbefinden der vereinzelt mitreisenden Europäer. Die im nächsten Abteil am Fenster klebenden drei Französinnen, die im Gegensatz zu den Freunden aus Fernost nicht schlafen, tun bei der Einfahrt in den Bahnhof Zermatt ihr Erstaunen kund: Voilà la banlieue! Tatsächlich ist der Bahnhof Zermatt ein Relikt aus dem Betonzeitalter, und da keine öffentliche Strasse in den Weltkurort führt, werden alle Ankömmlinge durch diese speziell triste Halle geschleust. Der Bahnhofplatz ist voll mit Pferdekutschen, Elektromobilen und Touristen auf Shoppingtour. Ein fremdländischer Kutscher weist mir die Richtung zur Sunnegga-Bahn, deren Eingang nicht sehr sonnig aussieht. Gleich hinter der Kasse verschwindet man in einem langen, unterirdischen Gang, der urzeitliche Lüftungstöne von sich gibt. Ein dem Gelächter nach anscheinend witziges Wortspiel mit Sunnegga, soleil und souterrain beweist, dass auch die drei Französinnen den Weg zur Sonne gefunden haben.

Sonne pur dann wirklich auf Sunnegga und dabei bleibt's für den Rest des Tages. Nix Unterirdisches mehr, es lockt nun das Überirdische – will man dem Plakat glauben, das hier zur Begehung des Philosophenweges zum Oberrothorn ermuntert. Zuerst noch per Gondel zum Blauherd und mit der Grosskabine zum Unterrothorn. Unterwegs lässt die Sicht auf das Matterhorn alle Passagiere ihre Nase an der Plexiglasscheibe flachdrücken, wogegen der Anblick des Oberrothorn nicht gerade zu Freudenjauchzern Anlass gibt. Ein kahler Schutthaufen mit steilen und abweisenden Flanken. Nun, wenn schon der Aufstieg nicht viel Schönes verspricht, packe ich die Gelegenheit und erlabe mich am Philosophenweg, wo einem (gemäss Werbeplakat) die Natur-Seinswelten, die Entwicklung vom Mineral zum menschlichen Gedanken, von der Einfachheit zum Komplexen und von der Abhängigkeit zur metaphysischen Freiheit näher gebracht werden soll. Erwartungsvoll steuere ich die erste Tafel an: Die *mineralische Welt* «Als Bewegung zu Feuer und Stein wurde, entstand die Erde. Als der Stein zur Ruhe kam, kristallisierte sich die Farbe. Dieses Sein, willenlos, ist die Grundlage des Lebens – auf ewig verlässlich. Be-greife und ver-stehe». Auch nach dem Lesen des Textes in den anderen Sprachen bleibt ein kleines Fragezeichen. Es wird sich wohl wenig später in der *vegetativen Welt* klären: «Wasser und Licht – und die Welt wird grün. Pflanzen wachsen, verwurzelt in der Erde, der Sonne entgegen. Sie leben, weil sie die Welt verändern und sich weitergeben. In ihrer Schönheit singen Pflanzen ein stilles Lied. Höre hin». Ich höre Puls und Atem. Gespannt warte ich auf die *animalische Welt*: «Tiere bewegen sich: Sie schwimmen, kriechen, rennen und fliegen. Sie brauchen wenig: Raum, Nahrung, Sicherheit. Tiere tun, was sie müssen. Dem Menschen sind sie Gefährte und Vorbild. Schaue zu». Dann folgt die *humane Welt*: «Menschen sehen mit den Augen und dem Herzen. Sie denken – und sind nicht der Ursprung ihrer selbst. Menschen sind sich geschenkt. Emotionen und bewusstes Handeln sind ihr Wesen. Fühle und spüre».

In konfuzianischen Gedanken versunken erreiche ich den Gipfel. Der Weg entpuppte sich als wesentlich abwechslungsreicher als befürchtet und auch die Rundsicht ist schlicht und einfach umwerfend. Ich bin glücklich. Jetzt die grosse Spannung vor der einfachen Auflösung der komplexen Texttafeln mit dem grossen Philosophen-Auge: Die *spirituelle Welt*: «Die letzte Befreiung – von Körper und Gefühl entbunden. Sie ist überall und spiegelt sich in der Schönheit und Einheit des Lebens. Es ist die unendlich gute und liebende Kraft – die Seele. Erwache und suche in der siebten Himmelsrichtung». Derweil bewundern die Japaner andächtig die edle Silhouette des Matterhorns und die Französinnen murmeln schmunzelnd etwas von sacré sentier. Sacré heisst auf französisch sowohl heilig als auch verdammt.

3414 m

Schwierigkeit: T3–

Als eine Art Schlüsselstelle können die blankgescheuerten Platten auf ca. 3160 m Höhe bezeichnet werden, wo der Weg eine Felsstufe erklimmt, und Turnschuhtouristen oftmals zur Umkehr talwärts zwingt. Sonst ist der Weg breit und bei normalen Verhältnissen problemlos zu begehen, auch wenn die Höhe ihren Tribut fordert.

Karten

1348 Zermatt oder 2515 Zermatt-Gornergrat

Zeit und Höhendifferenz

4 h 15' ↗ 450 m ↘ 1930 m
Unterrothorn–Oberrothorn 1 h 30'
Oberrothorn–Stellisee 1 h 15'
Stellisee–Ze Gassen 45'
Ze Gassen–Zermatt 45'

Ausgangspunkt

Bergstation Unterrothorn (3103.4 m). Mit der Bahn von Brig/Visp durch das Mattertal nach Zermatt. Privatfahrzeuge müssen auf einem der kostenpflichtigen Parkplätze in Täsch abgestellt werden, Weiterfahrt nach Zermatt mit der Bahn. Vom Bahnhof Zermatt ostwärts die Mattervispa überqueren, in 10' zur Talstation der Sunnegga-Bahn. Zuerst mit der unterirdischen Standseilbahn sehr schnell nach Sunnegga (2288 m) hinauf, dann in Gondeln zum Blauherd (2571 m) und weiter mit der Kabinenbahn zum Unterrothorn.

Unterwegs einkehren

Sunnegga (2288 m), Blauherd (2571 m) und Unterrothorn (3103.4 m): Bergrestaurants bei den Seilbahnstationen.
Flue (2618 m): Berghaus Flue, offen von Ende Juni bis Mitte Oktober, Übernachtungsmöglichkeit (Zimmer und Lager, Tel. 027 967 25 97).
Findeln (2051 m): im Sommer ein halbes Dutzend Restaurants, keine Übernachtungsmöglichkeit.

Endpunkt

Zermatt (ca. 1620 m). Endpunkt der Bahnlinie von Brig/Visp durch das Mattertal.

Die Route

Vom Unterrothorn (3103.4 m) zuerst auf der Skipiste den Windverbauungen entlang ostwärts leicht absteigend hinunter zur Furggji genannten Passeinsattelung auf 2981 m. Auf ihrer Südseite nochmals leicht absteigen, bis sich bei ungefähr 2970 m der gut beschilderte Pfad von der Skipiste löst und weiter in östlicher Richtung zuerst in sanftem, dann in steiler werdendem Zickzack ansteigt. Auf einer Höhe von ca. 3160 m erklimmt der Weg über blankgescheuerte Platten eine Felsstufe. Das feine Geröll auf den Platten zwingt hier viele Turnschuhwanderer zur Umkehr und macht die Route dadurch auch zu einer ordentlichen Wandertour. Auf ca. 3230 m kommt der Weg in Gratnähe und steigt anschliessend nochmals sachte gegen den Vorgipfel an, dessen Verbindungsgrat zum Hauptgipfel breit und gut begehbar ist. Der Gipfel (3414 m) selbst bietet einer grösseren Anzahl Oberrothorn-BesteigerInnen bequemen Rastplatz mit toller Aussicht auf die Mischabelgruppe.
Rückkehr der Aufstiegsroute entlang bis kurz vor Furggji, wo auf der Höhe von ca. 3000 m ein schmaler Pfad über Roter Bodmen gegen den Stellisee absteigt. Wer Durst hat, findet im Berghaus Flue, 20' östlich vom See, eine grosse Sonnenterrasse mit entsprechender Getränkeauswahl. Beim Kinderspielplatz am Ufer des Stellisees beginnt der Wanderweg über die Findelalp zu den sehenswerten Weilern Eggen (2177 m) und Ze Gassen (2051 m). Ab Ze Gassen verbreitert sich der Wanderweg zum Saumpfad und erreicht nach kreuzen der Gornergratbahn Winkelmatten (1672 m) und Zermatt (ca. 1620 m).

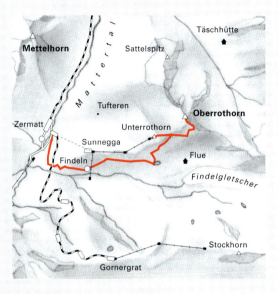

Variante

Eine interessante, wesentlich längere Abstiegsvariante auf gemütlichen Wegen zweigt im Abstieg noch vor dem Stellisee ab und führt zur Mittelstation Blauherd. Nordwärts über weite Matten sanft hinab bis knapp über dem Weiler Tufteren mit postkartenwürdiger Ansicht des Matterhorns (Restaurant). Auf markiertem, gemütlichem Höhenweg nach Galen und P. 2186. Etwas später dreht der Weg ins Tal von Täschalpen ein und endet in Ottavan (2214 m, Europaweghütte mit Übernachtungsmöglichkeit, nicht zu verwechseln mit der Europahütte oberhalb Randa). Abstieg nach Täsch per Alpentaxi – oder zu Fuss an P. 2075 vorbei, über den Täschbach und diesem entlang über Eggenstadel, Resti und Täschberg bis nach Täsch hinab (Oberrothorn–Ottavan 4 h, Ottavan–Täsch 1 h 30', Schwierigkeit ab Blauherd T2).

Geschwungene Linie und kühner Zahn:
Oberrothorn (links) mit Matterhorn.

Am Seil zum Unterrothorn:
angebetetes Matterhorn.

Es muss nicht
immer das Horn sein:
Monte Rosa
und Liskamm (rechts)
von der Sonnenterrasse
des Oberrothorns.

Grenzsteine am Joderhorn, dahinter die Ostwand des Monte Rosa.

Joderhorn

Auf dem Monte Moropass ist es noch still.

Der frühe Aufbruch hat sich gelohnt, in zwei Stunden wird hier oben reger Wanderbetrieb herrschen. Wir geniessen die Ruhe, machen eine letzte Pause vor dem Joderhorn und nutzen die Zeit, uns auf dem Pass umzusehen. Wegweiser, Grenzsteine und eine goldfarbene Madonnenstatue stehen herum, etwas darunter einige Skianlagen und Gebäude, die mehr oder minder dem Tourismus dienen. Wir wandeln zwischen den grossen Steinblöcken und finden bald die zwei bescheidenen, bronzefarbenen Gedenktafeln, die an einen aussergewöhnlich schillernden Bergler erinnern: an Matthias Zurbriggen.

Matthias Zurbriggen kommt 1856 in Saas Fee zur Welt. Zwei Jahre später wandert seine achtköpfige Familie aus wirtschaftlicher Not aus, Matthias wird auf dem Rücken der Mutter über den Monte Moropass ins italienische Bergdorf Macugnaga getragen. Dort findet der Vater Arbeit in einer Goldmine, doch 1864 verunfallt er tödlich. Weitere Jahre in bitterer Armut folgen. Mit vierzehn Jahren verlässt Matthias sein Dorf über den Mondellipass auf der Suche nach Arbeit. Das Leben verschlägt ihn erst in die Westschweiz, dann in die Industriegebiete Italiens, später auf die Strassen als Postillion. Er wird für eine Wüstendurchquerung mit Kamelen in Tunesien angeheuert, arbeitet in Algier als Schmied, reist nach Lausanne zurück und findet Arbeit in Sion. Inzwischen 24jährig entscheidet er sich nach Chile auszuwandern und kehrt vor der Abreise – erstmals seit elf Jahren – nach Macugnaga zurück, um sich von seiner Familie zu verabschieden. Doch die Mutter kann ihn von seinem Plan abbringen, und so bleibt er im kleinen Dorf am Fusse des Monte Rosa hängen. Mit 29 Jahren heiratet er Maria Orsola Schranz und zeugt mit ihr zwei Kinder, das erste stirbt kurz nach der Geburt.

Die Berge faszinieren ihn, er wird Bergführer. Der erste Eintrag in sein Führerbuch datiert aus dem Jahre 1884. Bald besteigt er alle grossen Gipfel um Macugnaga und Zermatt, führt in Chamonix und im Berner Oberland, vollbringt zahlreiche Erstbegehungen – nicht zuletzt auch in der Ostwand des Monte Rosa, der höchsten Wand der Alpen. Sein Charakter ist nüchtern, jovial, stets dem Gast verpflichtet, doch auch bestimmt und zupackend. Seine technischen Fähigkeiten sind so bekannt wie seine Zielstrebigkeit, und so wird er bald zum gefragtesten Expeditionsbergführer seiner Zeit. 1892 begleitet er eine Expedition unter Martin Conway in den Karakorum, wo ihm mehrere Erstbesteigungen gelingen und wo er mit der Besteigung des 6890 m hohen Pioneer Peaks den damaligen Höhenrekord aufstellen kann. Im Winter 1893–94 ist er im Gebirge Neuseelands unterwegs, wo er wiederum schwierige Erstbesteigungen führt und eine heikle Route im Alleingang am Mount Cook eröffnet. Im Winter 1896–97 erreicht er in den südamerikanischen Anden den Aconcagua, mit 6959 m der höchste Berg ausserhalb Asiens – ein erneuter Höhenrekord, und erst noch im Alleingang. 1899 führt er wieder im Karakorum, 1900 etwas weiter nördlich im innerasiatischen Tienshan.

1899 erscheint in London seine Autobiographie «From the Alps to the Andes». Auch darin, dass er seine Memoiren festhält, ist er allen Bergführern voraus. Er übt seinen Führerberuf etwa zehn weitere Jahre aus, doch der Alkohol und sein zunehmend jähzorniges Temperament schieben sich mehr und mehr zwischen ihn und seine Umwelt. Er verlässt seine Ehefrau in Macugnaga und zieht nach Genf, wo er als Küchengehilfe in einem Hotel arbeitet, in einem schäbigen Schuppen wohnt, vollständig dem Alkohol verfällt und vereinsamt. Schliesslich mag der einst selbstbewusste, stolze und weltgewandte Bergführer nicht mehr auf die Erlösung warten. Am 20. Juni 1917 frühmorgens wird er an einem Strick baumelnd gefunden.

Auf dem Monte Moropass ist es noch still.

Felice Benuzzi, Mattia Zurbriggen guida alpina, Museo Nazionale della Montagna, Torino 1987.

3035.7 m

Schwierigkeit: T3+
Der Bergwanderweg zum Monte Moropass wird häufig begangen, darf aber nicht unterschätzt werden: Er steigt ab 2550 m über geneigte und stellenweise recht ausgesetzte Rampen durch eine Felsfluh hinauf und ist mit einigen Fixseilen abgesichert, kann aber besonders bei Schnee oder Nässe heikel sein. Der eigentliche Gipfelaufstieg führt über grobes Blockwerk-Gelände, in dem Misstritte nicht zum Absturz, aber unter Umständen zu Fussgelenkverletzungen führen können…

Karten
1329 Saas, 1349 Monte Moro

Zeit und Höhendifferenz
6 h ↗ 870 m ↘ 870 m
Mattmark–Monte Moropass 2 h 45'
Monte Moropass–Joderhorn 35'
Joderhorn–Monte Moropass 25'
Monte Moropass–Mattmark 2 h 15'

Ausgangs- und Endpunkt
Mattmark (ca. 2180 m). Postautoverbindung von Brig und Visp mit Umsteigen in Saas Grund, Haltestelle knapp unterhalb der Staumauer.

Unterwegs einkehren
Mattmark (ca. 2180 m): Restaurant bei der Postauto-Haltestelle.
Rifugio Gaspare Oberto CAI (ca. 2800 m): beim Monte Moropass, unregelmässige Öffnungszeiten, Übernachtungsmöglichkeit (Tel. 0039 0324 65 544).

Die Route
Von der Postauto-Haltestelle (ca. 2180 m) hinauf zum westlichen Ende der Staumauer. Man folgt dem Strässchen am westlichen Seeufer ohne nennenswerte Steigungen bis zur Distelalp (2224 m). Gleich ennet der Brücke beginnt ein ziemlich sandiger Weg, der taleinwärts leicht zum weiten Tälliboden führt. Die guten Wegmarkierungen und mehrere Steinmännchen weisen nun den diagonal ansteigenden Weg durch die felsige Nordflanke des Monte Moro: eine Folge von breiten Rampen, die an einigen Stellen mit Fixseilen abgesichert sind. Dennoch lohnt sich eine Portion Vorsicht, besonders bei Schnee oder nasser Witterung. Zuletzt wird der Weg wieder flacher und verliert sich in der unübersichtlichen Landschaft rund um den Monte Moropass (2853 m). Unterhalb des Kamms auf italienischem Boden befinden sich das Rifugio Gaspare Oberto des Club Alpino Italiano, eine Mischung aus Berghütte und Bergrestaurant, sowie die Bergstation der Seilbahn von Macugnaga.
Von der Passhöhe mehr oder weniger der Landesgrenze entlang über grosse Blöcke, später über Geröll. Auf den letzten 80 Höhenmetern etwas links ausholend erreicht man den Gipfel des Joderhorns (3035.7 m). Das unscheinbare Gipfelkreuz befindet sich knapp unterhalb des höchsten Punktes auf italienischem Gebiet.
Der Abstieg erfolgt auf der Aufstiegsroute – es sei denn, man wähle eine der nachstehend beschriebenen Varianten.

Varianten
Eine sehr interessante und kaum begangene Variante führt über den Mondellipass – früher einer der wichtigsten Schmugglerpässe zwischen Ossola und Wallis – wo heute noch regelmässig Gottesdienste zur Erinnerung an verunfallte und getötete Schmuggler gehalten werden. Wir beschreiben die Route im Abstiegssinn: vom Gipfel des Joderhorns zurück Richtung Monte Moropass bis zu einer schwach markierten Spur, die nach rechts abzweigt. Sie quert die Überreste des spaltenlosen, mit Geröll und Blöcken bedeckten Tällibodengletschers auf etwa 2800 m und steigt dann leicht an zum Mondellipass (2832 m). Den Pizzo Mondelli westlich umgehen und auf recht konstanter Höhe durch eine weite Flanke, am Seelein P. 2848 vorbei, zur Einsattelung P. 2822 beim Galmenhorn. Nun nordostwärts hinab ins Ofental und auf gutem Weg zum Stausee Mattmark (Joderhorn–Mattmark 3 h 30', Schwierigkeit T4).
Selbstverständlich ist es möglich, den Monte Moropass zu Fuss oder per Seilbahn von Macugnaga her zu erreichen. Die Betriebszeiten der Seilbahn Macugnaga–Bill–Monte Moro ändern häufig, sie sind beim Verkehrsverein Macugnaga (Tel. 0039 0324 65 119) zu erfahren. Von Macugnaga verkehren täglich zahlreiche Busse nach Domodossola (Autoservizi Comazzi, www.comazzibus.com).

Auf dem Monte Moropass ist es noch still – mit der Sonne werden langsam die ersten Wanderer auftauchen. Auch die Mischabel-Gipfel werden hinten links noch auftauchen – bis jetzt hat erst das Täschhorn einen klaren Kopf.

en Monte Rosa
Rücken: Blick vom
derhorn ins Valle
nzasca und weiter
s zum Dunst.

Wanderbetrieb auf dem Staudamm von Mattmark. Rechts unten warten bereits Käseschnitte und Postauto.

**Im Steinblockgewirr des Jegihorns.
Wolken hüllen bereits das Lagginhorn ein.**

Jegihorn

Eigentlich wollten wir uns das Lagginhorn vorknöpfen, einen Kleinviertausender im Saastal. Also stiegen wir in Saas Grund in die Seilbahn, liessen uns den Aufstieg zum Ausgangspunkt Hohsaas-Hütte abnehmen und standen bereits am frühen Nachmittag vor der Hütte. Um ein Haar hätten wir uns der gut aufgelegten Becherrunde auf der Hüttenterrasse angeschlossen, wo mehr oder weniger überzeugende Schilderungen alpin-epischer Heldentaten zum Besten gegeben wurden. Eher aus Langeweile entschieden wir uns jedoch für einen Streifzug durch die erhabene Bergwelt am Fusse des Weissmies-Massivs und machten uns auf den Weg zum Jegihorn. Jegihorn (bzw. Jägihorn, je nach Quelle) tönt so rau nach Jägerwelt: unwegsam, abgelegen, schroff. Abenteuergelände pur.

An der Bergstation der Gondelbahn Hohsaas vorbei bogen wir in einen der vielen breiten Wege ein, die durch das Moränengelände Richtung Chrizbode hinab führen. Stossweise kamen uns Gruppenwanderer entgegen, solche mit nagelneuen Eispickeln und solche mit weissen Lacoste-Stoffschuhen. Die Geröllflächen um uns herum waren mit planierten Pisten überzogen. Da und dort lugte eine Schneekanone aus dem steinigen Nichts, am Boden winkte uns ein verblasster Winterhandschuh zu. Ein Rudel Steingeissen und -kitze graste etwas verstört keine drei Meter von uns entfernt im Schotter. Von Stein*wild* war jedenfalls nicht viel zu spüren. Dann wieder Wegweiser, SAC-Hütten, Metallbrücken über tosende Gletscherbäche. Etwas weiter unten die Mittelstation Chrizbode, Drehscheibe des Seilbahn- und Skiliftgebietes, mit dem Bergrestaurant und dem Kinderspielpark. Am Ostgipfel des Jegihorns einige Gestalten, die sich in Klettersteigmontur langsam an den 1000 Metern Stahlseil, den 5 Leitern und den 400 Haken, Tritten und Griffen hinaufangelten. Alles in allem eine Art moderne Kulturlandschaft. Nicht ganz nach unserem Gusto, aber nun waren wir halt am Fusse des Jegihorns. Umkehren stand ausser Frage.

Bei einem Wegweiser begann sich der weiss-blau-weiss markierte Weg in engem Zickzack in die Höhe zu winden, wechselte alsbald in felsiges Gelände und führte durch einfache Kraxelstellen zu einem Plateau. Erstaunlich rasch waren die zivilisatorischen Eindrücke vergessen. Nicht immer den Markierungen folgend hüpften wir leichtfüssig von Block zu Block, kletterten da empor und sprangen dort über einen Felsspalt. Was von unten fast unüberwindbar schien, entpuppte sich als äusserst unterhaltsame und sorgenfreie Turnübung. Von uns aus hätte das Jegihorn durchaus eine Stunde höher sein können, so hätte das Vergnügen noch etwas angehalten. Zum Schluss folgte noch ein kurzes Gratstück und wir standen beim Gipfelkreuz. Die Aussicht war umwerfend: fast zum Greifen nah alle Viertausender des Saastals, und das sind nicht wenige, dahinter unzählige weitere Gipfel. Wer hätte gedacht, dass sich unser Lückenbüsser Jegihorn derart lohnen würde. Nach einer Weile erreichten auch die Klettersteigler, die wir bereits aus der Ferne beobachtet hatten, den Gipfel, den sie in friedlicher Absicht gleich okkupierten: eine Gruppe gutgelaunter und verschwitzter Engländer, an deren Klettergurten klimpernde Karabiner, Reepschnüre und weitere Accessoires baumelten. Wir klopften uns gegenseitig auf die Schultern, Witze machten die Runde, dann auch ein Flachmann, mehrmals, Single Malt.

Dann ging's wieder zurück zur Hohsaas-Hütte. Dort waren einige Bergjäger immer noch am Ausmalen ihrer Taten, andere versuchten den höhenbedingten Kopfschmerzen die Stirn zu bieten oder studierten Karten und Führer und besprachen die beste Route am Weissmies für den nächsten Tag.

Am nächsten Tag um vier Uhr morgens regnete und schneite es, die Stirnlampe zündete keine zehn Meter weit in den Nebel. Wir versuchten trotzdem, uns ans Lagginhorn heranzuschleichen. Ergebnislos. Um neun Uhr morgens sassen fast alle verhinderten Bergsammler kleinlaut in der Confiserie von Saas Grund und gönnten sich ein Frust-Morgenessen. Auch wir. Aber wir hatten immerhin ein unerwartetes, überraschendes Jegihorn im Rucksack.

3206.3 m

Schwierigkeit: T3+
Bis zur Weissmieshütte einfacher Bergwanderweg, anschliessend grosszügig weiss-blau-weiss markierte Route. Auf ca. 2900 m eine kurze Rinne mit einfacher Felsstufe, dann solides, angenehmes Blockwerk, das wegen der Grösse der Blöcke einige Kraxelei und damit Trittsicherheit erfordert. Nirgends ausgesetzt.

Karten
1329 Saas, 1309 Simplon

Zeit und Höhendifferenz
4 h 15' ↗ 850 m ↘ 850 m
Chrizbode–Weissmieshütte 1 h
Weissmieshütte–Jegihorn 1 h 45'
Jegihorn–Weissmieshütte 1 h
Weissmieshütte–Chrizbode 30'

Ausgangs- und Endpunkt
Chrizbode (2397 m). Postautoverbindung von Brig oder Visp nach Saas Grund, Haltestelle Trift (gleich bei der Talstation der Seilbahn Saas Grund–Kreuzboden–Hohsaas). Mit der Seilbahn hinauf zur Mittelstation Kreuzboden / Chrizbode.

Unterwegs einkehren
Chrizbode (2397 m): Restaurant bei der Mittelstation der Seilbahnen.
Weissmieshütte SAC (2726 m): offen und bewartet von Ende Juni bis September, Übernachtungsmöglichkeit (Tel. 027 957 25 54, www.sac-cas.ch).

Die Route
Von der Bergstation Chrizbode (2397 m) auf dem markierten Bergweg ohne Schwierigkeiten, zu Beginn einem Skilift entlang, zur Weissmieshütte (2726 m) aufsteigen. An der alten Hütte vorbei ohne Steigung zu einer kleinen Brücke über dem Triftbach, und gleich nach der Brücke auf dem mit JH (für Jegihorn) markierten Weg waagrecht weiter (der ansteigende KS-Weg führt zum Klettersteig des Jegihorn-Vorgipfels). Über zwei Moränenkämme ins Tälli zum Wegweiser bei P. 2730, der den Aufstieg zum Jegihorn ab hier mit 2 h angibt (in Wirklichkeit sind es eher 1 h 30'). In steilen, aber angenehmen Kehren durch das Tälchen hinauf, das am Fusse der eindrücklichen Jegihorn-Südwand schräg hinaufzieht. Ab ca. 2900 m führt die Route über felsiges Gelände, das ein paar Mal die Unterstützung der Hände erfordert und dennoch nirgends ausgesetzt ist, bis zu einer aussichtsreichen Schulter. Nun über Blockwerk, von Stein zu Stein hüpfend oder kraxelnd, nordwärts hinauf zum Westgrat, den man auf etwa 3140 m betritt. Auf guten Spuren bis zum grossen Gipfelkreuz des Jegihorns (3206.3 m).
Der Abstieg erfolgt auf der Aufstiegsroute. Vom Wegweiser P. 2730 kann auch direkt durch das Tälli und an einem Skilift vorbei nach Chrizbode abgekürzt werden.

Varianten
Die Weissmieshütte kann statt vom Chrizbode auch von oben erreicht werden, von der Bergstation Hohsaas (3101 m; Berghütte, offen und bewartet von Mitte Juni bis Mitte Oktober, Übernachtungsmöglichkeit, Tel. 027 957 17 13). Die Aussicht ist wohl schöner, der Fahrpreis jedoch höher. Auch wenn auf Hohsaas ein gewisser Wegwirrwarr herrscht, ist das Gebiet übersichtlich und die Route kaum zu verfehlen. Sie führt durch das Moränengelände unterhalb des Hohlaubgletschers hinunter, dabei sind mehrere Abkürzungen möglich (Hohsaas–Weissmieshütte 40', Schwierigkeit T2).

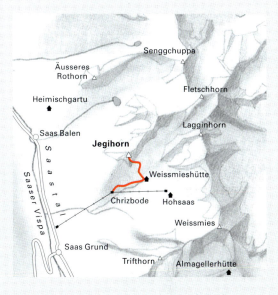

Chrizbode befindet sich am gut markierten, aussichtsreichen Gsponer Höhenweg, der Gspon mit Saas Almagell verbindet. Wer nach Saas Almagell will, geht vom Chrizbode durch die Mälliga, quert nach P. 2479 einen Steilhang mit Lawinenverbauungen (einige gut abgesicherte Stellen) und traversiert dann südwärts ins Almagellertal hinein. Vom Berghotel Almagelleralp (2194 m) dem Bach entlang hinunter nach Saas Almagell (Chrizbode–Saas Almagell 3 h 15', Schwierigkeit T3–).
Der lange Weg vom Chrizbode nach Gspon führt dagegen nordwärts ohne besondere Schwierigkeiten über Grüebe (Abstecher zum Berggasthaus Heimischgartu), Siwibodo, Färiga und Oberfinilu zum Seilbahndorf Gspon (1893 m), und eignet sich auch als Zugang zum Mattwaldhorn (Chrizbode–Gspon 4 h 15', Schwierigkeit T2).

Geschafft: Es bleibt der Abstieg nach Chrizbode. Zwischen Saas Fee und dem Mischabelmassiv türmen sich «Schönwetterwolken».

Kurzweilig Turnübunge im griffige Blockwerk unter Aufsic des Jegihorn

Anweisungen aus dem Jura in den Alpen. Die nahe Weissmieshütte gehört der Sektion Olten des SAC.

Von links nach rechts: Mattwaldhorn, Gipfelstange des Simelihorn, Fletschhorn.

Mattwaldhorn

Und ständig dieses friedliche Murmeln, dieses Plätschern und Rinnen, das unsere Schritte begleitet und den Alltagslärm aus den Ohren spült. Das Rauschen sickert langsam hinein, reinigt die Sinne und flutet die Gedanken. Trotz aufregendem Panorama erfasst uns Ruhe und Besinnlichkeit. Auf dem Weg von Gspon zum Mattwaldhorn kommt uns viel Wasser entgegen, obwohl wir in der trockensten Region der Schweiz unterwegs sind. Oder besser gesagt genau deswegen. Wir befinden uns im Land der Suonen.

Das Wallis ist ein inneralpines, auf allen Seiten durch hohe Bergketten abgegrenztes Tal. Die vom Atlantik und vom Mittelmeer kommenden Störungen stauen sich an den Gipfeln und regnen sich dort aus. Die bewohnten Gebiete bleiben damit im «Regenschatten» des Hochgebirges, das seinerseits niederschlagsreich ist und dessen Gletscher als Wasserspeicher dienen. Doch von sich aus würde das Schmelzwasser in der Falllinie direkt und ungenutzt abfliessen – an allen Wiesen und Äckern vorbei, die mit weniger als 600 mm Niederschlag pro Jahr verdursten würden.

Die Lösung leuchtet ein: Man zapft das Wasser dort an, wo es vorhanden ist und führt es möglichst ohne Höhenverlust den Bergflanken entlang auf künstlich angelegten Wasserleitungen – im Oberwallis Suonen oder Wasserleiten, im Unterwallis Bisses genannt – zu den Weiden und Matten. Diese Bewässerungssysteme, die man auch im Südtiroler Vinschgau unter dem Namen Waale kennt, werden mindestens seit dem Mittelalter angelegt. Schriften aus dem 13. Jahrhundert belegen, dass zu jener Zeit bereits zahlreiche Suonen in Betrieb waren.

Zwischen den Fassungen und den zu bewässernden Wiesen galt es jedoch häufig grosse topographische Probleme zu bewältigen: Unwegsames Gelände, Bergsturzgebiete, instabile Geröllhalden und steile bis überhängende Felswände behinderten den Suonenbau. Mit in den Fels gehauenen Kanälen und kühnen Holzkonstruktionen wurden unmögliche Hindernisse überwunden, doch Bau und Unterhalt der Suonen kosteten viel Zeit. Und auch viele Menschenleben, waren die Arbeiten in diesem abschüssigen Gelände doch mit enormen Risiken verbunden. Das Gemeinwerk verpflichtete die ganze Dorfgemeinschaft zur Mitarbeit, und so hat fast jedes Walliser Geschlecht seine Suonenopfer zu beklagen.

Die Feinverteilung des Wassers auf dem Kulturland war und ist streng geregelt. Über Verteiler, Nebenleitungen und Gräben gelangt das Wasser auf die Parzellen, wobei die Wassernutzungsrechte durch ein ausgeklügeltes Rechtssystem zugewiesen werden. Dass die gerechte Verteilung des kostbaren Guts früher eine Frage des Überlebens war, belegt eine Sage aus dem Dorf Mund oberhalb von Visp:

Der Einsiedler «Im Rüoduofo» war ein frommer Mann. Einmal im Sommer litt er aber so schrecklich Durst, dass er aus der «Wissu»-Wasserleitung drei tüchtige Schlücke trank. Das Wässerwasser gehörte aber zu dieser Stunde einer armen Witwe. Wegen dieser drei Schlücke Wasser gab es ihr drei Handvoll weniger Heu, dessentwegen drei Stripfen weniger Milch, also auch weniger Käse, und darum soll das Geschlecht Kienzler in Mund ausgestorben sein.

Die Suonen, die wir auf dem Weg von Gspon zum Mattwaldhorn kreuzen, heissen Gsponeri und Finileri, nach den Siedlungen benannt, die sie bedienen. Sie sind weder kühn noch ausgesetzt, sondern verlaufen mehrheitlich durch sanftes Gelände. Die Gsponeri versorgt Gspon mit dem Wasser des Mattwaldgletschers und wird auf einer Höhe von ca. 2700 m gefasst, was alpenweit einmalig sein dürfte, während die knapp darunter verlaufende Finileri auf 2660 m vom Mattwaldbach gespeist wird. Beide Suonen erreichen eine Durchflussmenge von bis zu 100 Litern pro Sekunde. Da sie nach wie vor in Betrieb und für die Bauern von grosser Bedeutung sind, dürfen ihre Schieber und Schleusen auf keinen Fall versetzt werden. Aber zuschauen und staunen ist allemal erlaubt.

Die Suonen des Wallis, Rotten Verlag, Visp 2000.
Josef Guntern, Walliser Sagen, Walter Verlag, Zürich 1998.

3245.5 m

Schwierigkeit: T4–
Technisch schwierige Passagen gibt's keine zu meistern, lediglich am Verbindungsgrat vom Simelihorn zum Mattwaldhorn kommen die Hände ein paar Mal zum Einsatz. Doch die Route führt stundenlang durch wegloses Geröll und erfordert nebst einer guten Nase für die beste Routenwahl auch gute Fussgelenke und robustes Schuhwerk.

Karten
1308 St. Niklaus, 1309 Simplon

Zeit und Höhendifferenz
8 h 45' ↗ 1450 m ↘ 1860 m
Gspon–Färiga 2 h 15'
Färiga–Mattwaldhorn 3 h
Mattwaldhorn–Heimischgartu 2 h 15'
Heimischgartu–Saas Balen 1 h 15'

Ausgangspunkt
Gspon (1893 m). Bahn- sowie Postautoverbindung von Brig oder Visp nach Stalden, von dort mit der Seilbahn über Staldenried (umsteigen) nach Gspon.

Unterwegs einkehren
Gspon (1893 m): Hotel-Restaurant Alpenblick (Tel. 027 952 22 21), Restaurant mit Zimmer Mosji (Tel. 027 952 22 34), Lebensmittelgeschäft.
Obere Schwarze Wald (2191 m): im Sommer meist offene Einkehrmöglichkeit.
Heimischgartu (2100 m): Restaurant mit Übernachtungsmöglichkeit (Tel. 027 957 29 20).

Endpunkt
Saas Balen (1483 m). Postautoverbindung nach Visp und Brig.

Die Route
Von Gspon (1893 m) auf dem gut markierten Gsponer Höhenweg südostwärts über Bord, Oberfinilu und Obere Schwarze Wald bis zur Alphütte von Färiga (2271 m). Nun weglos über offene, mässig steile Hänge nordostwärts, einige offene Suonen querend, gegen P. 2624 zu. Man folgt dem Rücken, der bei P. 2702 beginnt und gegen das Simelihorn hinaufzieht, wobei man sich mit Vorteil links der Rückenkante hält. Weiter oben wird das Gelände geröllig, lässt sich aber gut begehen. Auf ca. 3080 m weicht man dem felsigen Aufbau des Vorgipfels rechts aus und gelangt in eine kleine Mulde, von wo man den höchsten Punkt des Simelihorns (3124 m) leicht erreicht.

Vom Simelihorn zurück in die kleine Mulde und dem Verbindungsgrat zum Mattwaldhorn folgen. Einige spärliche, aber gut eingesetzte Markierungen helfen, die beste Route zu finden. Der Grat erweist sich als wesentlich einfacher, als er vom Simelihorn aus erscheint, und bietet nur im Bereich von P. 3168 einige wenige, unschwierige und nicht ausgesetzte Kraxelstellen. Schliesslich legt sich die Flanke zurück und führt zum erstaunlich grosszügigen, von zahlreichen Steinmännchen bewohnten Gipfelplateau des Mattwaldhorns (3245.5 m).

Vom Mattwaldhorn auf Wegspuren, einen Felsriegel auf ca. 3210 m westlich umgehend, zum Simelipass (3023 m) hinunter. Nun weglos absteigend durch Geröll und einzelne Grashänge zum Talboden östlich von Chieblatte und über sanfte, von Suonen durchzogene Matten zum Füls Moos. Den Mattwaldbach an geeigneter Stelle queren, am besten bei einer kleinen Brücke auf ca. 2400 m, und dem Bach entlang bis 2320 m. Ein kleiner, markierter Pfad führt oberhalb einer Suone übers Rotgufer, einen moränenähnlichen Kamm aus grossen Blöcken, zum südwestlichen Rand des Siwibode, wo man den Gsponer Höhenweg wieder erreicht. Auf diesem zum Linde Bode (2230 m) und hinab zur niedlichen Siedlung Heimischgartu (2100 m).

Ein Wanderweg senkt sich vom Heimischgartu, das Strässchen mehrmals querend, zu den Siedlungen von Matt (1790 m) und Grundbiele, wo man schliesslich die Strasse erreicht und am schönen Fellbach-Wasserfall vorbei zur Postauto-Haltestelle von Saas Balen bei P. 1483 gelangt.

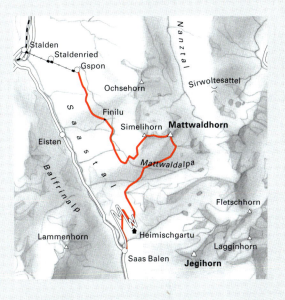

Varianten
Wer Abstiege nicht mag, steigt nicht über Heimischgartu hinunter, sondern wandert vom Linde Bode nach Chrizbode (2397 m), der Mittelstation der Seilbahn nach Saas Grund – am besten noch vor der letzten Talfahrt (200 Höhenmeter Wiederaufstieg, etwa gleicher Zeitaufwand wie nach Saas Balen, Schwierigkeit T2).

Vom Simelipass kann man auch nordostwärts über Bockwang zum Obers Fulmoos (2452 m) im hinteren Nanztal absteigen (zu Beginn sehr steil, instabiles Blockwerk, Schwierigkeit T4+). Von dort entweder der Heido-Suone entlang zum Giw (1962 m), Sesselbahn nach Visperterminen mit Postautoanschluss) – oder über die Magelicke bzw. den Sirwoltesattel zum Hospiz am Simplonpass (1997 m, Postautoverbindung nach Brig).

Randnotiz
In der Nähe von Oberfinilu befindet sich die vielleicht höchste Waldgrenze der Alpen – hier reicht der geschlossene Wald bis gegen 2400 m hinauf.

Zeichen der Trockenheit:
die karge Landschaft
des Nanztals, vom Gipfel
des Mattwaldhorns aus.
Am Horizont baden die
Berner Alpen in den Wolken.

eichen der Trockenheit:
aum fliesst ein Bach,
priesst die Vegetation.
n Abstieg nach
aas Balen.

Zeichen der Trockenheit:
Das rare Wasser wird
auf der Mattwaldalpa
gefasst und nach Gspon
geführt. Gegenüber:
Färichhorn und Platthorn.

Grenzgängertum: im Abstieg vom Wasenhorn, hinten der Monte Leone.

Wasenhorn / Punta Terrarossa

Auf der Landeskarte folgt der Aufstieg zum Wasenhorn einer Linie, die den Chaltwasserpass (Bocchetta d'Aurona) mit dem Wasenhorn (Punta Terrarossa) verbindet. Doch die Linie trennt mehr, als sie verbindet: Sie trennt als Landesgrenze zwei Staaten, zwei Sprachen, zwei Kulturen, sie trennt Wasser und Wetter – aber trennt sie auch Menschen? Man würde es den Völkern auf beiden Seiten kaum verargen, wenn sie angesichts der Schroffheit der Übergänge nichts voneinander hätten wissen wollen. Dennoch erzählt uns diese Grenzlinie erstaunlich viele Geschichten. Geschichten von Menschen und Begegnungen.

Zum Beispiel Walsergeschichten. Auf der Suche nach neuen Siedlungsmöglichkeiten wanderten die Walser aus dem Oberwallis über hohe Pässe in benachbarte Berggebiete ein. Eine ihrer ersten und wichtigsten Wanderungen führte im 12. Jh. über den Albrun- und Griespass ins norditalienische Pomatt (Val Formazza), wo sich das zähe Bergvolk niederliess. Von dort aus brachen sie zu neuen Wanderungen auf. Die Walsersiedlungen im Tessin, im Urnerland, im Bündner Oberland und im Rheinwald, so vermuten Historiker, gehen alle auf die Pomatter zurück. Die Bande zur Urheimat blieben eng; so waren die Pomatter bis zum Bau der Strasse 1920 klar zum Oberwallis ausgerichtet. Häufig wurde über die Pässe hinweg geheiratet, und heute noch treffen sich Walser von dies- und jenseits der Grenze regelmässig.

Zum Beispiel Säumergeschichten. Diese frühen Transporteure, Einheimische beider Seiten, überquerten vom 13. bis ins 19. Jahrhundert hinein vor allem den Simplon-, den Gries- und den Albrunpass im Auftrag von Lieferanten und Abnehmern. Nebst den Handelsgütern führten sie dabei auch wohlbetuchte Reisende über die Grenze.

Zum Beispiel Schmugglergeschichten. Als Bindeglied zwischen offiziellem und schwarzem Handel gingen die «Spalloni», wie die Lastenträger mit den starken Schultern in Italien hiessen, meist nachts, auch bei schlechtem Wetter oder im Winter über die höchsten und schwierigsten Pässe, um die Grenzwächter auszutricksen – so auch über den Chaltwasserpass. Seit mindestens 250 Jahren wird zwischen der Ossola und der Schweiz geschmuggelt. In den Jahren vor dem Zweiten Weltkriegs war Kaffee die beliebteste Schmuggelware (von der Schweiz nach Italien, zum Missfallen der italienischen Behörden und zum Profit der Schweizer); während des Weltkrieges ging's dann um Reis (in umgekehrter Richtung) und später, bis Mitte der Siebziger Jahre mit einer Spitze um 1965, um Zigaretten (wiederum nach Italien). Tempi passati, geblieben ist manch grenzüberschreitende Freundschaft aus den Jahren im Untergrund.

Zum Beispiel Flüchtlingsgeschichten. Immer wieder überschritten Menschen diese Landesgrenze in der Hoffnung auf Asyl, so während dem 2. Weltkrieg Juden und Partisanen, die für die Grenzquerung auf Schmuggler zählen konnten. Nach dem Sturz der legendären Freien Republik Ossola – einer im September 1944 kühn ausgerufenen, von der Schweiz wohlwollend unterstützten und nach 40 Tagen von den Nazis und Faschisten blutig beendeten Unabhängigkeit – flüchteten Tausende von Zivilisten und Widerstandskämpfern über verschneite Pässe in die Schweiz. Und selbst heute wagen sich vereinzelt Flüchtlinge, wohl nicht ganz ohne Beihilfe, auf diesem Weg über die Landesgrenze.

Und in Zukunft? Ab 2007 sollen Menschen und Waren die Alpen im Eiltempo überwinden, untendurch und von einer starken Lokomotive gezogen – unter dem Namen Alptransit. Die Ossolaner und Oberwalliser werden derweil auf der Ortskenntnis ihrer gemeinsamen Berge sitzen bleiben. Alptransit: Was früher eine nachbarschaftliche Angelegenheit war, wird zunehmend eine europäische. Ob dies die Menschen ähnlich zusammenbringen wird, wie die mühsam zu Fuss zu überquerenden Pässe, ist mehr als fraglich.

Erminio Ferrari, Contrabbandieri, Tararà, Verbania 1997.
Kurt Wanner, Unterwegs auf Walserpfaden, Bündner Monatsblatt, Chur 1999.

3245.8 m

Schwierigkeit: T3+
Der Weg bis zur Monte Leone-Hütte ist gut ausgebaut – allerdings ist Vorsicht geboten, wenn die Wildbäche viel Wasser führen. Der Gipfelaufstieg über feinsplittriges Geröll folgt einer guten und zunehmend steiler werdenden Wegspur, die jedoch nirgends wirklich ausgesetzt ist. Heikel, falls noch (viel) Schnee in der Flanke liegt.

Karten
1289 Brig, 1309 Simplon

Zeit und Höhendifferenz
6 h 15'   ↗ 1250 m   ↘ 1250 m
Simplon Hospiz–Monte Leone-Hütte 2 h 30'
Monte Leone-Hütte–Wasenhorn 1 h 15'
Wasenhorn–Monte Leone-Hütte 45'
Monte Leone-Hütte–Simplon Hospiz 1 h 45'

Ausgangs- und Endpunkt
Simplon Hospiz (1997 m). Haltestelle an der Postautolinie Brig–Domodossola.

Unterwegs einkehren
Simplon Hospiz (1997 m): Gästehaus der Chorherren des Grossen St. Bernhard, Übernachtungsmöglichkeit (Tel. 027 979 13 22). Am Simplonpass drei weitere Hotels mit Restaurant.
Monte Leone-Hütte SAC (2848 m): immer offen, bewartet von Juni bis September, Übernachtungsmöglichkeit (Tel. 027 979 14 12, www.sac-cas.ch).
Chaltwasserpass (2748 m): Bivacco Beniamino Farello, unbewartete Schutzhütte.

Die Route
Die Route durchquert Schiess- und Zielräume der Armee, die zeitweise gesperrt sein können. Informationen über einen allfälligen Schiessbetrieb erteilt die Regionale Auskunftsstelle Brig (Tel. 027 923 51 23, an Wochenenden wird in der Regel nicht geschossen).

Von der Postauto-Haltestelle beim Simplon Hospiz (1997 m) über Rotels hinauf zum oberen Ende des kleinen Skilifts, dann einer Suone entlang ostwärts. Nach 1 km steigt der Hüttenweg etwas entschiedener an, und ab ca. 2400 m sind einige Wildbäche auf plattigen Felsen zu queren, die nach Starkniederschlägen oder während der Schneeschmelze im Frühsommer durchaus Schwierigkeiten bereiten können (einige Seilgeländer vorhanden). Man erreicht so die Moräne, die das Chaltwassertälli südlich begrenzt (P. 2550). Auf dem Moränenkamm oder durchs Tälli selbst hinauf, zuletzt links haltend, zu einem Sattel auf 2770 m. Ab hier in einem Bogen über dem See leicht ansteigend zur Monte Leone-Hütte (2848 m).

Von der Hütte auf einer deutlichen, mit Steinmännchen markierten Spur mehr ostdenn nordwärts hinauf zur Landesgrenze, die man auf etwa 2970 m erreicht. Nach einem geneigten Felsriegel auf 3000 m, den man mühelos links ansteigend überwindet, kehrt man zur Landesgrenze zurück und folgt dieser bis kurz unter dem Gipfel, wobei auf 3100 m allfällige Altschneereste etwas Vorsicht erheischen. Leicht nach rechts ausholend gelangt man schliesslich zum Gipfel (3245.8 m).

Der Abstieg erfolgt auf derselben Route.

Varianten
Eine Empfehlung für Bergwanderer, die vor Kletterpartien nicht zurückschrecken: der Aufstieg über den Südwestgrat. Vom oben beschriebenen Sattel auf rund 2770 m links abzweigen und zur Mäderlicke (2887 m) ansteigen. Auf einer Spur fast horizontal zum Passo Terrarossa (2902 m), wo der lange Südwestgrat ansetzt. Nun über den ganzen Grat zum Gipfel – dabei sind einige recht ausgesetzte Kletterstellen bis zum II. Grad zu meistern; in der Regel kann man sie jedoch durch Ausweichen in die Flanken (vor allem in die rechte) umgehen (Mäderlicke–Wasenhorn 1 h 30', Schwierigkeit T5+, Seilsicherung empfehlenswert).

Der landschaftlich sehr schöne Abstieg von der Monte Leone-Hütte zum Naturpark Alpe Veglia setzt ebenfalls eine gewisse alpine Erfahrung voraus. Von der Hütte hinab zum Chaltwasserpass und zum Bivacco Farello (2748 m). Der Ghiacciaio d'Aurona hat sich in letzter Zeit stark zurückgezogen, der Abstieg verläuft nun weitgehend über einen gesicherten Steig (Leitern, Ketten). Weiter unten stösst man auf einen guten Weg zur Alpe Veglia 1743 m (Monte Leone-Hütte–Alpe Veglia 3 h 30', Schwierigkeit T4, Pickel und Steigeisen empfehlenswert). Zahlreiche Hotels auf der Alpe Veglia, im Sommer zeitweise Busverbindung nach Varzo an der Bahnlinie Domodossola–Brig (Informationen unter www.alpeveglia.it).

Panorama beim Ausstieg aus
dem Chaltwassertälli:
Mischabel (links) und Weisshorn –
Grund genug, sich mal umzudrehen.

Spaltenwirrwarr am Chaltwassergletscher.

Morgenfrost im Chaltwassertälli.

Sonnenaufgang auf der Chaltwassermoräne.

Oldenhorn / Becca d'Audon

Das Oldenhorn, Haifischflosse im erstarrten Meer von Tsanfleuron.

Steiler Kalk und weite Kare, von unzähligen Seelein durchsetzte Karstplatten, sanfte Gletscher und Eisabbrüche, senkrechte Wände, wilde Geröllebenen, riesige Bergsturzgebiete. Keine Frage, die zerklüftete Welt des Diablerets-Massivs ist ein monumentales, spektakuläres Beispiel der gewaltigen Kräfte, die während und nach der Alpenfaltung wirkten. Grautöne beherrschen die Szenerie, überlagern sich, bilden verschiedene Kulissen und kontrastieren mit den in der Ferne sichtbaren Vegetationsflächen der Voralpen und den gut zwei Dutzend am südlichen Horizont auftauchenden, gleissenden Viertausendern. Weit weg die Farben, nur selten eine einsame Blume oder eine Wegmarkierung. Eine unbunte Bergwelt.

Das Oldenhorn, zweithöchster und eigenständigster Gipfel des Diablerets-Massivs, liesse sich ohne grosse Anstrengung von einer Seilbahn aus besteigen, mehr dazu später. Doch wir wollen uns Zeit nehmen für eine geologische Zeitreise und beginnen unsere Tour zuhinterst im Tal der Lizerne, in Derborence. Im 18. Jh. gingen hier zwei riesige Bergstürze nieder. Der erste forderte im Jahr 1714 achtzehn Opfer. 1749 folgte der zweite – es war der gewaltigste Bergsturz, der sich in historischer Zeit in der Schweiz ereignete: 50 Mio. Kubikmeter Felsmassen, 1900 Höhenmeter Gefälle. Die Narben der Bergstürze sind heute noch unübersehbar. Das riesige Ablagerungsgebiet vermittelt uns einen Eindruck der Dimensionen der Sturzmassen, die den See von Derborence entstehen liessen und Charles-Ferdinand Ramuz zu einem der wichtigsten Werke der Schweizer Literatur der Zwischenkriegszeit inspirierten: *Derborence*, ein 1934 erschienener und heute noch lesenswerter Roman über Leben und Tod, über Eigensinn und Gemeinschaft, über Glaube und Aberglaube.

Die Südseite der Diablerets scheint von Derborence aus unüberwindbar. In Wirklichkeit gibt es einige Durchstiege, doch sind sie in der Regel anspruchsvoll und steinschlaggefährdet. Einzige Ausnahme ist der Poteau des Etales, eine Schwachstelle am östlichen Rand der breiten Wandfluh. Mit Hilfe einiger künstlicher Tritte, mit Leitern und Fixseilen überwinden wir ohne Mühe den Felsriegel durch eine eindrucksvolle Schlucht. Dann legt sich der Weg wieder zurück und führt durch eine eingekesselte Alp, das saftige Grün beruhigt. Doch die Ruhe ist von kurzer Dauer: Keine Stunde später wechselt die Umgebung abrupt und wir stehen am Rande des Lapis de Tsanfleuron, eines der ausgedehntesten Karstgebiete der Schweiz. Vom Gletscher geschliffen breiten sich die weitläufigen Plattenschüsse vor uns aus. Wir pfeifen auf die Steinmännchen, erlauben uns angesichts des schönen Wetters das kleine Abenteuer einer eigenen Variante durch die coupierte und kurzweilige Topographie und finden schliesslich zur Cabane de Prarochet, einer kleinen Oase der Geborgenheit inmitten faszinierender Steinwüsten.

Später verschwindet die Karstplatte unter der Zunge des Tsanfleuron-Gletschers. Etwas Spürsinn hilft uns übers blanke Eis zum Oldensattel und schwache Pfadspuren führen uns hinauf zum Gipfelkreuz des Oldenhorns, wo wir nach so viel Wallis ein wenig Waadtländer und Berner Luft schnuppern.

Von der Waadtländer und Berner Seite aus führen Seilbahnen zu der am Fusse des Oldenhorns liegenden Gletscherfläche, die sich bis zum Sex Rouge, zum Sommet des Diablerets und zur Tour St-Martin ausdehnt. *Glacier 3000* heisst die Installation aus Natur und Technik bei den Touristikern. Zwei Seilbahn-Zubringer von Norden, futuristische Bergstationen und Gletscherskilifte schmücken das höchste Waadtländer Massiv. Sommerlich bekleidete Skifahrer teilen sich den flachen Gletscher mit bohrenden Glaziologiestudenten, angeseilten Bergsteigern und spazierenden Ausflüglern, die in Pelzmänteln über den Gletscher trippeln. Vom Gipfel des Oldenhorns aus überblicken wir die Szene, der ein gewisser Unterhaltungswert nicht abzusprechen ist. Dann wandert unser Blick zum Sex Rouge, wo Mario Bottas Bergstation thront, und daran vorbei zu den Walliser Alpen – wo er lange, lange verweilt.

3122.5 m

Schwierigkeit: T4
Der Poteu des Etales oberhalb Derborence ist mit Haltebügeln und Seilen entschärft, erfordert aber eine gewisse Trittsicherheit. Nach Prarochet führt die Route über einen recht flachen, jedoch nicht ganz spaltenlosen Glacier – am besten in aperem Zustand (meist ab August) begehen, dann sind die Spalten sichtbar und lassen sich umgehen. Ab dem Oldensattel Geröll mit Wegspuren und ohne Schwierigkeiten.

Karten
1285 Les Diablerets, 1286 St-Léonard, 1266 Lenk

Zeit und Höhendifferenz 1. Tag
4 h 30′ ↗ 1280 m ↘ 80 m
Godey–Cabane de Prarochet 4 h 30′

Zeit und Höhendifferenz 2. Tag
6 h ↗ 600 m ↘ 1090 m
Cabane de Prarochet–Oldenhorn 2 h
Oldenhorn–Cabane de Prarochet 1 h 15′
Cabane de Prarochet–Sanetschsee 2 h 45′

Ausgangspunkt
Derborence/Godey (1363 m). Sommerdorf im Tal der Lizerne. Postautoverbindung von Sion mit Umsteigen in Aven, zwei Kurse pro Tag (Stand 2003). Der Bus fährt von Godey noch 2 km weiter zum Lac de Derborence.

Unterkunft
Cabane de Prarochet (2555 m). 44 Plätze, offen und bewartet von Ende Juni bis Mitte September (Tel. 027 395 27 27).

Unterwegs einkehren
Derborence/Godey (1363 m): Auberge du Godet mit Übernachtungsmöglichkeit (Tel. 027 346 15 97).
Derborence/Lac (1449 m): Refuge du Lac Derborence mit Übernachtungsmöglichkeit (Tel. 027 346 14 28).
Sanetschsee (2048 m): Auberge du Barrage Sanetsch am nördlichen Seeende, Übernachtungsmöglichkeit (Tel. 033 755 12 32).

Endpunkt
Sanetschsee (2062 m). Bergstation der Seilbahn nach Innergsteig (1209 m) hinunter, von dort zu Fuss in 20′ nach Gsteig mit Postautoverbindungen nach Gstaad und Les Diablerets. Die Tour lässt sich auch beim Sanetschpass abbrechen, von dort Postauto nach Sion (umsteigen in Chandolin) – der Bus verkehrt nur im Hochsommer, und zwar einmal pro Tag (Stand 2003).

Die Route
Von Godey (1363 m) links der Staumauer nach La Lui und auf dem Wanderweg hoch über der Lizerne ins Tal hinein. Bei P. 1584 links hinauf über einen steilen, mit Gebüsch durchsetzten Geröllhang bis zum Poteu des Etales – einem trichterartigen Durchstieg durch einen mächtigen Felsriegel. Zuerst links ausholen, dann nach rechts ins Couloir und eine kurze Steilstelle mit Haltebügeln überwinden. Weiter über einen etwas abschüssigen Hang in engen Kehren (Fixseile) zu einer Metallleiter, die aus dem Poteu führt. Vorsicht, wenn sich mehrere Partien im Poteu befinden, das lose Gestein führt leicht zu Steinschlag. Nun ohne Schwierigkeiten zur Alpsiedlung P. 2094, kurz hinab und auf gutem Weg nordwärts. Man kommt an einer Schutzhütte vorbei (willkommener Unterstand bei schlechtem Wetter, jedoch keine Übernachtungsmöglichkeit) und erreicht nach P. 2315 die weitläufigen Karren des Lapis de Mié. Dann den Steinmännchen folgend, bei Nebel nicht ganz einfach, westwärts zur Cabane de Prarochet (2555 m).
Von Prarochet nordwestwärts zum Glacier de Tsanfleuron. Unangeseilt sollte dieser Gletscher wegen der Spaltengefahr nur in ausgeapertem Zustand betreten werden (dies ist meist ab August der Fall). Nun in direkter Linie zum Oldensattel (2737 m), von wo aus Spuren der Kantonsgrenze entlang über den breiten, gerölligen Rücken, auf 2900 m links ausholend, zum Gipfelkreuz des Oldenhorns (3122.5 m) führen.

Zurück zur Cabane de Prarochet auf gleicher Route. Auf dem Hüttenweg, der zwischendurch auch ein Strässchen ist (nur für Geländewagen, dient der Hüttenversorgung), über die schier endlose Weite des Lapis de Tsanfleuron. Man erreicht so den Col du Sanetsch (2242 m). Der Wanderweg nordwärts kreuzt mehrmals die Strasse und zweigt beim Chalet de la Crêta nach rechts weg. Dem rechten Seeufer entlang zur Auberge und zur Bergstation der Seilbahn Sanetsch–Innergsteig (2062 m).

Varianten
Variante ohne Gletscher: Mittelstation Oldenegg–Olden–Ober Olden–Oldensattel–Oldenhorn (Oldenegg–Oldenhorn 4 h, Schwierigkeit T3+, Schneereste beim Oldensattel bis spät in den Sommer hinein).
Variante mit Luftseilbahn: Bergstation Sex Rouge–Glacier de Tsanfleuron–Oldensattel–Oldenhorn (Sex Rouge-Oldenhorn 1 h 30′, Gletscher, Schwierigkeit T4).
Variante mit Adrenalin: Les Diablerets–Refuge de Pierredar–Glacier de Prapio–Oldensattel–Oldenhorn (Refuge Pierredar–Oldenhorn 3 h, gesicherter Steig, blau-weiss-blau markiert, Gletscher, Schwierigkeit T6–).

Zwei Bergler
hoch über Derborence.

Zwei Bergspiegel
auf dem Lapis
de Tsanfleuron.

Zwei Bergwanderer blicken
in die ungewohnte Weite des Glacier
und Lapis de Tsanfleuron –
der eine im, der andere durch den Sucher.
Links aussen der Arpelistock.

Arpelistock

Auf der Arête de l'Arpille zu Arpelistock und Aussicht.

Obwohl August, breitet sich eine erstaunliche Fernsicht vor uns aus. Die Kaltfront hat offensichtlich ihren Dienst getan und die Luft tüchtig ausgewaschen. Damit hatten wir eigentlich gerechnet, das Ergebnis verblüfft uns trotzdem. Wir beginnen das übliche und etwas prahlerische Spiel des Gipfelaufzählens à la «und links hinten das Hübschhorn, nein, das ist garantiert nicht das Hübschhorn, doch, der Sporn da ist ja ganz eindeutig, aber wenn es das Hübschhorn ist, wo ist dann das Breithorn, hm, weiss ich auch nicht», doch bald kapitulieren wir und beschliessen, uns auf die Berge über 4000 Meter zu beschränken. Eine erste Runde fördert etwa 30 dieser Erstklassgipfel zutage. Nicht ganz unerwartet taucht die tückische Frage nach der Anzahl Viertausender der Alpen auf. Die Schätzungen liegen zwischen 45 und 60. Niemand auf dem Arpelistock weiss es genau.

Die Antwort ist gar nicht so einfach. Bei Matterhorn, Piz Bernina oder Jungfrau liegt der Fall klar. Doch schon beim Grand Combin beginnen die Zweifel: Ist es ein einziger Gipfel, sind es drei oder gar vier? Ganz zu schweigen von komplizierten Konstruktionen à la Monte Rosa oder Montblanc…

Nun, die Frage beschäftigte (und beschäftigt heute noch) zahlreiche Spezialisten. Etwas Ordnung in die Angelegenheit brachte eine internationale Alpenclub-Arbeitsgruppe mit je einem Vertreter aus den drei Viertausenderländern Italien, Frankreich und Schweiz. Diese erhielt den Auftrag, ein für alle Mal zu bestimmen, welche Erhebungen über 4000 m als eigenständige Berge gelten dürfen und welche hingegen als Schultern, Nadeln, Gendarme oder Sekundärgipfel anzusehen sind. Ausschlaggebend für die Aufnahme in den erlauchten Kreis der Alpengipfel höchster Ordnung waren primär topographische Überlegungen, wobei in Härtefällen zusätzlich morphologische und alpinistische Kriterien mitberücksichtigt wurden. Das Verdikt wurde im Jahr 1994 veröffentlicht und geniesst seither so etwas wie offiziellen Charakter.

Zusammengefasst sieht die 4000er-Bestückung der Alpenmassive wie folgt aus:

Massif des Ecrins 2
Gruppo del Gran Paradiso 1
Montblanc-Massiv 28
Walliser Alpen 41
Berner Alpen 9
Bernina-Gruppe 1
Total 82

Darunter befinden sich selbstverständlich alle Schwergewichte von der Barre des Ecrins bis zum Bernina, aber auch einige eher exotische Gebilde – Anhöhen und Zacken, die unter Namen wie L'Isolée, Pointe Carmen, Aiguille du Jardin, Stecknadelhorn oder Punta Giordani eher im Schatten vollwertiger Viertausender stehen (und dort wohl frieren).

Beim nächsten Besuch des Arpelistocks kommen auch das Fernglas und die offizielle Liste mit. Vom Gipfel schauen wir wieder in die Runde, beginnen zu zählen und brauchen dazu zehn volle Hände: genau 50 Viertausender, alle aus den Walliser Alpen und dem Montblanc-Massiv, und alle zertifiziert.

Die vom Arpelistock sichtbaren Viertausender im Uhrzeigersinn:

Walliser Alpen – Lagginhorn, Weissmies, Dirruhorn, Stecknadelhorn, Nadelhorn, Hohberghorn, Lenzspitze, Dom, Täschhorn, Alphubel, Bishorn, Weisshorn, Nordend, Dufourspitze, Zinalrothorn, Liskamm Ost, Liskamm West, Ober Gabelhorn, Roccia Nera, Breithorn Ost, Breithorn zentral, Breithorn West, Dent Blanche, Matterhorn, Dent d'Hérens, Grand Combin de Tsessette, Grand Combin de Grafeneire, Grand Combin de Valsorey.

Montblanc-Massiv – Pointe Walker, Pointe Whymper, Pointe Croz, Punta Elena, Punta Margherita, Dôme de Rochefort, Aiguille de Rochefort, Les Droites, Aiguille du Jardin, Grande Rocheuse, Aiguille Verte, Monte Bianco di Courmayeur, Corne du Diable, Pointe Chaubert, Pointe Médiane, Pointe Carmen, L'Isolée, Mont Blanc du Tacul, Montblanc, Mont Maudit, Dôme du Goûter, Aiguille de Bionnassay.

3035.5 m

Schwierigkeit: T4
Im Aufstieg kurz vor dem Gipfel einfache Felspassagen und nachgebendes Geröll, etwas abschüssig. Im Abstieg zu Beginn weglos durch lockeren Schutt, eine gute Spürnase für den besten Weg ist von Vorteil.

Karten
1266 Lenk, 1286 St-Léonard

Zeit und Höhendifferenz
6 h 30' ↗ 1000 m ↘ 1680 m
Sanetschsee–Col du Sanetsch 1 h 15'
Col du Sanetsch–Arpelistock 2 h 15'
Arpelistock–Geltenhütte 1 h 45'
Geltenhütte–Lauenesee 1 h 15'

Ausgangspunkt
Sanetschsee (2062 m). Von Gstaad oder Les Diablerets mit Postauto nach Gsteig, dann zu Fuss in 20' zur Talstation (1209 m) der Seilbahn zum Sanetschsee hinauf. Die Tour kann auch beim Sanetschpass begonnen werden: Postauto von Sion (umsteigen in Chandolin) – der Bus verkehrt nur im Hochsommer, und zwar einmal pro Tag (Stand 2003).

Unterwegs einkehren
Sanetschsee (2048 m): Auberge du Barrage Sanetsch am nördlichen Seeende, Übernachtungsmöglichkeit (Tel. 033 755 12 32). Geltenhütte SAC (2003 m): immer offen, bewartet von Ende Juni bis etwa Anfang Oktober, Übernachtungsmöglichkeit (Tel. 033 765 32 20, www.sac-cas.ch). Louwenesee (1381 m): Restaurant Bühl am Ostufer des kleinen Sees.

Endpunkt
Lauenesee (1379 m). Postautoverbindung nach Gstaad. Die Haltestelle befindet sich bei der Legerlibrügg (1379 m) 400 m östlich des kleinen Louwenesees und des Restaurants.

Die Route
Von der Bergstation der Seilbahn Sanetsch (2062 m) zur Auberge und auf gutem Weg links um den Sanetschsee herum. Beim Chalet de la Crêta erreicht man die Strasse und kreuzt sie mehrmals bis zum Col du Sanetsch (2252 m). Nun auf weissrot markiertem Weg ostwärts und über den bizarren Erd-, Gras- und Geröllgrat Arête de l'Arpille bequem und manchmal leicht luftig hinauf bis zum Südgrat des Arpelistocks, knapp unterhalb P. 2823 (hier zweigt der markierte Weg ab und steigt in die Mulde von Grand' Gouilles hinein, um zur Cabane des Audannes zu führen). Unsere Spur dagegen folgt zuerst kurz dem Südgrat, um bald darauf ca. 150 m nach Osten auszuholen und eine Felspartie zu umgehen. Im Zickzack steigt die Spur durch die Südostflanke an, berührt den Südgrat beim Einschnitt auf ca. 2920 m kurz und weicht abermals in die Flanke aus. Auf den letzten 50 Höhenmetern hat man die Wahl zwischen dem sich aufsteilenden Geröllhang aus nachgebendem Splitter und einem geneigten, einige Kraxelpartien erfordernden Felskamm, die beide zum Gipfel des Arpelistocks (3035.5 m) führen. Der Gipfel besteht aus einem weiten Plateau ohne Gipfelschmuck.

Über den breiten Nordwestrücken des Arpelistocks auf guten Spuren bis zu einem Sattel auf ca. 2930 m (ca. 250 m vor P. 2949). Nun rechts hinunter und in direkter Linie zum Sattel P. 2685 – zuerst bis etwa 2840 m über eine Flanke, die vom Gletscher freigegeben wurde, anschliessend auf Spuren mit Steinmännchen zwischen einem markanten Felskamm und dem Firn (dabei kommen ein paar Mal die Hände zum Einsatz, mehr zum Abstützen oder Bremsen denn zum Kraxeln). Von besagtem Sattel auf zunehmend deutlichen Spuren dem linken Rand des Geltengletschers folgend, wobei eine erste Felspartie südöstlich vom Hüenerhörnli auf ca. 2600 m rechts, eine spätere links umgangen wird. Auf ca. 2380 m betritt man die

markante, bequeme Moräne, die ins Rottal hinunter führt. In der Nähe von P. 2062 über die Brücke und in einem Bogen zur Geltenhütte (2003 m).

Von der Geltenhütte führt ein bequemer, gut markierter Weg ohne Schwierigkeiten am Geltenschuss vorbei zum Louwenesee auf 1381 m und zur Postauto-Haltestelle Lauenensee/Legerlibrügg (1379 m).

Varianten
Arpelistock und Oldenhorn lassen sich gut kombinieren, wenn man in der Auberge du Barrage Sanetsch beim Ausgangspunkt übernachtet.

Eine interessante, einsame Zustiegsvariante zum Arpelistock ist diejenige über die am Südfuss des Wildhorns gelegene Cabane des Audannes (2508 m, in 2 h 30' von der Seilbahn Pas de Maimbré oberhalb Anzère bzw. von der Postauto-Haltestelle Ayent/Les Rousses zu erreichen). Von der Hütte über den Col des Audannes und Grand' Gouilles zur oben beschriebenen Route: eine angenehme Hütte, viel Geröll, gute Markierungen und etwas Luft unter den Füssen am Col des Audannes (Cabane des Audannes–Arpelistock 4 h, Schwierigkeit T4).

Der Tag ist noch jung,
locker geht's die Südwestflanke
des Arpelistocks empor.
Links der Mitte der Grand Combin,
rechts das Montblanc-Massiv.

Auswahl aus dem umfangreichen arpelistockschen 4000er-Sortiment: Weisshorn (links), Zinalrothorn, Liskamm, Ober Gabelhorn.

Abstieg vom Wildstrubel, darunter die Plaine Morte, dahinter die Walliser Alpen.

Wildstrubel

Die letzten 300 Höhenmeter zum Gipfel des Wildstrubels sind ein schönes Stück Arbeit. Arbeit, weil der Boden mit rutschigem, feinem Geröll bedeckt ist, und schön, weil sich auf diesen letzten Metern das Panorama mit jedem Schritt um viele Gletscher und Gipfel erweitert. Unter dem Gipfelkreuz setzen wir uns hin. Lange durchstreifen die Augen die Weite der unzähligen Bergzacken am Horizont, die Gletscherfläche der Plaine Morte gleich hinter uns und diejenige des Wildstrubelgletschers vor uns.

Dass beide Eisfelder früher wesentlich mächtiger waren, sieht man deutlich an den Randgebieten, deren karger Boden noch vor kurzer Zeit von einer Eisschicht bedeckt war und nun wohl erstmals seit mehr als 25 000 Jahren das Licht der Welt erblickt. Obwohl gleichen Ursprungs, strahlen die beiden Eisflächen einen höchst unterschiedlichen Charme aus. Hier die topfebene Plaine Morte mit dem verunstaltenden Oval einer breiten Langlaufloipe, dem Gletscherskilift und Pistenfahrzeugen an ihrem Kopf. Dort der unberührte Wildstrubelgletscher: erhaben, sanft in der Mitte, verschrundet gegen die Seiten, würdevoll und urzeitlich. Nomen est omen: morte und wild.

Vom Wildstrubel aus lassen sich einige Eigenheiten der Gletscher deutlich erkennen. Gletschereis entsteht in einem Jahre dauernden Prozess aus Schneeflocken, deren sechseckige, sternförmige Umrisse sich Schritt für Schritt in eine kompaktere, rundlichere Form verwandeln. Aus frisch gefallenem Neuschnee entsteht durch Setzung und Wasseraufnahme Altschee und später, falls der Schnee mindestens ein Jahr überdauert hat, Firn. Durch Anfrieren weiterer Eiskristalle wachsen Firnkörner langsam an und verwandeln sich unter Druck in lufthaltiges, weissliches Firneis, welches sich über die Jahre zu kompakterem Gletschereis verdichtet. Durch diese Umwandlung erfolgt eine Volumenverminderung und somit auch eine Zunahme der Dichte: Wiegt ein Kubikmeter Neuschnee lediglich 50 bis 70 kg, sind es beim Altschnee bereits 200 bis 300 kg, beim Firn dann 400 bis 830 kg. Gletschereis schliesslich wiegt zwischen 800 und 910 kg pro Kubikmeter.

Gletscher ernähren sich dadurch, dass sie in ihren höheren Lagen während des Jahres mehr (Schnee-)Masse erhalten, als sie weiter unten durch Schmelzung verlieren. Daher nennt man den oberen Teil Nährgebiet (in der Fachliteratur Akkumulationszone genannt) und den unteren Teil Zehrgebiet (Ablationszone). Diese beiden Zonen werden durch die Gleichgewichtslinie getrennt. Steigt diese Linie im Laufe der Zeit höher, verliert der Gletscher an Masse und bildet sich daher zurück. Sinkt sie, gewinnt er an Masse und, falls dieser Vorgang über mehrere Jahre andauert, stösst er weiter ins Tal vor. Beim Wildstrubelgletscher und auch bei den anderen Alpengletschern steigt gegenwärtig die Gleichgewichtslinie wegen der Klimaerwärmung an, die Gletscher befinden sich also auf dem Rückzug.

Eindrücklich sind die Spalten in der Mitte des Wildstrubelgletschers. Das Eis verformt sich unter der Wirkung der Schwerkraft bereits bei geringem Druck und kleiner Neigung. Der Gletscher beginnt somit, der Schwerkraft folgend, entlang des stärksten Gefälls zu fliessen. Da Eis aber nicht beliebig verformbar ist, reissen an der Oberfläche Gletscherspalten auf, vor allem an Gefällstufen (deutlich sichtbar auf 2800 m Höhe in der Fluchtlinie zwischen Gipfel und Lämmerenhütte SAC) oder bei Engpässen. Die unterschiedliche Fliessgeschwindigkeit innerhalb des Gletschers führt ebenfalls zu Spaltenzonen. Die höchsten Geschwindigkeiten erreicht das Eis an der Oberfläche in der Mitte des Gletschers, während die Reibung am Boden und an seinen Randzonen den Fluss deutlich abbremst.

In der Landeskarte eingezeichnete Gletscherspalten können daher lediglich ein Indiz, keinesfalls aber eine genaue Positionsangabe sein. Ein Abstieg über den Wildstrubelgletscher ist deshalb ohne Seil, Steigeisen und Anseilgurt zu gefährlich. Darum führt unser Rückweg wieder gegen Westen, den einzigen eisfreien Rücken hinunter zum Rezligletscherseeli.

3243.5 m

Schwierigkeit: T3+

Die technisch wohl anspruchsvollste Stelle der ganzen Wildstrubel-Tour befindet sich gleich zu Beginn der Wanderung zwischen Rezliberg und Flueseeli, wo sich der Weg durch eine Steilstufe hinaufwindet. Halteseile helfen die paar Meter zu überbrücken. Anspruchsvoll bezüglich Orientierung sind bei schlechten Sichtverhältnissen die Teilstücke zwischen Roti Steine und P. 2910 und zwischen dem Rezligletscherseeli und dem Tierbergsattel. Lange Wanderung mit vielen Höhenmetern, besonders im Abstieg.

Karten

1267 Gemmi, 1266 Lenk

Zeit und Höhendifferenz 1. Tag

3 h ↗ 980 m ↘ 30 m
Simmenfälle–Rezliberg 1 h
Rezliberg–Flueseehütte 2 h

Zeit und Höhendifferenz 2. Tag

8 h 30' ↗ 1580 m ↘ 2050 m
Flueseehütte–Wildstrubel 3 h
Wildstrubel–Rezligletscherseeli 1 h 45'
Rezligletscherseeli–Tierbergsattel 2 h
Tierbergsattel–Iffigenalp 1 h 45'

Ausgangspunkt

Simmenfälle/Oberried (1105 m, auf der Landeskarte «Bim höhe Hus»). Endstation der Postautolinie von Lenk ins Oberried.

Unterkunft

Flueseehütte (2049 m). 12 Plätze, immer offen, unbewartet, keine Reservation möglich. Information beim Tourist Center Lenk (Tel. 033 733 31 31).

Unterwegs einkehren

Rezlibergli (1403 m): Berggasthaus Rezliberg, keine Übernachtungsmöglichkeit.
Iffigenalp (1584 m): Berghaus Iffigenalp, Übernachtungsmöglichkeit (Zimmer und Lager, Tel. 033 733 13 33).

Endpunkt

Iffigenalp (1584 m). Regelmässige Busverbindung (Halbtax- und Generalabonnement nicht gültig) in die Lenk und von dort weiter mit der Bahn über Zweisimmen (umsteigen) nach Spiez und Montreux.

Die Route

Vom Hotel Simmenfälle (1105 m), zuhinterst im Oberried, führt ein Wanderweg direkt der wilden Simme entlang bergwärts zu den imposanten Simmenfällen. Hier trifft man auf den Fahrweg, der in kurzer Zeit das Berggasthaus Rezliberg (1403 m) erreicht. Lohnender Abstecher zu den fünf Minuten entfernten Wasserfällen Bi de sibe Brünne, wo die Simme ihren Weg zum Thunersee antritt. Beim Berggasthaus beginnt der steile Anstieg durch verschiedene Felsstufen hinauf zur kargen Hochebene des Flueseeli. Der Bergweg ist in der Regel recht breit, an etwas schmaleren Stellen mit Halteseilen versehen. Die Flueseehütte (2049 m) ist sehr einfach eingerichtet und liegt leicht erhöht über dem hinteren Seeende.

Vom Flueseeli zieht sich der Aufstieg über Flueseehöri ausholend bis zur Abzweigung auf 2252 m, wo der linke, bergseitige Weg gegen Roti Steine eingeschlagen wird. Die Route quert anschliessend einige Felsbänder und kommt dann in die grossen, kargen Flanken beim Rottäli. Bei P. 2910 wird die Südflanke des Wildstrubels erreicht. Man kehrt der eindrücklichen Gletscherfläche der Plaine Morte den Rücken zu und steigt nochmals eine Dreiviertelstunde über den breiten, nicht ausgesetzten und schiefrigen Grat hinauf zum Gipfelkreuz des Wildstrubels (3243.5 m), einem der wohl schönsten Aussichtspunkte auf die Walliser und Berner Alpen.

Der Abstieg über das Rezligletscherseeli und den Tierbergsattel zur Iffigenalp eröffnet mit einem Zusatzaufwand von einer guten Stunde einen interessanten Einblick in die Gegend des Rawilpasses. Dazu geht man vom Wildstrubel der Aufstiegsroute entlang zurück bis zur Abzweigung auf 2252 m und quert hier links, südwärts haltend gegen das Rezligletscherseeli (2265 m) hinüber. Man steigt durch coupiertes Gelände rechts des kleinen Sees gegen Westen an und erreicht bald die Flanke des Tierbergs und die Wegspur hinauf zum Tierbergsattel auf 2654 m. Ein schöner Rastplatz findet sich hinter dem Tierbergsattel bei den Rawilseeleni, bevor der Weg beim Stiereläger P. 2278 in die Route vom Rawilpass zur Iffigenalp (1584 m) einmündet.

Variante

Im Tierberggrat, östlich von P. 2662, am Fusse von gelblichen Felszacken, befindet sich die so genannte Tierberghöhle, die zwar mühsam durch Schutthalden zu erreichen ist (T4), dafür einen prächtigen Rast- und Aussichtsplatz abgibt.

Von der Flueseehütte hinab aufs benebelte Simmental, herausragend der Giferspitz.

Vom Wildstrubel zum Monte Leone, links davon leicht vorgelagert das Wasenhorn.

Aus einem Karstloch im Aufstieg gegen den Wildstrubel.

Vom Hauptgipfel (3243.5 m)
zu Mittelstrubel (3243.5 m)
und Grossstrubel (3243 m).

Über den Wildstrubelgletscher
zu Altels, Balm- und Rinder-,
Bietsch- und Daubenhorn.

Tief unter dem Hockenhorn züngelt die Wolkenschlange durchs Lötschental.

Hockenhorn

Auf dem Bild sieht man eine Wiese mit einigen Felsblöcken, dahinter einige Holzstafel und überbelichtete Berge. Auf der Wiese stehen vier Frauen und ein Mann in Arbeitstracht und wenden mit langen Rechen das sommerliche Heu. Die Frauen tragen als Zeichen der Trauer schwarze Schürzen, alle bis auf die Älteste auch eine Kopfbedeckung. Drei Kinder stehen noch herum: ein kleines Mädchen, ebenfalls in Tracht, und zwei Buben mit Strohhüten. Alle wirken würdevoll, fleissig und abgeklärt zugleich. Unter dem Bild steht: Photo A. Nyfeler.

Lange Zeit war das Lötschental eines der abgeschiedensten Bergtäler der Schweiz und erhielt erst dank den Bauarbeiten am Lötschbergtunnel gegen 1910 eine Anbindung ans Rhonetal – ein Strässchen, von dem die Lötschentaler anfänglich kaum Gebrauch machten und das jahrelang mit einem Fahrverbot für motorisierten Verkehr belegt war. So konnten sich Lebensweise, gesellschaftliche Strukturen, ökonomische Kreisläufe und kulturelle Traditionen länger erhalten, als dies in den meisten anderen Alpentälern der Fall war. Heute noch werden die «Leetschini» von den übrigen Wallisern gerne als etwas schrullige Zeitgenossen bespöttelt.

Und so kam es, dass das Lötschental zu einer Fundgrube für Volkskundler wurde. Drei ungewöhnliche Biographien sind mit ihm verbunden, Vagabunden, die sich für das Archaische interessierten – Albert Nyfeler, Arnold Niederer, Maurice Chappaz.

Albert Nyfeler (1883–1969), Oberaargauer, tingelt in seinen Gesellenjahren als Flachmaler durchs Land. 1906 erhält er einen Auftrag für die Kirche von Kippel und macht sich auf den Fussweg, das Lötschental zu erreichen. Er bleibt hängen, zuerst emotional, ab 1922 auch physisch – er baut ein Haus in Kippel und lässt sich definitiv im Tal nieder. Inzwischen zum arrivierten Maler und Amateurfotografen avanciert, widmet er seine ganze dokumentarische und künstlerische Energie fortan dem Lötschental und seinen Einwohnern. Chappaz: «Nyfelers kleine schwarze Kodak hat das Lötschental gerettet.»

Arnold Niederer (1914–1998), Appenzeller, vagabundiert während einiger Zeit als arbeitsloser Kaufmann und Handlungsreisender durchs Land. 1933 taucht er zum ersten Mal im Lötschental auf, wo er von Nyfeler als Sprachlehrer und bald als Sekretär engagiert wird. 1942 kehrt er in die «Üsserschwiz», wie die Walliser die übrige Deutschschweiz bezeichnen, zurück und holt seine Studien nach. Matura, Dr. phil., später Professor für Volkskunde in Zürich. Das Lötschental bleibt seine zweite Heimat und sein bevorzugtes Forschungsgebiet. Chappaz: «Zum Glück kommt die Krise dem Vagabundieren entgegen! Werke und gute Leben nehmen von hier ihren Ursprung. Wir kennen das Lötschental dank zweier freier Vögel.»

Maurice Chappaz (1916–), Walliser, bricht sein Jus-Studium ab und wird Schriftsteller, daneben verdient er sein Brot in den Rebbergen und als Hilfsgeometer beim Bau des Staudamms der Grande-Dixence. Er kämpft gegen Landschaftszerstörung durch Armee und Massentourismus, wird im Wallis zum roten Tuch, bummelt durch die Welt um sich der wilden Seele des Wallis besser zu nähern und besucht vor allem die Berge seiner Walliser Heimat. Er setzt sich intensiv mit dem Lötschental auseinander und bringt die Aufnahmen von Nyfeler erstmals in Buchform an die breite Öffentlichkeit, versehen mit einem für ihn typisch wortgewaltigen und des Themas würdigen Begleittext. Chappaz: «Lötschental, das ist die Arche in der Arche.»

Und heute? Vom Hockenhorn werfen wir einen Blick hinunter auf die neue Seilbahn, die ab Dezember 2003 Skifahrer und Snowboarderinnen auf 3100 m fahren soll. Die Moderne hat offensichtlich Einzug gehalten, das Lötschental die Arche definitiv verlassen. Doch wenige Stunden später in der Dorfkneipe von Kippel kommt im Gespräch mit den Einheimischen wieder allerhand Archaisches zum Vorschein...

Maurice Chappaz, Lötschental – die wilde Würde einer verlorenen Talschaft, Suhrkamp, Zürich/Frankfurt 1979.

3293.0 m

Schwierigkeit: T4–
Der Lötschegletscher ist mit Stangen gut markiert und mühelos passierbar, dann folgt eine kurze, einfache Felsstufe mit Ketten. Das Firnfeld am Fusse des Kleinhockenhorns kann bei starker Ausaperung heikel sein (Auskunft in der Lötschepasshütte), der Schlussaufstieg über den Blockgrat ist dafür eine unkomplizierte, nicht ausgesetzte Turnübung.

Karte
1268 Lötschental

Zeit und Höhendifferenz 1. Tag
3 h 45' ↗ 1150 m
Selden–Lötschepass 3 h 45'

Zeit und Höhendifferenz 2. Tag
5 h 30' ↗ 620 m ↘ 1340 m
Lötschepass–Hockenhorn 2 h
Hockenhorn–Lötschepass 1 h 30'
Lötschepass–Lauchernalp 2 h

Ausgangspunkt
Selden im Gasteretal (1537 m). Kleine Sommersiedlung. Bus ab Kandersteg Bahnhof, einzelne Kurse nur bei guter Witterung, Reservation obligatorisch (Tel. 033 671 11 72).

Unterkunft
Lötschepasshütte (2690 m). 40 Plätze, offen und bewartet von Juni bis Oktober, sonst auf Anfrage (Tel. 027 939 19 81).

Unterwegs einkehren
Selden (1537 m): Übernachtungsmöglichkeiten Gasthaus Steinbock (Tel. 033 675 11 62) und Hotel Gasterntal (Tel. 033 675 11 63). Gfelalp (1847 m): Übernachtungsmöglichkeit (Tel. 033 675 11 61). Hockenalp/Stafel (2048 m): Restaurant. Lauchernalp (1969–2104 m): Berggasthäuser, Übernachtungsmöglichkeit.

Endpunkt
Lauchernalp (1969 m). Bergstation der Seilbahn nach Wiler/Lötschen (ca. 1400 m), von der Talstation Postauto nach Goppenstein.

Die Route
Von Selden (Haltestelle Steinbock, 1537 m) auf einer Passerelle über die Kander. Der Weg steigt rechts des Leitibachs im Zickzack zur Gfelalp (1847 m) auf. Nach einer weiteren Steigung auf ca. 2000 m nach links an den Rand einer Ebene. Statt den Weg durch die Ebene einzuschlagen («Römerweg», ausgesetzt), geht man über P. 2094 nach Balme (2403 m). Der Lötschegletscher wird fast waagrecht traversiert (Markierstangen) bis zu seiner östlichen Moräne. Auf dieser zu P. 2497 und zu einer kurzen Felsstufe, die unschwer überwunden wird (Halteketten; Vorsicht, leichte Steinschlaggefahr). Auf gutem Weg schliesslich zum Pass und zur Lötschepasshütte (2690 m).
Von der Hütte nordostwärts über den langen Rücken auf Wegspuren (Steinmännchen) gegen das Kleinhockenhorn (3163 m). Dieses nördlich umgehen auf einem mässig geneigten Schnee- oder Eishang – bei harten Verhältnissen heikel, dann eher am unteren Rand queren. Nordwärts über einen flacheren Schneehang zum Fuss des NW-Rückens des Hockenhorns – und über den Rücken auf Wegspuren durch einfaches Blockgelände mit kurzen Kraxelstellen zum Gipfel des Hockenhorns (3293.0 m).
Auf gleicher Route zurück zur Lötschepasshütte. Den Markierungen folgend ostwärts über eine liebliche Felslandschaft, dann über Wiesen zur Sattlegi (2566 m) und zu den Mälcherbeden. Nun entweder auf dem nach Osten ausholenden Weg zur Lauchernalp hinab, oder besser südwärts zu einem Kreuz und durch eine Lawinenverbauung zum Stafel (2048 m) der Hockenalp. Die Bergstation der Seilbahn Lauchernalp befindet sich am unteren Ende der Alp (1969 m).

Varianten
Selden im Gasteretal ist auch auf einem sehr schönen Wanderweg erreichbar. Von Kandersteg/Bahnhof zu Fuss in 40' oder mit dem Ortsbus nach Eggeschwand (1194 m, Talstation der Luftseilbahn Sunnbüel). Auf

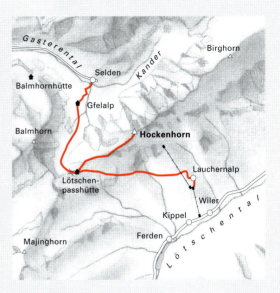

einer Brücke über die Kander und in die Chluse hinein, einer imposanten Schlucht. Nach der Brücke P. 1324 kurz auf der Strasse und beim ersten Steg Ufer wechseln. Das Tal öffnet sich nun unerwartet. Am Waldhus vorbei (urchiges Gasthaus, Übernachtungsmöglichkeit, Tel. 033 675 12 73) taleinwärts durch die Auengebiete der Kander (verschiedene Varianten möglich) bis nach Selden (Eggeschwand–Selden 2 h 30', Schwierigkeit T2).
Vom Lötschepass lässt sich auch schön über die Kummenalp (2086 m, Gasthaus) nach Ferden (1375 m) absteigen (Lötschepass–Ferden 2 h 45', Schwierigkeit T2+, gut markiert).
Abstiegsvarianten gibt's auch von der Lauchernalp. Der Abstieg nach Wiler auf dem Strässchen ist nicht lohnend. Besser ist der Höhenweg taleinwärts über Weritzstafel, Tellistafel und Schwarzsee zur Fafleralp. Auf der Fafleralp bei P. 1787 schönes altes Gasthaus (Hotel Fafleralp, Übernachtungsmöglichkeit, Tel. 027 939 14 51, Postauto-Haltestelle gleich unterhalb); beim Strassenende P. 1763 grosser Parkplatz mit Endstation der Postautolinie und Imbissstand (Lauchernalp/Stafel–Fafleralp 2 h 30', Schwierigkeit T2).

Im Abstieg vom Hockenhorn.
Ennet dem Lötschepass
raucht das Ferdenrothorn.

Happy hour vor
der Lötschepasshütte.

Es taget am Lötschepass.
Näher bei der Sonne
sind Bietschhorn und
(rechts) Mischabel.

**Ungleiche Geschwister:
Bütlasse und Gspaltenhorn (hinten).**

Bütlasse

Naturkundelehrer pflegen H$_2$O zu sagen, zwei weisse und eine rote Kugel zu zeigen und meinen dann, das sei nun Wasser. Man kann nur vermuten, dass sie alle noch nie auf der Bütlasse. Denn Wasser, das ist:

- die Surferinnen und Segler auf dem Thuner- und Brienzersee, je nach Anreiserichtung
- die Canyoning-Tragödie am Saxetbach oberhalb Wilderswil, bei der am 27. Juli 1999 einundzwanzig Leben aus Australien, Neuseeland, Südafrika, der Schweiz und Grossbritannien zerstört wurden
- der Schweiss aller Berner Viertausender (mit Ausnahme des Finsteraarhorns), der uns als Lütschine auf der Bahnfahrt nach Zweilütschinen entgegen strömt
- der lyrische *Gesang der Geister über den Wassern* von Goethe beim Anblick des Staubbachfalls in Lauterbrunnen («Strömt von der hohen, – Steilen Felswand – Der reine Strahl, – Dann stäubt er lieblich – In Wolkenwellen – Zum glatten Fels, – Und leicht empfangen – Wallt er verschleiernd, – Leisrauschend – Zur Tiefe nieder»)
- die Trogform des Lauterbrunnentals
- die Fr. 10.– für den Eintritt zu den zehn im Berginnern versteckten Trümmelbachfällen, welche die Schmelze von Eigermönchundjungfrau abführen
- die Druckleitung oberhalb Stechelbergs, die Lichter, Kochherde und Melkmaschinen des Lauterbrunnentals speist
- das Entsanderbecken unter der Wasserbrigg, das die Gletschermilch vor dem Einstollen klärt
- die Regenbogenfarben der zahlreichen gischtenden Wasserfälle im Sefinental
- das Waschbecken bei der Rotstockhütte
- die grosse Tränke für die Kühe bei der Rotstockhütte
- das gebrannte Wasser für die Touristen in der Rotstockhütte
- der nächtliche Durst nach dem gebrannten Wasser
- die taufeuchten Gräser der Alp Poganggen
- die kleinen verlorenen Tümpel beim Hundhubel
- die sich in die dunkle und weiche Erde grabenden Regenwasserabflüsse
- die Schweissperlen auf der Stirn wenige Meter vor der Sefinenfurgge
- die kühlenden Schneefelder, die der Sommer noch nicht wegschmelzen konnte
- die Vorsicht auf dem Eisfeld im Aufstieg zum Gipfel
- der Gipfeltee aus der Feldflasche
- das verwitterte, wild gezackte Gspaltenhorn
- der Cumulonimbus, der sich über dem UNESCO-Weltnaturerbe Jungfrau-Aletsch-Bietschhorn langsam zusammen braut
- die Blümlisalp, die eines Frevels wegen mit einem Eispanzer überzogen wurde
- die trocken gelegten Moränen des weichenden Gamchigletschers
- der Dunst im Unterland
- die mehr oder minder kontrollierte Rutschpartie im Abstieg vom Gipfel
- die feine Suppe im Gasthaus Golderli
- die Gletschermühlen bei der Griesalp
- die Tafeln des Wildwasserwegs von der Griesalp zum Tschingelsee
- der weit entfernte Donnerschlag und das kurze Wetterleuchten
- der Gorneregrund, wo in den 1970er Jahren durch das Geschiebe des Sagibachs der Tschingelsee entstand, der nun vom Geschiebe des Gamchibachs wieder aufgefüllt wird
- das Kiental, das in den 1960er Jahren um ein Haar ein Stausee geworden wäre
- der Endspurt zur Postauto-Haltestelle unter den ersten dicken Regentropfen
- die beschlagenen Fenster, das tropfende Haar und der grosse kühle Schluck aus der Minibar im Zug heimwärts.

Und noch vieles mehr. Jedenfalls viel mehr als eine rote und zwei weisse Kugeln.

3193 m

Schwierigkeit: T5
Kurz vor der Vorderi Bütlasse erfordert eine felsige Steilstufe Klettergeschick, vor allem im Abstieg. Der Gipfelgrat kann bei starker Ausaperung heikel sein, Steigeisen oder Pickel sind dann von Vorteil. Die übrige Strecke bewegt sich im Bereich T3.

Karte
1248 Mürren

Zeit und Höhendifferenz 1. Tag
4 h ↗ 1130 m
Stechelberg–Rotstockhütte 4 h

Zeit und Höhendifferenz 2. Tag
8 h ↗ 1160 m ↘ 1790 m
Rotstockhütte–Sefinenfurgge 2 h
Sefinenfurgge–Bütlasse 2 h
Bütlasse–Sefinenfurgge 1 h 30'
Sefinenfurgge–Griesalp 2 h 30'

Ausgangspunkt
Stechelberg (910 m). Von Interlaken Ost mit der Bahn nach Lauterbrunnen und mit Postauto nach Stechelberg Hotel (Endstation).

Unterkunft
Rotstockhütte (2039 m). 52 Plätze, immer offen, bewartet von Juni bis September (Tel. 033 855 24 64).

Unterwegs einkehren
Obere Dürreberg (1995 m): Sennhütte, einfache Einkehrmöglichkeit.
Golderli (1440 m): Übernachtungsmöglichkeit im Gasthaus Golderli, (Tel. 033 676 21 92) sowie im Naturfreundehaus Gorneren (Tel. 033 676 11 40).
Griesalp (1408 m): Berghaus Griesalp, Übernachtungsmöglichkeit (Tel. 033 676 12 31).

Endpunkt
Griesalp (1408 m). Postautoverbindung nach Reichenbach mit Anschluss an die Bahnlinie Bern–Lötschberg.

Die Route
Von der Postauto-Haltestelle Stechelberg Hotel (910 m) über die Lütschine zum Wanderweg, der links der Sefinen Lütschine rasch an Höhe gewinnt. Über die Wasserbrigg (1165 m) zu einem Fahrweg und ins Sefinental hinein. Das Strässchen verengt sich allmählich zu einem Wanderweg und verzweigt sich bei P. 1420. Dort den rechten Weg einschlagen, auf dem man etwas ausholend über Ozen (1582 m) und offene Weiden zur Rotstockhütte (2039 m) bei der Alp Poganggen gelangt.
Gleich bei der Rotstockhütte beginnt der markierte Weg, der durch Weidegelände und zuletzt über Geröll zur Sefinenfurgge (2612 m) führt. Hier wählt man den Weg Richtung Gspaltenhornhütte, der zuerst südwärts über den Grat ansteigt und bald nach rechts in die Flanke quert, um eine kurze, plattige Stelle mit einigen künstlichen Tritten und Fixseilen am Fuss vom P. 2790 zu überwinden (etwas exponiert) und weiter zum Sattel P. 2628 zu gelangen. Man verlässt nun den Weg und steigt auf deutlichen Wegspuren entschlossen gegen Osten an. Auf ca. 2840 m umgeht man eine Felswand links und gewinnt den Nordwestrücken der Vorderi Bütlasse. (Die auf der Landeskarte eingezeichneten, verlockenden Wegspuren nach Südosten führen ebenfalls zum Ziel, allerdings ist das Gelände dort rutschig und steinschlägig). Auf etwa 2900 m im NW-Rücken stösst man auf ein paar Felsbänder, die zu einer Felsbarriere führen, in die sich zwei Couloirs einfressen. Steinmännchen markieren den Einstieg in das rechte, westliche Couloir, das auf gut gestuften Felsen erstiegen wird (ca. 30 Höhenmeter, einzelne Kletterstellen im I. Grad in erstaunlich gutem Fels, nicht sonderlich ausgesetzt). Am oberen Rand des Couloirs angelangt, folgt man den Steinmännchen nach rechts, um weiter oben wieder den Grat und bald die Vorderi Bütlasse (3063 m) zu erreichen. Auf dem Verbindungsgrat zur Bütlasse leicht bis zu deren Gipfelaufschwung. Nun etwas in das Firnfeld nach rechts ausweichend – der Grat ist meist stark nach Osten verwechtet und sollte gemieden werden – bis zur felsig-gerölligen Gipfelpartie, durch die sich ein Weglein zum Gipfel der Bütlasse (3193 m) windet.
Auf gleichem Weg zurück zur Sefinenfurgge. Der anschliessende Abstieg ins Kiental ist nicht zu verfehlen. Nach einer kurzen Zickzackstrecke traversiert der Weg eine karge Geröllhalde (teilweise Holzstufen und Seilgeländer). Bald kommt man am Obere Dürreberg (1995 m) vorbei, und über Bürgli (1617 m), Steineberg (1467 m) und Golderli (1440 m) schliesslich zur Griesalp (1408 m).

Variante
Die Tour lässt sich vom Schilthorn aus in einem Tag bewältigen. Vom Seilbahnberg Schilthorn (2970.0 m, Restaurant) über den Grat westwärts (Fixseile, Leitern, stellenweise etwas ausgesetzt) bis Rote Härd (2683 m), hinab nach P. 2351 und zu den Hütten bei P. 2237 in den Sefinenfurgge-Weg einmünden (Schilthorn–Sefinenfurgge 2 h 30', Schwierigkeit T3).

Wasser: In einer Minute wird der Durst auf der Bütlasse gestillt. Blick zurück zur Vorderi Bütlasse. Die Eminenzen rechts heissen Wetterhorn, Eiger, Mönch und Jungfrau.

Über dem Gspaltenhorn braut sich das Wasser der ersten Nachmittagsstunden zusammen.

Willkommene Wassertropfen im Sefinental.

Für einmal nichts mit blauem Himmel: letzte Meter vor dem Sparrhorn.

Sparrhorn

«Oberhalb der Bel Alp und zwei Stunden entfernt ist der graue Wipfel des Sparrenhorns. Ich ging am Fünfzehnten dort hinauf. Vom Hotel aus erscheint er dem Betrachter als ein eigenständiger Gipfel; indes bildet er den erhabenen Abschluss eines schmalen Grates, der vom Wetter zerfetzt wurde. Gegenüber, in einer gewissen Entfernung, war ein felsiger Buckel ähnlich dem Abschwung [Felskonus beim Zusammenfluss des Lauteraar- und des Finsteraargletschers], rechts und links dessen sich zwei Eisströme senkten und zu einem Rumpfgletscher zusammenschweissten. Der Anblick war absolut unerwartet und verblüffend schön. Nirgends habe ich mehr Rast gesehen, nirgends zartere Bögen oder feinere Strukturlinien. Die Krümmung der Moränenstreifen entlang des Gletschers trägt zu seiner Schönheit bei, und seine grosse Abgeschiedenheit verleiht ihm einen eigenartigen Reiz. Er wirkt wie ein Fluss, der von seinen umliegenden Bergen derart beschützt wird, dass ihn kein Sturm je erreichen und keine Woge die vollkommene Gelassenheit seiner Ruhe stören könnte. Der Auslauf des Aletsch Gletschers ist ebenfalls gewaltig von diesem Standpunkt aus, und aus keinem anderen könnte die Walliser Kette majestätischer wirken. Es ist müssig, Worte zu verlieren über die Erhabenheit des Doms, des Matterhorns, und des Weisshorns, die alle, und noch zahlreiche andere, vom Sparrenhorn aus beherrscht werden.»

Der «Fünfzehnte» ist der 15. August 1861 – und «ich» ein gewisser John Tyndall, 1820 in Irland geboren, Physiker und Wissenschaftstheoretiker, einer der führenden Denker der Viktorianischen Ära. Sein Engagement galt der Wissenschaftsphilosophie, seine Berühmtheit erlangte er dank vielbeachteten öffentlichen Vorlesungen, seine Forschungsarbeiten umfassen zahlreiche Bereiche der experimentellen Physik. Unter anderem konnte er als Erster erklären, wieso der Himmel blau ist – wenn er denn blau ist: Sonnenlicht besteht aus allen Farben, die sich zum Weiss mischen. Wenn das Licht nun durch die Luft dringt, streut es sich an den Luftmolekülen – und zwar in Abhängigkeit der Lichtfarbe: Die roten und gelben Anteile des Sonnenlichtes werden nur wenig gestreut und durchqueren demzufolge die Luft weitgehend ungehindert geradeaus, während die blauen Anteile stark in alle Richtungen gestreut werden. Wenn wir also zum Himmel schauen, kommen uns vor allem die gestreuten blauen Anteile des Lichtes entgegen.

Weit experimenteller noch als seine Physik waren seine Bergfahrten. Als begnadeter Bergsteiger war er einer der grossen Pioniere der «Goldenen Zeit des Alpinismus» – derjenigen Zeit um 1860, in welcher die meisten Viertausender erstbestiegen wurden. 1857 besuchte Tyndall erstmals die Alpen, und sie sollten ihn Zeit seines Lebens nicht mehr loslassen. Nur knapp verpasste er die Erstbesteigung des Matterhorns, konnte dafür aber viele andere alpinistische Meilensteine setzen. Unter anderem gelang ihm mit seinen Führern Johann Joseph Bennen und Ulrich Wenger am 19. Juli 1861 die Erstbesteigung des erwähnten Weisshorns, das er vier Tage zuvor vom Sparrhorn aus beobachtet und beschrieben hatte.

Dass die etwas gar flach geratenen Britischen Inseln mit ihren lieblichen Hügeln den Staralpinisten Tyndall kaum herausfordern, leuchtet ein. Also liess er eine Villa auf der Belalp bauen und nutzte sie jahrzehntelang als dauernde Sommerresidenz. Eine solche Wahl können selbst wir Wanderer nachvollziehen, wenn wir auf der Sonnenterrasse des Hotels Belalp sitzen und den Ausblick geniessen.

Später, auf dem Weg zum Sparrhorn, kommen wir noch am Tyndall-Denkmal vorbei, einem schlichten Obelisken aus Stein. Mit etwas Wetterglück lassen sich von dort aus zwei weitere, weit eindrücklichere «Denkmale» bewundern, deren Anblick an Tyndall erinnert: der blaue Himmel und das Weisshorn.

John Tyndall, Hours of exercise in the Alps, Longmans Green and Co., London 1871.

3020.9 m

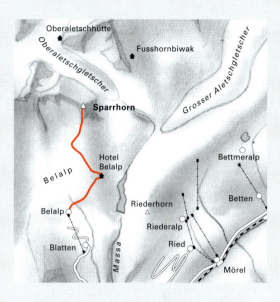

Schwierigkeit: T3–
Durchgehend markierte Route, die bis auf wenige Abschnitte auf deutlichen Wegen verläuft. Auf ca. 100 Höhenmetern Geröll und Blockgelände, die etwas Trittsicherheit erfordern. Zwei kurze, leicht ausgesetzte aber unschwierige Stellen auf etwa 2800 m.

Karte
1269 Aletschgletscher

Zeit und Höhendifferenz
5 h ↗ 950 m ↘ 950 m
Belalp–Sparrhorn 3 h
Sparrhorn–Belalp 2 h

Ausgangs- und Endpunkt
Belalp (2094 m). Von Brig mit Postauto nach Blatten b. Naters, anschliessend mit der Seilbahn zur Belalp.

Unterwegs einkehren
Blatten (1327 m) und Belalp (2094 m): einige Hotels und Restaurants, Lebensmittelgeschäfte.
Hotel Belalp (2130 m), Aletschbord: Übernachtungsmöglichkeit (Tel. 027 924 24 22).

Die Route
Von der Seilbahn-Bergstation auf der Belalp (2094 m) folgt man dem fast ebenen Natursträsschen bis zum Hotel Belalp (2130 m), einem prächtig gelegenen Aussichtspunkt am sogenannten Aletschbord mit Blick in die Walliser Alpen und auf die Zunge des Grossen Aletschgletschers.
An der kleinen Kapelle vorbei zum Tyndalldenkmal bei P. 2351. (Hierher gelangt man auch direkt von der Belalp/Bruchegg über die Seelein von Lüsga, etwas kürzer). Nun steigt der markierte Weg gemächlich über (Schwarzhalsziegen-) Weiden bis zum Fuss des Sparrhorn-Südgrates bei P. 2730, wo sich ein guter Rastplatz befindet. Die Route wird nun steiler und überwindet ein paar leichte Fels- und Geröllpartien, wobei sich der Einsatz der Hände höchstens fürs Gleichgewicht lohnt. Zwei Mal führt der Weg ganz knapp der Felskante entlang, die recht steil gegen Osten abfällt – hier ist eine minimale Portion Schwindelfreiheit und besonders bei feuchten Verhältnissen auch Trittsicherheit vonnöten. Die Spur ist nicht durchgehend vorhanden; die Wegzeichen und Steinmännchen weisen jedoch unmissverständlich den viel begangenen Weg. Ab ungefähr 2900 m bleibt der Weg rechts der Kante und quert ihre sanft geneigte Flanke bis zum Gipfelaufbau. Die letzten, etwas steileren aber nicht ausgesetzten Meter steigen über Blockgelände bis zum Gipfelkreuz des Sparrhorns (3020.9 m).
Der Abstieg erfolgt auf der gleichen Route, oder etwas kürzer über die Ebene von Lüsga und Bruchegg.

Varianten
Eine interessante und abwechslungsreiche Abstiegsvariante ist diejenige über das Trassee der ehemaligen Suone Riederi, welche das Wasser des Grossen Aletschgletschers nach Ried leitete. Heute fliesst zwar kein Wasser mehr, aber seit 1995 kann man auf dem neu angelegten Massaweg wandern. Vom Hotel Belalp (2130 m) auf dem markierten Abstieg an den Weilern Holzji und Egga vorbei hinunter bis vor Blatten. Bei der Strassengabelung P. 1410 zum Weglein, das unterhalb der Strasse durch einen schönen Wald ostwärts führt und zuletzt wieder auf der Strasse zur Brücke P. 1336 unter dem Gibidum-Stausee. Hier beginnt der eigentliche Massaweg – anfänglich auf einem Strässchen, später auf einem kühnen, über weite Strecken herausgesprengten Pfad durchquert man eine steile Felsflanke talauswärts fast ohne Höhenverlust. Fixketten und Stollen helfen über ausgesetzte Stellen hinweg, etwas Schwindelfreiheit ist jedoch Voraussetzung. Nach P. 1274 dreht man nach links ins Rhonetal hinein und spaziert über sanfte Wiesen und durch den Weiler Summerseili nach Ried und zur Mittelstation (1189 m) der Seilbahn Mörel–Riederalp (Hotel Belalp–Ried 3 h 30', Schwierigkeit T3).

Ebenfalls empfehlenswert ist der Abstieg nach Mund (oder Birgisch), und auch hier begegnen wir den Suonen, den künstlich angelegten Leitungen zur Bewässerung. Von der Belalp (2094 m) zur Siedlung Bäll (2010 m), dann über die weite Terrasse von Bodme und mit der Suone Nessjeri zum grosszügigen Aussichtsbalkon der Kapelle Nessel (2010 m). Nach Chittumatte hinab und auf einem schönen Weg durch den Birgischwald, die Forststrasse dabei mehrmals kreuzend, nach Oberbirgisch. Noch etwas weiter absteigen zu einer Suone. Man folgt dieser ins Gredetschtal hinein, überschreitet dort die Brücke auf 1181 m und wandert wieder talauswärts nach Mund (1188 m). Die Haltestelle des Postautos befindet sich an der Hauptstrasse unweit der klobigen Kirche, doch zuerst lohnt sich ein kurzer Rundgang durch das schmucke, alte Dorf (Belalp–Mund 3 h, Schwierigkeit T2).

eitenblick ostwärts
rz vor dem Gipfel:
e gezackten Fusshörner,
nsames Eldorado für
ildnisliebende Kletterer.

Schwarzhalsziegen wagen
sich am Sparrhorn und vielen anderen
Walliser Gipfeln bis auf 3000 Meter
hinauf. Nicht umsonst werden sie hier
Gletschergeissen genannt.

Silhouette wie zu
Tyndalls Zeiten: Hotel Belalp,
dahinter die Mischabel.

Setzehorn

Welliger, unsteter Grat zum Setzehorn. Rechts Wasenhorn und Galmihorn.

Etwas verwirrt waren wir schon, als wir im Sommer 2001 wieder einmal den Weg zum Risihorn und Setzehorn unter die Füsse nahmen: Bei der Bergstation Steibenchriz, da wo der Sessellift endet, erläuterte uns ein nicht zu übersehender Wegweiser wohin (Risihorn), wie lange (3 Stunden) und wie schwierig (gelb). Gelb? Warum bloss gelb?

Am Anfang aller normierten Wegweiser Helvetiens steht nichts Geringeres als die Bundesverfassung. Schön, dass sich das Grundgesetz der Wanderwege annimmt, denn unter der Aufsicht des Bundes und mit fachlicher Unterstützung der Schweizerischen Arbeitsgemeinschaft für Wanderwege SAW fand eine Abkehr von der einstigen bunten Signalisationswelt des Kantönligeistes hin zu einer gewissen Einheit der Materie statt. Das Gesetz beschränkt sich dabei auf Wanderwege und Bergwanderwege, doch nun halten auch weitere Kategorien Einzug in die Farbpalette der Wegweiser. Hier eine Übersicht:

Wanderwege (gelbe Markierungen und Rhomben) verlaufen möglichst abseits von Strassen und haben idealerweise keinen Hartbelag. Es werden keine besonderen Kenntnisse erfordert, Wegabschnitte mit Absturz- oder Rutschgefahr sind durch geeignete Massnahmen wie Stufen oder Geländer gesichert. Wanderwege bergen in der Regel keine Gefahren; bei Nässe, Schnee und Eis sollte man auf Rutschgefahr achten.

Bergwanderwege (gelbe Wegweiser mit rotweissen Spitzen und rotweisse Farbstriche) sind überwiegend schmal, verlaufen durch steiles Gelände und können exponiert sein. Grundsätzlich ist Trittsicherheit nötig, zum Teil auch Schwindelfreiheit. An ausgesetzten Stellen muss mit Steinschlaggefahr gerechnet werden, ebenso mit erhöhter Rutsch- und Absturzgefahr im Falle von steilen und nassen, grasbewachsenen Hängen.

Alpine Routen (blaue Wegweiser, blauweisse Farbstriche, Steinmännchen) führen durch teils wegloses Gelände, steile Geröllhalden, über Schneefelder und Gletscher oder durch Felspartien mit kurzen Kletterstellen. Bauliche Vorkehrungen beschränken sich auf Sicherungen von besonders exponierten Stellen mit Absturzgefahr. Eine sehr gute körperliche Verfassung, Bergerfahrung, Schwindelfreiheit und Trittsicherheit werden vorausgesetzt. Die Begehung von alpinen Routen ist mit erhöhtem Risiko verbunden.

Ausserdem werden *Kulturwege* (z.B. Säumerpfade, Pilgerwege) mit braunen Rhomben gekennzeichnet, *Winterwanderwege* mit pinkfarbenen Richtungszeigern versehen und *rollstuhlgängige Wege* (auch für Wanderer mit Kinderwagen geeignet) sind an den weissen Rhomben zu erkennen.

Die offiziellen Farben gelb und rotweiss sind denjenigen Wegen vorbehalten, die im amtlichen kantonalen Wanderwegnetz aufgeführt sind. So ist es beispielsweise Privatpersonen nicht gestattet, einen Weg mit diesen Farben eigenmächtig zu markieren. Damit soll gewährleistet werden, dass Wanderer sich auf diese vertrauten Farben verlassen können und für Unterhalt und Sicherheit des Weges gesorgt wird.

Wie kann jedoch ein Weg auf einen fast 3000 m hohen Gipfel nur gelb markiert sein? Interessanterweise wechselt die Farbgebung im Laufe der Tour von gelb auf rotweiss und in den steilen Partien unter dem Gipfel gar auf blauweiss. Dass die Farbgebung unterwegs ändert und nur die nächsten 10 Wegminuten beschreibt, kann natürlich nicht der letzte Schluss der Weisheit sein. Jede Route muss in ihrer Ganzheit beurteilt werden. Hoffen wir, dass sich das auch hier am Risihorn bald ändert. Entspannend nach dem Farbmarathon dann der Abschnitt vom Risihorn zum Setzehorn. Vielleicht mal ein Steinmann, vielleicht auch keiner – aber keine Farbtupfer weit und breit.

3061 m

Schwierigkeit: T4
Ein nicht ganz einfach zu besteigender Berg, der sich vor allem der sensationellen Aussicht wegen lohnt. Keine Steinmännchen und nur ganz wenige Wegspuren führen vom Risihorn zum Setzehorn. Die Felsen auf dem Grat sitzen recht locker in ihren Verankerungen, so dass Vorsicht angebracht ist. Der Schlussaufstieg zum Gipfel verlangt in der Wegfindung etwas Fingerspitzengefühl, ist jedoch nicht ausgesetzt.

Karten
1250 Ulrichen, 1270 Binntal

Zeit und Höhendifferenz
6 h ↗ 750 m ↘ 1940 m
Steibenchriz–Setzehorn 2 h 45'
Setzehorn–Biel 3 h 15'

Ausgangspunkt
Steibenkreuz (2473 m), Bergstation des Sesselliftes von Bellwald. Mit der Bahnlinie Brig–Oberwald bis Station Fürgangen-Bellwald in der Nähe von Fiesch, dort mit der kleinen Seilbahn nach Bellwald (1554 m). Den schmucken Ort bergwärts queren, mit dem Sessellift vom oberen Dorfrand hinauf zur Zwischenstation Richinen und weiter zur Bergstation Steibenkreuz.

Unterwegs einkehren
Richinen (2064 m): Bergrestaurant Fleschen bei der Sessellift-Mittelstation.
Selkigerchäller (ca. 1680 m): Walibachhütte südwestlich von P. 1685 im Bieligertal, im Sommer Getränke und kleine Mahlzeiten.

Endpunkt
Biel (1283 m), Weiler der Gemeinde Grafschaft. Haltestelle der Bahnlinie Brig–Oberwald.

Die Route
Die Gegend um die Bergstation Steibenkreuz (2473 m) trägt auch im Sommer deutliche Spuren des Wintertourismus, die sich aber nach wenigen Minuten, spätestens beim Furggulti (2586 m) verlieren. Von der kleinen Einsattelung aus hält der deutliche Weg nordwestwärts gegen das Risihorn zu. Sobald der Weg die ersten Felsausläufer auf rund 2800 m erreicht, wird die Spur merklich steiler, ist zuweilen sogar mit einigen Seilen gesichert und erreicht den Gipfel (2875.5 m) dann etwas rutschig aber problemlos durch eine breite Kehle. Hier öffnet sich erstmals die grandiose Sicht auf den Fieschergletscher, das Finsteraarhorn und all die Eisriesen dahinter. Um weiter in Richtung Setzehorn zu gelangen, steigt man die Kehle wieder hinunter gegen den Wirbulsee. (Die Route über den Grat, P. 2867 und P. 2934 zum Täschehorn ist als Variante weiter unten beschrieben.) Vom Wirbulsee auf Ziegenspuren bis Mitte Lengsee traversieren, wo sich ein bequemer und effizienter Aufstieg knapp rechts der Gemeindegrenze durch eine steile Grasflanke zum Vorgipfel und zum Täschehorn (3008 m) anbietet. Vom kleinen Gipfelkreuz beim Täschehorn benützt man nun den breiten Grat, umrundet die markanten Felsen in der Gratsenke ostwärts und erreicht so die Felsausläufer des Setzehorns. Für den Aufstieg der letzten 80 Höhenmeter zum Gipfel eignet sich ein steiles aber stabiles Gras-/Felscouloir, das sich unmittelbar rechts des Grates zum höchsten Punkt des Setzehorns (3061 m) hinaufzieht. Topographie und Aussicht laden hier zum längeren Verweilen, bevor man sich an den weiten Abstieg ins Goms macht.
Anstatt das Aufstiegscouloir zu benützen, kommen für den Abstieg deutliche Wegspuren weiter rechts, südwärts in Frage, die dann unten wieder in das Couloir münden und zur Einsattelung zurück führen. Noch etwas weiter zurück bis fast zu P. 3008, anschliessend genau ostwärts hinunter zu den von der Krete aus gut sichtbaren Roti Seewe und weiter in der gleichen Richtung, bis man bei P. 2542 auf die deutliche Wegspur ins Bieligertal trifft. Nun diesem Weg entlang nordwärts über Spillecher und Tälli zum Talboden, und in der linken Talflanke hinunter nach Resti (1654 m), wo eine direkte Abkürzung nach Meiggeri und nach Biel (1283 m) führt.

Variante
Vom Risihorn zum Täschehorn über den Grat: Grundsätzlich ist diese Variante aussichtsreicher, bei festem Schnee bequemer und schneller, bei fortgeschrittener Ausaperung jedoch wesentlich mühsamer und beim manchmal angebrachten, kurzzeitigen Wechsel in die Flanke auch etwas gefährlicher. Wo kurz nach dem Risihorn noch grosse, feste Granitbrocken vorherrschen, wird die Krete nach P. 2934 zusehends schuttiger und mühsamer zu begehen (20' kürzer, Schwierigkeit T4+).

Kopf und Vorderhand bis
halber Mittelleib kohlschwarz,
Nachhand schneeweiss:
Schwarzhalsziegen-
Begrüssungskomitee am Risihorn.

Blick vom Setzehorn zurück
über die Steinigi Chumma
auf Täschehorn und Risihorn
und, dahinter, Fletschhorn-
und Mischabelmassiv.

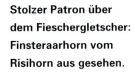

Stolzer Patron über dem Fieschergletscher: Finsteraarhorn vom Risihorn aus gesehen.

Fertig kalben: Griesgletscher und -see, links das dunkle Bättelmatthorn.

Bättelmatthorn / Punta dei Camosci

Küstengletscher, die flach ins Meer oder in einen See fliessen, von Zeit zu Zeit krachend abbrechen und Eisberge bilden – die Fachleute sprechen von *kalben* –, kennt man aus vielen Dokumentarfilmen über arktische Regionen. In den Alpen dagegen befinden sich Gletscher in aller Regel an Hängen und in Bergtälern, wo sie am unteren Ende einfach zu einem Bach abschmelzen. Doch es gibt sie, wenn auch sehr selten, die kalbenden Gletscher im Alpenraum: Der Griesgletscher ist einer. Oder besser: Er war einer, denn seit einigen Jahren hat er sich von seinem See verabschiedet. Dem Griesgletscher ist es, wie den meisten seiner Kollegen, zu heiss geworden.

Die wesentlichen klimatischen Grössen für den Haushalt eines Gletschers sind Sonneneinstrahlung und Temperatur, die grob gesagt fürs Abschmelzen zuständig sind, und die Niederschläge, über welche dem Eis neuer Schnee zugeführt wird. Äusserst schnell verläuft der Abschmelzvorgang vor allem dann, wenn das Eis ganz ohne Schneebedeckung liegt und der massiven Sonneneinwirkung ungeschützt ausgeliefert ist. Deshalb sind Jahre, in denen die Gletscher früh im Sommer ausapern und erst spät wieder zugeschneit werden, besonders zehrend. Längere, ununterbrochene Schönwetterperioden können sich dann verheerend auswirken: Jeder Tag, an dem die Sonne ungehindert brennt, raubt einem Gletscher etwa 10 cm Eisdicke – das entspricht einem knappen Meter Pulverschnee! Darüber hinaus spielt natürlich auch die Höhe der Schneefallgrenze eine wichtige Rolle, denn ob Schnee oder Regen fällt, ist dem Gletscher keineswegs egal.

Im Laufe der letzten Kleinen Eiszeit, einer vom ausgehenden 16. Jh. bis ca. 1850 dauernden Kälteperiode, war der Griesgletscher mächtig angeschwollen. Gemäss historischen Quellen erreichte er seine maximale Ausdehnung um 1850. Doch dann schlug das Klima um und begann dem Gletscher zuzusetzen. In den folgenden hundert Jahren zog er sich rapide zurück, im Schnitt um etwa 15 Meter pro Jahr. 1965 wurde die Staumauer – die höchstgelegene der Schweiz – fertiggestellt, der Griessee gefüllt und die Gletscherzunge aufgestaut: Ein kalbender Gletscher war geboren, ein in der Schweiz seltenes, überaus sehenswertes Ereignis. Die Kalbung beschleunigte den Gletscherrückzug zusätzlich, bis sich die Eismassen 1996 definitiv vom See zurückzogen. Seither schwimmen keine Eisberge mehr herum.

Insgesamt hat der Griesgletscher seit seiner maximalen Ausdehnung mehr als 2 km Länge eingebüsst, und allein in den letzten 20 Jahren nahm seine durchschnittliche Mächtigkeit um fast 15 Meter ab. Damit steht er nicht alleine da – das Volumen aller Alpengletscher ist seit 1850 um weit mehr als die Hälfte geschrumpft. Und es ist keine Wende in Sicht: Im Beobachtungsjahr 2000/2001 beispielsweise hatten sich von 91 in der Schweiz vermessenen Gletschern deren 78 zurückgezogen, 6 blieben unverändert und nur gerade 7 hatten an Länge zugesetzt.

Die 1990er Jahre waren wärmer als alles, was bisher gemessen wurde, 1998 vermutlich das wärmste Jahr der letzten 1000 Jahre. Internationalen Studien zufolge soll die Temperatur weltweit weiter ansteigen, je nach Szenario um 1.4 bis 5.8 °C bis 2100. Das wäre eine Erwärmung, wie es sie in den letzten 10 000 Jahren wohl nie gegeben hat. Der Temperaturanstieg wird allerdings nicht gleichmässig verteilt sein – Modellrechnungen lassen vermuten, dass sich der Alpenraum noch stärker erwärmen wird. Mehr noch: Die erwarteten Niederschlagsverteilungen und der Anstieg der Schneefallgrenze sollen sich zusätzlich zu Ungunsten der Gletscher auswirken. Sollten diese Klimaänderungen eintreten, und nichts lässt heute auf etwas anderes schliessen, prophezeien uns die Klimaforscher bis zum Jahr 2100 ein weiteres Abschmelzen der Gletscher um bis zu 90 %.

So lange müssen wir nicht warten. Wenn es so weiter geht, wird bereits die nächste Generation nicht nur das Kalben am Griesgletscher, sondern die meisten Alpengletscher überhaupt nur noch vom Hörensagen kennen.

3043.7 m

Schwierigkeit: T3
Bis zum Griespass gut markierter Bergweg. Anschliessend Wegspuren mit vereinzelten Markierungen und Steinmännchen durch sanftes Gelände, bei Nebel allerdings nicht ganz unproblematisch. Am Gipfelaufbau leicht abschüssiges Geröll mit teilweise nur schwach ausgeprägten Wegspuren.

Karten
1270 Binntal, 1250 Ulrichen,
1251 Val Bedretto

Zeit und Höhendifferenz
5 h 15' ↗ 770 m ↘ 1070 m
Abzweigung Griespass–Griespass 1 h
Griespass–Bättelmatthorn 1 h 45'
Bättelmatthorn–Griespass 1 h
Griespass–Alpe di Cruina 1 h 30'

Ausgangspunkt
Abzweigung Griespass (2303 m). Haltestelle an der Postautolinie Airolo–Nufenenpass–Ulrichen, auf der Walliser Seite des Passes.

Unterwegs einkehren
Nufenenpass (2478 m): Restaurant, Kiosk.
Griespass (2458 m): Kapelle und zugleich Unterstand bzw. Notbiwak.
Capanna Corno-Gries CAS (2338 m): immer offen, bewartet von Juli bis September, Übernachtungsmöglichkeit (Tel. 091 869 11 29, www.capanneti.ch)

Endpunkt
Alpe di Cruina (2002 m). Haltestelle Cruina an der Postautolinie Airolo–Nufenenpass–Ulrichen, auf der Tessiner Seite des Passes.

Die Route
Von der Abzweigung Griespass (2303 m) dem markierten Weg folgend auf der Strasse gegen die Staumauer des Griessees, dann links hinauf zum Kreuz beim Mändeli. Auf einem mehr oder weniger horizontalen Weg hoch über dem See gelangt man zum breiten Griespass (2458 m), auf dem sich eine kleine Kapelle befindet, die zugleich als Schutzunterkunft dient.

Vom Pass westwärts auf einen Moränenkamm, der anfänglich der Landesgrenze folgt (rote sowie weissrote Markierungen, Wegweiser «Città di Busto»). Ab 2500 m führen die Spuren nach Südwesten bis zu einem Hochplateau. Nach einem Bächlein erreicht man P. 2672, wo das Plateau steil gegen das Rifugio Città di Busto abfällt und andererseits eine Rippe gegen das Bättelmatthorn zieht. Auf dieser Rippe zunächst weglos und dann auf Spuren bis 2800 m, wo ein deutlicher Weg nach links zum Ostgrat des Bättelmatthorns führt. Man erreicht die Kante auf 2820 m (Steinmann) und folgt nun dem Grat, manchmal auch etwas nach links ausweichend, bis zum Vorgipfel. Eine Spur, die weit gegen links in die Südflanke ausholt, bringt keine besonderen Vorteile. Zuletzt vom Vorgipfel in wenigen Schritten leicht ausgesetzt bis zum Bättelmatthorn (3043.7 m).

Abstieg wie Aufstieg bis zum Griespass. Vom Griespass geht's auf markiertem Weg hinüber zum Passo del Corno (2485 m) und links über dem See ins Val Corno, von wo man bald zur Capanna Corno-Gries CAS (2338 m) findet. Über Corno (Materialseilbahn) zur Haarnadelkurve P. 2002 bei der Alpe di Cruina, in deren unmittelbarer Nähe sich die Postauto-Haltestelle befindet.

Varianten
Ein Abstecher zum Rifugio Città di Busto CAI (2482 m, Tel. 0039 0324 63 092, im Sommer offen) lohnt sich, wenn man Lust auf einen Kaffee oder mehr sowie etwas Zeit hat. Von P. 2672 (auf der Ebene nordöstlich des Bättelmatthorns) dem Weg treu bleiben, der bald durch eine Flanke hinab quert und in Kürze zur Hütte führt, die sich auf einem Kamm befindet (P. 2672–Rifugio Città di Busto und zurück eine gute Stunde, kulinarische Einkehr nicht eingerechnet, Schwierigkeit T2).

Wer den Griesgletscher nicht nur von oben oder von vorne betrachten will, kann sich bei günstigen Verhältnissen auch über die Eisfläche wagen. Im Abstiegssinn: vom Bättelmatthorn auf der oben beschriebenen Route bis ca. 2520 m zurück, nun waagrecht zum und über den Gletscher. Er weist auf dieser Höhe so gut wie keine Spalten auf, allerdings kann sich die Spaltenzone je nach Gletscherzustand verschieben. Das Experiment Gletscher empfiehlt sich deshalb nur, wenn die Oberfläche aper ist – so lässt sich gut abschätzen, wo sich die wenigen Spalten befinden, wo man unangeseilt gehen darf und wo besser nicht. Am anderen Ufer angelangt, traversiert man, die Höhe ungefähr haltend, nach rechts bis zu einer guten Wegspur, die zur Staumauer hinunter führt (Bättelmatthorn–Griessee 2 h 15', Schwierigkeit T4).

Wer den Griesgletscher auch aus der Frontalperspektive erleben will: vom Griespass zum Cornopass (2485 m), dort zum oberen Weg wechseln und nordwärts, mehr oder minder der Kantonsgrenze entlang, auf spärlichen Spuren zu P. 2841 und zum schön freistehenden Nufenenstock (2865.6 m) – zwar kein Dreitausender, aber trotzdem lohnend... (Cornopass–Nufenenstock–Cornopass 2 h, Schwierigkeit T3+).

Hinüber zu den Berner Alpen, links des Steinmanns markant Finsteraarhorn und Lauteraarhorn.

Hinunter zum Griesgletscher, am höchsten und entferntesten das Blinnenhorn.

Hinab zum Griessee und Nufenenpass, links hinten der Rhonegletscher.

Chüebodenhorn

Links aussen der Gerenpass, von dort geht's hintenrum zum Chüebodenhorn.

Es ist Januar. Aus Neugier werfen wir im Internet einen Blick auf die aktuellen Schneehöhen: IMIS, das von den Alpenkantonen und dem Eidg. Institut für Schnee- und Lawinenforschung betriebene automatische Messnetz, liefert uns die aktuelle Situation. Je nach Region zwischen null und gut zwei Meter Schnee – mit einer Ausnahme: 6BED2 meldet mit 380 cm wie so oft die grösste Schneehöhe der ganzen Schweiz.

6BED2: 6 steht für Tessin, BED für Val Bedretto und 2 für die zweite Anlage im Gebiet, diejenige unter dem Passo di Cavanna über dem Weiler Villa. Gegenüber, im Val Cassinello, liegt 6BED3 – auch sie liefert häufig überdurchschnittliche Schneehöhen.

Schnee ist im Val Bedretto ein häufiger Gast, wenn auch nicht immer ein willkommener. Während andere Berggebiete mit Kanonen Schnee schiessen, um ihre Bahnmillionen zu amortisieren, ist man hier oft froh, wenn er bald wieder schmilzt. Bis auf den Kleinskilift zwischen Ronco und All'Acqua gibts keine Skisportanlagen, obwohl sich Meteorologie und Topographie dafür eignen würden. Und so ist Schnee im Alltag der Bedrettesi eher ein Ärgernis.

Oder eine Katastrophe. Wenn sich am Alpenkamm feuchte Mittelmeerluft staut, fällt im Val Bedretto oft innert weniger Tage meterweise Schnee. Dann droht akute Lawinengefahr, das Tal ist von der Aussenwelt abgeschnitten und selbst die einzelnen Weiler (Ossasco, Villa, Bedretto und Ronco) sind voneinander isoliert. Manchmal wird gar evakuiert. Denn sobald die Schwerkraft die Reibung überwindet, fegen die Schneemassen wuchtig bis ins Tal. Einige Beispiele:

1749 Eine Lawine verschüttet Ossasco, 13 Personen kommen ums Leben.
1863 Eine Lawine verschüttet Bedretto und zerstört das Dorf, 29 Personen kommen ums Leben.
1920 Die Einwohner von Ronco beschliessen nach einem harten Lawinenwinter einstimmig, das Dorf aufzugeben.
1951 Im Februar gehen zahlreiche Lawinen nieder und schneiden das Tal über längere Zeit von der Aussenwelt ab. Flugzeuge der Luftwaffe werfen im Auftrag des Roten Kreuzes Medikamente und Lebensmittel ab. Später wird das Bedretto evakuiert, Einwohner und Vieh dürfen erst im Laufe des Frühlings ins Tal zurück. In Airolo, der Nachbargemeinde von Bedretto, sterben 10 Personen unter den Schneemassen.
1986 Die Capanna Cristallina ob Ossasco wird von einer Lawine beschädigt. Sie wird neu aufgebaut – 1999 von einem riesigen Schneebrett jedoch wieder vollständig zerstört. Seit Ende 2002 steht sie an einem sichereren Standort beim Passo di Cristallina.
1995 Die neue Capanna Piansecco ob von All'Acqua wird eingeweiht. Der Neubau wurde nötig, weil die alte, 300 m südwestlich gelegene Hütte wegen Lawinengefahr im Winter nicht mehr benutzt werden konnte.
2003 Seit über 120 Jahren wird an Lawinenschutzbauten gearbeitet. Bedretto und Villa erhalten zur Zeit massive Ablenkdämme.

Im Bedretto gibt's also viel Schnee, manchmal gar zu viel. Dafür, oder vielleicht deswegen, gibt's zu wenig Leute. Zwischen 1940 und 1990 schwand die Bevölkerung von 263 auf 50 – ein Rückgang von über 80%, so viel wie nirgendwo anders in der Schweiz. 1990 lebte im ganzen Tal laut Statistik noch genau eine Person unter 14 Jahren. Bedretto weist die niedrigste Einwohnerdichte des Tessins auf: 1 Person pro Quadratkilometer. Da kann's schon mal etwas einsam werden. Wer sich dann bei Lawinengefahr der Evakuation verweigert und in einem der Weiler ausharrt, vielleicht als einziger, braucht starke Nerven.

Starke Nerven brauchen wir Sommerwanderer auf dem Weg zum Chüebodenhorn nicht. Es liegt zwar noch Altschnee und ein bisschen Vorsicht vor dem steilen Gerenpass ist geboten. Dafür gibt's dann im Abstieg eine schöne Rutschpartie auf dem Schnee, der nicht ins Tal gedonnert ist.

3070 m

Schwierigkeit: T4
Der Aufstieg zum Gerenpass führt ab etwa 2400 m über eine relativ steile, nicht überall feste Geröllhalde – und anschliessend über ein geneigtes Firnfeld, das bei Hartschnee Vorsicht verlangt (evtl. Pickel sinnvoll). Der anschliessende Gipfelaufbau besteht aus stabilem Blockwerk und erfordert je nach Routenwahl einige Kraxeleinlagen, ist aber weder schwierig noch exponiert.

Karte
1251 Val Bedretto

Zeit und Höhendifferenz
7 h ↗ 1460 m ↘ 1460 m
All'Acqua–Capanna Piansecco 1 h
Capanna Piansecco–Chüebodenhorn 3 h 30'
Chüebodenhorn–Capanna Piansecco 2 h
Capanna Piansecco–All'Acqua 30'

Ausgangs- und Endpunkt
All'Acqua (1614 m). Kleiner Weiler im hinteren Val Bedretto, Postautoverbindung von Airolo und (seltener) Ulrichen.

Unterwegs einkehren
All'Acqua (1614 m): Ristorante All'Acqua mit Übernachtungsmöglichkeit (Zimmer und Lager, Tel. 091 869 11 85).
Capanna Piansecco CAS (1982 m): immer offen, bewartet von Anfang Juni bis Mitte Oktober, Übernachtungsmöglichkeit (Tel. 091 869 12 14, www.capanneti.ch).

Die Route
Beim Weiler All'Acqua (1614 m) schlägt man den Weg ein, der zwischen Kapelle und Gasthaus bergwärts führt und auf etwa 1800 m den Ri dell'Acqua überquert. Weiter durch den Wald zur Capanna Piansecco (1982 m), einer modernen Hütte inmitten eines lichten Lärchenbestandes.
Von der Hütte 250 m westwärts leicht hinab zu einer weiten Ebene. Gleich vor einem Steg zweigt ein Weg ab und führt dem Bach entlang bis zu einer Steilstufe, die in gutem Zickzack überwunden wird. Auf ca. 2200 m auf die andere Seite des Bachs wechseln und über einen Rücken zu einer geschlossenen Hütte auf knapp 2360 m. Nun verlässt man das Weidegelände und betritt die Welt des Gerölls. Der Weg wird entsprechend zu einem unterschiedlich deutlichen Pfad. In allgemein nordwestlicher Richtung, den Steinmännchen und Spuren folgend, in die schuttige Südostflanke des Chüebodenhorns. Ab 2400 m steilt sich der Talkessel zunehmend auf und mündet in ein Firnfeld, das den Zugang zum Gerenpass (2691 m) manchmal mit einer steilen Stirn bewacht. Rechts um diese Stirn herum und an den Rand der weiten, überraschenden Ebene des Chüebodengletschers. An dieser Stelle lohnt sich ein Abstecher zu den Seelein bei P. 2671, die vom flachen Gletscher gespiesen werden.
Der eigentliche Gipfelaufstieg beginnt beim Gerenpass und folgt mehr oder minder der Kantonsgrenze durch die nicht sonderlich steile Südwestflanke. Über Blockwerk gelangt man so zum höchsten Punkt des Chüebodenhorns (3070 m).
Der einfachste Abstieg folgt der Aufstiegsroute. Vorsicht bei Rutschpartien auf dem Altschnee unterhalb des Gerenpasses, die Hangneigung liegt im Grenzbereich des Bremsbaren.

Varianten
Die schönste, weil wildeste Variante ist die Überschreitung vom Bedretto ins Goms. Vom Gerenpass links des Seeleins P. 2671 in einen Geröllkessel hinein und über diesen hinab bis Im Cher (steiles, anspruchsvolles Geröll). Bei P. 2109 den Wildbach überqueren, was bei hohem Wasserstand recht knifflig sein kann. Nun stets auf der rechten Talseite auf zunehmend guten Wegspuren dem Gerewasser entlang talauswärts. Auf einem Strässchen, den Bach noch zweimal querend, nach Oberwald (Gerenpass–Oberwald 4 h, Schwierigkeit T4+, bei schlechter Sicht schwierige Orientierung).

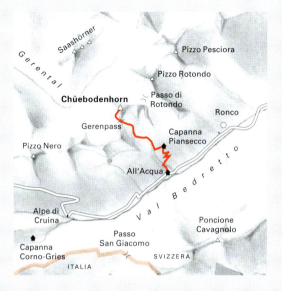

Von der Capanna Piansecco lässt sich gut zum Griespass wandern, um von dort den Wanderdreitausender Bättelmatthorn ersteigen. Die Route folgt dem Höhenweg über P. 2076 (empfehlenswerter Abstecher zum Lago delle Pigne, dem Seelein P. 2278) und die Alpe di Manió zur Haarnadelkurve bei P. 2099 an der Nufenenstrasse. Unterhalb der Strasse zur Alpe di Cruina hinab und entweder a) durchs Val Corno, bei der Capanna Corno-Gries CAS einkehrend, und dem Cornopass (Piansecco–Griespass 3 h), oder b) dem jungen Ticino entlang zum alten Nufenenpass (2440 m), zur Kurve P. 2303 hinab und auf dem Strässchen zu Griessee und Griespass (Piansecco–Griespass 3 h 30'). Für beide Varianten gilt die Schwierigkeit T2.

Auf dem Chüebodenhorn, mit Gipfelglück und Pizzo Rotondo.

Zwischen Gerenpass und Chüebodenhorn mit Geröll und Geretal.

Am Chüebodengletscher, mit Badegelegenheit und Poncione di Cassina Baggio.

Öde? Das Gross Muttenhorn.
Auch Linke besteigen es meist von rechts.

Gross Muttenhorn

«Obgleich alles voll Schnee lag, so waren doch die schroffen Eisklippen, wo der Wind so leicht keinen Schnee haften läßt, mit ihren vitriolblauen Spalten sichtbar, und man konnte deutlich sehen, wo der Gletscher aufhört und der beschneite Felsen anhebt. Wir gingen ganz nahe daran hin, er lag uns linker Hand. Bald kamen wir wieder auf einen leichten Steg über ein kleines Bergwasser, das in einem muldenförmigen unfruchtbaren Thal nach der Rhone zu floß. Vom Gletscher aber rechts und links und vorwärts sieht man nun keinen Baum mehr, alles ist öde und wüste. Keine schroffen und überstehenden Felsen, nur lang gedehnte Thäler, sacht geschwungene Berge, die nun gar im alles vergleichenden Schnee die einfachen ununterbrochenen Flächen uns entgegen wiesen. Wir stiegen nunmehr links den Berg hinan und sanken in tiefen Schnee. Einer von unsern Führern mußte voran und brach, indem er herzhaft durchschritt, die Bahn, in der wir folgten. Es war ein seltsamer Anblick, wenn man einen Moment seine Aufmerksamkeit von dem Wege ab und auf sich selbst und die Gesellschaft wendete: in der ödesten Gegend der Welt, und in einer ungeheuren einförmigen schneebedeckten Gebirgs-Wüste, wo man rückwärts und vorwärts auf drei Stunden keine lebendige Seele weiß, wo man auf beiden Seiten die weiten Tiefen verschlungener Gebirge hat, eine Reihe Menschen zu sehen, deren einer in des andern tiefe Fußtapfen tritt, und wo in der ganzen glatt überzogenen Weite nichts in die Augen fällt, als die Furche die man gezogen hat.»

Man könnte meinen, die Schilderung handle von der Besteigung eines kühnen Alpengipfels. Dabei erzählt uns der 30-jährige Goethe von einer Reise von Oberwald nach Realp, die er am 12. November 1779 mit dem 22-jährigen Herzog von Weimar, zwei Führern und einem Jäger unternimmt. Emotionaler wie geografischer Höhepunkt der Expedition: «Nach viertehalb Stunden Marsch kamen wir auf dem Sattel der Furka an, bei'm Kreuz wo sich Wallis und Uri scheiden.»

Zu Goethes Zeiten war die Furka nur zu Fuss oder mit Saumtieren begehbar, an Fuhrwerke war angesichts des desolaten Wegzustandes gar nicht zu denken. Erst um die Mitte des 19. Jahrhunderts begann sich der junge Bundesstaat für eine Strassenverbindung zwischen Wallis und Uri zu interessieren – aus militärischen Überlegungen, um das periphere Wallis im Angriffsfall besser verteidigen zu können (ausser der Talstrasse bei St-Maurice existierte damals keine Verkehrsverbindung zwischen Mittelland und Wallis: Die Grimselstrasse wurde 1894 eröffnet, der Lötschbergtunnel 1913, der Rawiltunnel bekanntlich nie). Nach vierjähriger Bauzeit wurde die Furkastrasse 1866 fertiggestellt. 1868 nahm die Pferdepost Brig–Andermatt den Betrieb auf, 1921 wurden die Kutschen durch Postautomobile ersetzt. Was für Goethe das erkämpfte Ziel war, ist heute die im Sommer mehrmals täglich bediente Bushaltestelle Furkapasshöhe – eine Station des öffentliches Verkehrsnetzes, so selbstverständlich wie Bümpliz Unterführung, Chur Agip oder Zuchwil McDonald's.

Am 9. August 1864 standen die zwei linken irischen Politaktivisten H. de F. Montgomery und Sedley Taylor mit ihren Bergführern Melchior Blatter und Kaspar Neuger als Erste auf dem Gross Muttenhorn – und mussten dafür zuerst zu Fuss den Furkapass erreichen. Heute hingegen ist der Anmarsch zum Bergfuss eine Anfahrt, bei der man die Landschaft durch die Panoramascheibe geniessen, den Ausführungen des Carchauffeurs lauschen und sich die Schweisstropfen für später sparen kann. So können Linke und Bergler das Gross Muttenhorn vom Pass aus inzwischen mühelos als Tagestour besteigen.

Und doch: Trotz Haltestelle an seinem Fusse ist das Muttenhorn nach wie vor ziemlich einsam und wild – wie 1779 Goethes Furkapass, «die ödeste Gegend der Welt». Wer etwas gegen Ödnis hat, kann im Bus sitzen bleiben bis zur nächsten Haltestelle, Furka Belvédère. Dort warten Gletschergrotte, Souvenirladen, «vitriolblaue Spalten» und Carparkplatz.

Der Furkapass, Raststätte-Gesellschaft, Altdorf 1991.

3099.1 m

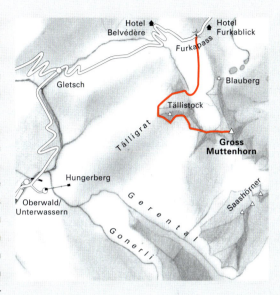

Schwierigkeit: T4–

Bis zum Tällistock stösst man auf keine technischen Schwierigkeiten, allerdings ist der Wegverlauf nicht immer ganz deutlich. Anschliessend finden sich immer wieder Wegspuren, dazwischen aber auch einzelne Kletterstellen im I. Grad, die sich mit etwas Abstieg in die Flanken oft umgehen lassen.

Karten

1231 Urseren, 1251 Val Bedretto

Zeit und Höhendifferenz

6 h   ↗ 700 m   ↘ 700 m
Furkapass–Gross Muttenhorn 3 h 30′
Gross Muttenhorn–Furkapass 2 h 30′

Ausgangs- und Endpunkt

Furkapass (2429 m), Haltestelle «Furka Passhöhe». An der Postautolinie von Realp über die Furka nach Oberwald (nur wenige Fahrten pro Tag durch die Post und die IG Alpenpässe, Tel. 041 887 13 22).

Unterwegs einkehren

Furkapass/Galenbödmen (2427 m, Haltestelle «Furkapass, Hotel Furkablick»): Hotel Furkablick, vom Architekten Rem Koolhaas renoviertes Arthotel mit regelmässig wechselnden Kunstinstallationen, Übernachtungsmöglichkeit (Tel. 041 887 07 17); das Refuge Furka gegenüber ist zur Zeit geschlossen, es bestehen Pläne für eine Wiederaufnahme des Betriebs (Stand Frühling 2003).

Die Route

Von der Furka-Passhöhe (2429 m) auf dem breiten Weg westlich um den Blauberg herum bis zur Brücke P. 2495 am Fuss des Muttgletschers. Auf gleicher Höhe zu einer zweiten Brücke und gleich anschliessend, den Hauptweg verlassend, auf Wegspuren über einen schwach ausgeprägten Kamm zum Norduffer des Seeleins P. 2590. Weiter über den Kamm, am höheren Seelein rechts vorbei, und gegen den auf der Landeskarte eingezeichneten Weg. Den Steinmännchen folgend zur Tällilücke (2721 m), wo sich eine Baracke befindet, und auf markiertem Weg zu P. 2769 (Vorsicht, wenn noch Schnee liegt).

Ab hier finden sich keine Markierungen mehr, dafür leisten einzelne Steinmännchen gute Dienste. Um den Tällistock südlich herum in den Sattel P. 2799, wo sich Reste von alten Kasernen befinden. Zuerst links ausholend, dann meist dem Grat entlang zu P. 2851, wo man auf einfache Kraxelstellen stösst (die jedoch rechts umgangen werden können). Weiter dem Rücken entlang zum grossen Steinmann bei P. 2985. Der folgende Abschnitt bis zu P. 3005 kann wenige Meter rechts vom Grat erklettert werden (Steinmännchen, gut gestufte Rampe, eine Kletterstelle im I. Grad); einfacher ist es, die Gratpartie südseitig auf ca. 2960 m zu umgehen, und anschliessend zu P. 3005 aufzusteigen. Gute Wegspuren führen nun ohne Schwierigkeiten zum Gipfel des Gross Muttenhorns (3099.1 m).

Im Abstieg folgt man der gleichen Route. Je nach Schneelage – man kann die Situation bereits im Aufstieg überprüfen – lässt sich der Abstieg wesentlich verkürzen, wenn man eines der mässig steilen Couloirs, die auf den Muttgletscher führen, für eine Rutschpartie ausnützt. Dazu eignen sich dasjenige bei P. 2851 oder bei der nächsten Scharte zwischen P. 2851 und P. 2799 – der Muttgletscher ist in diesem Bereich weitgehend spaltenfrei, am besten hält man sich am linken Rand der Couloirs und später am linken Rand des Gletschers.

Varianten

Aufstiegsvariante über den Ostgrat: von der Furka-Passhöhe auf einem weiss-rot-weiss markierten Wanderweg nach Südosten und an den Seen P. 2621 und P. 2641 vorbei zum Sattel auf 2732 m. Nun wird die Markierung weiss-blau-weiss. Man steigt hinunter über P. 2587 und das Deieren-Älpetli bis 2500 m, quert vorsichtig einige Wildbäche, verlässt die Markierungen (die über die Chrummegg sehr schön zur Rotondohütte führen) und steigt zu P. 2611 bei den Muttenstöck auf. Spärliche Steinmännchen, manchmal gar Spuren, weisen nun den Weg: Dem Ostgrat entlang, manchmal auch etwas links davon (aber stets in Gratnähe), gewinnt man über Blockgelände und Geröllrunsen den Gipfelgrat und das Gipfelkreuz (Furkapass–Gross Muttenhorn 4 h, Schwierigkeit T5).

Abstiegsvariante nach Oberwald: wie auf dem Normalabstieg bis P. 2769, wo ein markierter Bergweg über den Tälligrat und den Hungerberg nach Oberwald absteigt – ab Hungerberg evtl. mit Sesselbahn (Gross Muttenhorn–Hungerberg 3 h, Schwierigkeit wie Originalabstieg).

Wenn Wetter oder Zeit nicht ausreichen: Klein Furkahorn (3026.2 m), ein leicht erreichbarer Gipfel – vom Furkapass über den Furkastock und den breiten Südrücken auf Wegspuren und solidem Urner Granitgeröll (Furkapass–Klein Furkahorn und zurück 3 h, Schwierigkeit T3).

Farben in der Ödnis:
Steinbrech am Westgrat
des Gross Muttenhorns.

Farben in der Ödnis:
am Fusse des Muttengletschers,
auf dem Weg zum schwierigen
Ostgrat des Gross Muttenhorns.
Der Gipfel verschwindet
oben rechts im Nebel.

Lochberg

Auf breitem Rücken vom Planggenstock zum Lochberg.

*Sie hören im Dunkel der Berge
mit dem magischen Ohre der Zwerge
Das Murmeln der tropfenden Halle,
Sie suchen das Reich der Kristalle*

Am Älpergensee ist gut liegen. Vom Gletscher glattgeschliffene Felsen, aufgewärmt von der Sonne, schützen vor dem Wind. Zwei Gestalten mit grossen Rucksäcken steigen vom Göscheneralpsee zu uns auf, ändern aber gleich bei Erreichen des Hochplateaus ihre Richtung und schreiten über einen Moränenwall zielstrebig gegen den Planggenstock hinauf. Bald verlieren wir sie aus dem Blickfeld, aber wenig später durchbricht plötzlich ein rhythmisches «tock, tock, tack» die Stille. Kristallsucher (sog. Strahler) rücken dem Berg mit Hammer und Meissel zu Leibe. Das hat hier Tradition.

Steinzeitmenschen gebrauchten Kristalle als Pfeilspitzen und im Altertum rätselten vorab die Griechen über die Herkunft dieser oft durchsichtigen Mineralien. Bis ins 17. Jh. herrschte Einigkeit darüber, dass es sich dabei um «eine Art himmlischen Wassers, das durch die Hartnäckigkeit eines längeren Frostes zu Stein geworden war» handle. Die Naturwissenschaftler der Neuzeit sehen dies etwas anders. Für sie sind Mineralien die natürlichen, kristallin aufgebauten Hauptbestandteile der Erdkruste. Kristallin bedeutet, dass ihre Bausteine (Atome und Moleküle) nach einem sich wiederholenden Muster streng geometrisch geordnet sind. Die glatten Flächen und regelmässigen Formen der Kristalle sind Ausdruck dieser strengen inneren Ordnung. Die etwa hundert in der Natur vorkommenden chemischen Elemente bauen rund 4000 bekannte Mineralienarten auf. Etwa 400 davon finden sich in der Schweiz – eine kleine Zahl verglichen mit den abertausend Arten der Tier- und vor allem der Pflanzenwelt.

1719 wird am Zinggenstock im Grimselgebiet eine Fundstelle ausgebeutet, die insgesamt mehr als zwanzig Tonnen Quarzkristalle freigibt. Im 18. und 19. Jahrhundert erlebt das Strahlen in der Schweiz eine Blütezeit und ist willkommene Einkommensquelle vieler Bergbewohner. Das Aufkommen von Sprengstoffen erleichtert die Ausbeutung der Fundstellen zusätzlich. Nach einem Schleifprozess finden die Mineralien Verwendung in Monstranzen, Kelchen, Reliquienschreinen und nicht zuletzt in den Kronen der Würdenträger in aller Welt. Im Urnerland wurden ab 1900 durch den Rückgang der Gletscher Felspartien frei, die während Jahrhunderten von Eis bedeckt waren. So wurden am Tiefengletscher, auf der Rückseite des Lochbergs, bedeutende Mineralienfunde gemacht (unter anderem eine 180 kg schwere Rauchquarzstufe, die heute in der Mineralienhandlung Indergand am Bahnhofplatz in Göschenen ausgestellt ist). Oberhalb des Älpergensees sind heute noch grosse Rauchquarz-Fundstellen aus den 30er Jahren zu sehen.

Eine der ergiebigsten Fundstellen befand sich am Lochberg auf rund 2900 Metern Höhe. Hier fanden die Strahler Julius Mattli und Moses Gamma von der Göscheneralp grosse Rauchquarz- und Morionstufen sowie Rosafluorit. An dieser Fundstelle spielte sich 1943 auch der grösste Strahlenraub Uris ab. Zehn Strahler aus Realp hatten vom Fund Wind bekommen, beuteten die Kluft aus und trugen das Material ins Urserental, obwohl sie an der Stelle untrügliche Zeichen vorfanden, dass bereits jemand anders am Werk war. Damit war ein Ehrenkodex gebrochen, die Strahlenräuber wurden verzeigt und aussergerichtlich einigte man sich auf die Zahlung von Fr. 650.– an Mattli und Gamma, was in der Kriegszeit ein ansehnlicher Batzen Geld war.

*Im huschenden Licht der Laterne
erglühen die wehrlosen Kerne
die Strahler eilen zum Tage –
ist's Raub oder heimliche Gnade?*

Gedicht von Walter Robert Corti, aus:
Peter Amacher, Der Engländer, Verlag Geo Uri, Amsteg 1994.

3074 m

Schwierigkeit: T4
Wenige, undeutliche Wegspuren zwischen dem Älpergensee und der Einsattelung beim Planggenstock. Der Verbindungsgrat und das Gletscherfeld kurz vor dem Gipfel bieten keine Probleme. Die letzten 2 Meter vor dem höchsten Punkt sind ausgesetzt, aber für die Rundsicht und den Genuss der Tour nicht zwingend.

Karte
1231 Urseren

Zeit und Höhendifferenz 1. Tag
3 h 30' ↗ 380 m ↘ 265 m
Furkapass–Sidelenhütte 1 h 15'
Sidelenhütte–Albert Heim-Hütte 2 h 15'

Zeit und Höhendifferenz 2. Tag
7 h ↗ 950 m ↘ 1710 m
Albert Heim-Hütte–Lochberglücke 1 h 30'
Lochberglücke–Lochberg 2 h 15'
Lochberg–Göscheneralpsee 3 h 15'

Ausgangspunkt
Furkapass (2427 m), Haltestelle «Furkapass, Hotel Furkablick». An der Postautolinie von Realp über die Furka nach Oberwald (nur wenige Fahrten pro Tag durch die Post und die IG Alpenpässe, Tel. 041 887 13 22).

Unterkunft
Albert Heim-Hütte (2543 m). 80 Plätze, immer offen, bewartet von Mitte Juni bis Mitte Oktober sowie an weiteren Wochenenden (Tel. 041 887 17 45, www.sac-cas.ch).

Unterwegs einkehren
Sidelenhütte (2708 m): offen und bewartet von Mitte Juni bis Mitte Oktober, Übernachtungsmöglichkeit (Tel. 041 887 02 33).
Göscheneralpsee (1782 m): Berggasthaus Dammagletscher bei Staumauer und Postauto-Haltestelle, offen von Ende Mai bis Anfang Oktober, Übernachtungsmöglichkeit (Zimmer und Lager, Tel. 041 885 16 76).

Endpunkt
Berggasthaus Dammagletscher (1782 m) am Göscheneralpsee. Endstation der Postautolinie Göschenen–Göscheneralp (sämtliche Kurse verkehren nur auf Bestellung, Tel. 041 885 11 80).

Die Route
Vom Barackendorf Galenbödmen (2427 m) gegen Norden ansteigend zum Sidelenbach, dann etwas steiler auf dem Moränenkamm zur Sidelenhütte (2708 m). Hier weiter den blauweissen Markierungen des Nepali Highways entlang (so genannt, weil er von Nepalis gebaut wurde), der bis knapp oberhalb P. 2589 absinkt, dann stets auf einer Höhe von ca. 2600 m unter dem Chli Bielenhorn nach Westen verläuft und vor dem See 2496 m nach Norden dreht. Er gewinnt das Vorfeld des Tiefengletschers links von P. 2594 und führt etwas mühsam über schuttbedecktes Eis nach Nordosten, quert einige Wildbäche und erreicht kurz darauf den Hüttenweg zur Albert Heim-Hütte (2543 m), die markant auf ihrem Felsen thront.

Von der Albert Heim-Hütte in grossem Bogen zum markanten Stein bei der Weggabelung P. 2381 absteigen. Dort der riesigen, aufgepinselten Wegangabe *Lochberglücke* bis vor dem Seelein bei P. 2439 folgen, wo eine Abzweigung rechts hinauf über P. 2439 gegen die Lochberglücke führt. Nun holt man östlich gegen den Blaubergstock bis ca. 2750 m aus, um zur Lochberglücke (2815 m) zu gelangen.

Von der Lücke nicht direkt über den Grat zum Lochberg halten (die Flanke des zurückgehenden Gletschers ist sehr steil), sondern nordöstlich über sanft geneigten Firn bis auf 2600 m absteigen, um anschliessend in grossem Bogen nordwestwärts über einige Felsrippen und Schneefelder gegen den Planggenstock anzusteigen. Der Lochberggletscher ist hier stark ausgeapert und gibt für den Aufstieg bequeme Grate frei, die zur tiefsten Einsattelung zwischen Lochberg und Planggenstock führen. Auf dem ca. 4 m breiten Verbindungsrücken Planggenstock–Lochberg folgt rund 50 m vor dem Lochberggipfel eine 3 m hohe Felsstufe in eine Gratvertiefung hinunter. Entweder akrobatisch hinunterklettern oder 40 m zurück, um den recht bequemen Durchlass hinunter auf das Firnfeld zu finden. Schliesslich beim Schriftzug 3074 zum Gipfel, der von Süden her erstiegen wird – zuerst einfach und griffig, die letzten 2 m luftiger und etwas ausgesetzt. Der 5 m höhere und südöstlich von P. 3074 gelegene Gipfel ist als fast senkrechter Felszacken für Wanderer nicht zur Besteigung geeignet.

Der Abstieg zum Älpergensee entlang der Aufstiegsroute wird oft mit einem Abstecher zum Planggenstock gekrönt, der mit reichen Mineralienvorkommen und Seeblick lockt. Am Älpergensee finden sich Wegspuren, die eine kurze, felsige Steilstufe klug überwinden und teils über Wiesen, teils über Blockgelände zur Brücke bei P. 1927 führen, wo der breite Wanderweg rechts zur Staumauer und kurz darauf zum Hotel Dammagletscher (1782 m) mit zugehöriger Postauto-Haltestelle führt.

**Kurz vor dem Lochberg –
Ende Juli und noch Schnee
auf der Überholspur.
Blick zum Müeterlishorn.**

Auf dem Weg
zur Lochberglücke –
das Einschwenken
auf die richtige Spur
schaffen die meisten.

Auf dem Nepali Highway –
der schönsten Autobahn
der Schweiz mit Blick
auf Tiefengletscher und
Galenstock.

Trübsee und Titlis (links Hauptgipfel, rechts Klein Titlis mit Bahnstation).

Titlis

Erst elf Uhr morgens und schon dreht sich hier alles um Curry. Noch beim Einsteigen in die Rotair, wie die runde, drehbare Kabinenbahn auf den Titlis genannt wird, rätseln wir ob dem ungewohnten Wohlgeruch, der das sonst olfaktorische Seilbahneinerlei aus Sonnencrème- und Maschinenduft überdeckt. In der Mitte der Rotair stehen sechs grosse, verschlossene Metallbehälter, deren Inhalt zwar nicht sichtbar aber doch deutlich riechbar ist. Die Kabine dreht sich während der Fahrt vom Stand hinauf zur Bergstation Titlis einmal um ihre eigene Achse, wodurch alle Passagiere einmal rund um die Curryboxen geführt werden. Bei Ankunft finden erstaunlich viele Bergfahrende den direkten Weg ins Restaurant an den Mittagstisch – der Werbeduft hat Wirkung gezeigt. Auch bei uns, aber als beinharte Bergsteiger bevorzugen wir natürlich den kalten Cervelat und ein Stück betagtes Brot aus dem Rucksack. Also hinaus an die Luft – dem Berg entgegen.

Am Schneehang vor der Bergstation empfängt uns eine heitere Szenerie. Eine Besuchermenge aus Indien zeigt dort ihre Freude am kalten Weiss ganz unverblümt. Ältere, unsicher vorwärts schreitende Frauen in bunten, langen Saris bewerfen einen ebenfalls nicht ganz standfesten, dunkelhäutigen Senior mit Schneebällen. Jüngere haben sich in der Gipfelstation Bergschuhe und aufblasbare Schneegefährte gemietet, was allseits zu grossem Amüsement führt; und vier in ihre orangen Tücher gehüllte Mönche posieren breit lächelnd vor den Parabolantennen des Fernmeldeturms für ein Gipfelfoto zu Handen der Daheimgebliebenen. Eine wahrlich asiatische Szenerie im Herzen der innersten Innerschweiz.

Der Titlis verdankt einen guten Teil seiner Magnetwirkung auf Touristen aus Indien der Film- und Fernsehindustrie Bombays. Im Jahre 2002 wurden für mehr als 200 der erfolgreichsten Filme Bollywoods (wie die indische Filmindustrie als Mischung aus Bombay und Hollywood genannt wird) Szenen in der Schweiz gedreht, was immerhin einem guten Fünftel der gesamten Jahresproduktion entspricht. Indische Kinobesucher lieben die in unseren Augen etwas gar kitschigen Filme mit ihren tanzenden Liebespaaren, langatmigen Treueschwüren und ausdrucksstarken Gesangsaufnahmen vor imposanter Berg- und Seenkulisse. Drehort war früher Kaschmir vor den Bergen des Karakorum, wo jedoch seit Jahren ein blutiger Bürgerkrieg tobt. Da aber Schneeszenen mit eng umschlungenen, schlittenfahrenden Liebespaaren zum Kinostandard gehören (Küsse gibt es übrigens der indischen Zensur wegen keine!), sah sich Bollywood gezwungen, den Drehort in die Alpen, zum Beispiel auf den Titlis zu verlegen. Diese Leinwandabenteuer werben für unsere Naturschönheiten und mittlerweile kennen die indischen Kinobesucher die Luzerner Kapellbrücke genauso gut wie die Dampfschiffflotte auf dem Brienzersee, den Titlis genauso gut wie das Matterhorn. Ersterer geniesst inzwischen sogar den Ruf als Berg der Liebe und wird von indischen Flitterwöchnern gleich scharenweise besucht. Immer mehr Inder und Inderinnen wollen die Orte sehen, die ihren Lieblingsfilmen als Kulisse gedient haben – eine Art Gratiswerbung, die sich sehr positiv auf die Besucherzahlen vieler Schweizer Tourismusregionen auswirkt. An einigen Sommertagen stammen bereits bis zu 80% der Titlis-Gäste aus Indien und dem Fernen Osten. Die durchschnittlichen Ausgaben dieser Gäste sind mit rund 400 Franken pro Tag vergleichbar mit jenen der Gäste aus Amerika. Und bei einem Potential von mehr als einer Million reisefreudiger, gutverdienender Inder lohnen sich die Werbetouren der Titlis-Manager nach Indien allemal.

Vorerst trauen sich die fröhlichen Touristen aus Asien noch nicht über die Rufweite der Bergstation hinaus. Aber wer weiss, bald posieren die Mönche vielleicht bereits barfuss auf dem Triangulationsdreieck beim Titlis-Gipfel oder begehen freihändig die Kletterrouten in der Titlis-Südwand. Das gäbe sogar für *unsere* Daheimgebliebenen ein spektakuläres Gruppenbild.

Daniel Anker, Titlis, Spielplatz der Schweiz, AS Verlag, Zürich 2001.

3238.3 m

Schwierigkeit: T3–
Der langgezogene, breite Grat wie auch die letzten 10 steileren Meter unter dem Titlis bieten keine eigentlichen Schwierigkeiten. Bei ausgeaperten Verhältnissen wandert man auf einem Pfad direkt auf dem Grat, sonst einige Meter nördlich davon am Rand der Schneefelder. Bei Nebel nicht ganz einfache Orientierung (Gletscher!).

Karten
1211 Meiental, 1191 Engelberg, 1190 Melchtal

Zeit und Höhendifferenz
1 h 15'   ↗ 230 m   ↘ 230 m
Klein Titlis–Titlis 45'
Titlis–Klein Titlis 30'

Ausgangs- und Endpunkt
Klein Titlis Bergstation (3032 m). Mit der Bahn von Luzern über Stans nach Engelberg. Vom Bahnhof wird die Talstation der Titlis-Bahnanlagen in 10 Minuten über die Engelberger Aa erreicht. Von der Talstation (996 m) mit Gondeln hinauf zur Station Trübsee (1796 m), mit einer Kabinenbahn bis Stand und mit der Rotair hinauf zum Klein Titlis (3032 m).

Unterwegs einkehren
Klein Titlis (3032 m): mehrere Restaurants in der Bergstation.
Ober Trüebsee (1771 m): Restaurant Alpstübli am südlichen Ende des Trüebsees.
Hüethütte (1773 m): Alphütte mit Getränkeausschank am nordwestlichen Ende des Trüebsees, offen während der Alpzeit.
Unter Trüebsee (ca. 1250 m): Restaurant in der sogenannten Meringues-Kurve, Trottinettverleih.
Es gibt keine Übernachtungsmöglichkeiten entlang der Route. Im etwas weiteren Umkreis finden sich das Hotel Ritz auf Gerschni (15' von der Station Gerschnialp entfernt, Tel. 041 637 22 12) oder das Berghaus beim Jochpass (Tel. 041 637 11 87, www.jochpass.ch).

Die Route
Vom Trubel der vielen farbenfrohen Gäste bei der Bergstation Klein Titlis (3032 m) schreitet man die ersten 200 Meter der Sommerskipiste entlang unter dem «Ice Flyer» genannten Sessellift hindurch zur Einsattelung auf ca. 3010 m zwischen Klein Titlis und Titlis. Hier verlässt man die Skipiste und wendet sich dem Westgrat zu, der direkt zum Gipfel führt. Die Wegspur verläuft im Zickzack auf dem recht breiten, manchmal felsigen, meist aber eher schuttigen Grat, hoch über dem Wendengletscher. Wem dieses Unterfangen allzu luftig erscheint, der steigt fünf Meter auf das Schneefeld ab und folgt dessen südlichem Rand, knapp unterhalb des Grates, ebenfalls in direkter Linie gegen den Gipfel zu. Die gleichmässige, angenehme Steigung wird bei 3200 m durch ein flaches Schneeplateau unterbrochen. Die Wegspur beschreibt hier einen eleganten Bogen gegen Norden, um in südöstlicher Richtung auf den markanten Gipfelaufbau zu treffen. Das eiserne Dreieck des alten Triangulationspunkts (3238.3 m) wird auf den letzten zehn Metern in zwei Kehren durch steileres Gelände erreicht.
Die Rückkehr zum Klein Titlis folgt der Aufstiegsspur.

Variante
Wem das als Tagesprogramm nicht genügt, der findet vom Klein Titlis hinunter zum Trüebsee zwar keine wanderbare Route (Gletscher), jedoch folgende empfehlenswerte Abstiegsvariante vom Trüebsee nach Engelberg. Mit der Seilbahn vom Klein Titlis über Stand zur Station Trübsee. Nach der nordseitigen Umrundung des Trüebsees bei der Hüethütte über Murmeltierwiesen zur Windegghütte (1699 m), dann etwas steiler zum Unter Gänti und zur Brücke bei P. 1426 hinab. Hier empfiehlt es sich, rechts abzubiegen und durch eine Waldschneise zum Kreuz beim Unter Trüebsee zu gelangen (Trüebsee–Unter Trüebsee 1 h 15', Schwierigkeit T2).

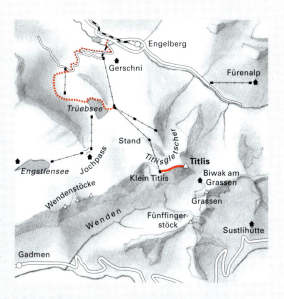

Wer nun genug Abstieg in den Gelenken hat, genehmigt sich ab dem Restaurant eine Trottinettfahrt über den Boden hinunter zur Talstation in Engelberg. Wer noch weiter laufen möchte, quert den Boden an seiner westlichen Begrenzung, erreicht bei P. 1196 kurz die Teerstrasse, die gut 100 m später schon wieder talwärts verlassen wird, und steigt über Hegmatt (1068 m) und Stapfmattli ebenfalls zur Talstation der Bergbahnen ab (Unter Trüebsee–Engelberg 45', Schwierigkeit T2).

Gipfelbuch, Titlis.

Gipfelrestaurant, Klein Titlis.

Im Aufstieg vom Zivilisationsgipfel
Klein Titlis zum Naturgipfel Titlis.
Weit unten und grün das Gadmertal.

Blick aus dem Tal, das dem Bach und dem Gipfel den Namen gab.

Piz Giuv / Schattig Wichel

Es gibt Menschen, die ihre Arbeit *am* Berg verrichten, und solche, die sie *im* Berg verrichten. Fast überall dürften wohl diejenigen am Berg überwiegen, nicht so im Maderanertal, nicht so am Piz Giuv.

Dass im Berg viel Arbeit wartet, wird schon in Amsteg augenfällig, wo die enge und steile Strasse hinauf ins Maderanertal beginnt. Den Dorfeingang dominieren mächtige Abraumhalden. Die Berge, die hier derart schnell in die Höhe wachsen, bestehen aus dem Aushubmaterial des 57 km langen NEAT-Basistunnels durch den Gotthard, der nicht nur von den beiden Enden Biasca und Erstfeld her, sondern auch von den drei so genannten Zwischenangriffen Faido, Sedrun und eben Amsteg aus gebohrt wird. Mehr Eisenbahnverkehr und längere, schnellere Züge benötigen mehr Strom. Und dieser wird zu einem grossen Teil im Kraftwerk Amsteg produziert. Seit 1922 werden die Gotthard-Lokomotiven mit Strom aus der Reuss angetrieben. Wasser fliesst auch aus dem Urserengebiet und dem Göscheneralptal durch lange Stollen zum Ausgleichsbecken Pfaffensprung bei Wassen, wo es zum Beginn der drei mächtigen, gut sichtbaren Druckleitungen oberhalb von Amsteg geleitet wird. Amsteger Strom wird heute nicht mehr im grossen Kraftwerkgebäude am Eingang des Maderanertals produziert – schon 1998 wurde die Produktion in den Berg hinein verlegt, wo 45 000 Liter Wasser pro Sekunde in 465 Gigawattstunden Bahnstrom pro Jahr verwandelt werden. Diese Energiemenge deckt fast 15% des SBB-Stromverbrauchs und treibt SBB-Lokomotiven heute noch über und morgen schon mit 200 Kilometer pro Stunde durch den Berg.

Gebohrt wurde jedoch schon viel früher und schon viel weiter oben. Dort wo unsere Wanderung zum Piz Giuv beginnt, bei der Endstation der Postautolinie an der Golzernseilbahn, beeindruckt der grösste noch erhaltene Schmelzofen der Schweiz mit seinen Ausmassen. Seine Grösse kommt nicht von ungefähr, wurden hier doch bereits ab dem 16. Jahrhundert Schächte in die Windgälle und den Bristenstock getrieben, um dem Berginnern Schätze wie Silber, Kupfer, Blei, Gold und vor allem Eisen zu entlocken. Das Erz wurde im erwähnten Ofen in Hinterbristen geschmolzen, dann steil hinunter nach Amsteg in die grosse Hammerschmiede transportiert, wo daraus Nägel, Beschläge, Eisenstäbe und allerlei Kriegswerkzeuge hergestellt wurden. Der damalige Bergherr Hans Jakob Madran sei mit seinen Unternehmungen derart erfolgreich gewesen, dass das früher Chärstelental genannte Gebiet zu seinen Ehren in Maderanertal umbenannt wurde. Die Blütezeit des Bergbaus wurde durch die verheerenden Unwetter von 1762 und 1864 beendet, als Hochwasser den Schmelzofen und das Hammerwerk zerstörten. Seither scheiterten alle Versuche, die Bergbautradition wieder aufleben zu lassen.

Die andere Tradition, bei der im Berg nach Schätzen Ausschau gehalten wird, ist die Kristallsuche, Strahlen genannt. Die alljährlich stattfindende Mineralienbörse in der Turnhalle des Schulhauses Bristen lockt Käufer, Verkäufer und viele Neugierige ins Tal. Bristen war lange Zeit eines der wichtigsten Mineralienzentren der Schweiz und wohl das bedeutendste Strahlerdorf im Kanton Uri. Ausgangspunkt für die Tour auf den Piz Giuv ist die Etzlihütte SAC. 1911 erstellt, wurde sie 90 Jahre lang von der Strahlerfamile Epp bewartet. Zuerst von Josef Maria Epp, der 1917 beim Strahlen tödlich verunglückte, dann von seinem Bruder Josef Epp, ebenfalls ein Mineraliensammler. 1954 wechselte die Bewartung in die Hände seines Sohnes Sepp Epp (im Tal Brenner-Sepp genannt, wegen seiner Winterbeschäftigung als Veredler von Obst und Enzian), der die Hütte nach 40 Amtsjahren altershalber an Sohn Toni Epp (ebenfalls Strahler) übergab, der die Hütte bis 2001 bewartete. Einige sehr schöne Rauchquarze aus der Gegend des Piz Giuv, Erinnerungen an die grosse Strahlerzeit, sind in der Hütte ausgestellt. Bei ihrem Anblick kann man sich leicht ausmalen, dass viele Maderanertaler eher den Geheimnissen im Berg als denjenigen am Berg zugetan waren.

3096 m

Schwierigkeit: T4–
Die Schwierigkeitseinstufung bezieht sich nicht auf technisch anspruchsvolle Passagen, sondern betrifft vor allem die Wegfindung kurz vor und nach der Fuorcla Piz Nair sowie zwischen dem Seelein 2617 m im hintersten Val Giuv und der Spillauibielfirnlücke. Anschliessend lässt sich der Gipfel ohne grössere Schwierigkeiten erreichen.

Karten
1212 Amsteg, 1232 Oberalppass

Zeit und Höhendifferenz 1. Tag
4 h ↗ 1220 m
Bristen Talstation–Hinter Etzliboden 2 h
Hinter Etzliboden–Etzlihütte 2 h

Zeit und Höhendifferenz 2. Tag
7 h ↗ 1250 m ↘ 1860 m
Etzlihütte–Fuorcla Piz Nair 2 h 30'
Fuorcla Piz Nair–Piz Giuv 1 h 45'
Piz Giuv–Dieni 2 h 45'

Ausgangspunkt
Bristen, Talstation Seilbahn Golzern (832 m). Ab Erstfeld mit dem Bus nach Amsteg und weiter mit dem Postauto ins Maderanertal bis zur Endstation Golzern.

Unterkunft
Etzlihütte SAC (2052 m). 75 Plätze, immer offen, bewartet von Juni bis Ende Oktober (Tel. 041 820 22 88, www.sac-cas.ch).

Unterwegs einkehren
Hinterer Etzliboden (1330 m): Alpbetrieb, während der Alpzeit Milchprodukte und Getränke erhältlich.
Milez (1878 m): Restaurant Alphütte Las Palas, im Sommer bei schöner Witterung offen.

Endpunkt
Haltestelle Dieni (1442 m) bei Rueras. An der Bahnlinie von (Göschenen–) Andermatt über den Oberalppass nach Disentis.

Die Route
Von der Brücke (832 m) bei der Talstation der Seilbahn nach Golzern steil im Zickzack südwärts zum Fahrweg, dem man über Herrenlimi (1028 m) bis zur Brücke (1329 m) beim Hinteren Etzliboden folgt (bis hier auch mit Alpentaxi Indergand Tel. 079 221 82 70 oder Fedier Tel. 079 221 82 70). Hier zweigt der Wanderweg zur Etzlihütte bachaufwärts ab und erreicht über Rossboden und Gulmen die Hütte auf 2052 m.
Von der Etzlihütte westwärts hinab zum Bach und diesen bei der erstbesten Gelegenheit, spätestens bei Unter Felleli (ca. 2090 m) überqueren. Zuerst undeutliche, dann immer besser ausgeprägte Wegspuren führen zur rechten (westlichen) Moräne auf deren Kamm man zu einer ausgeprägten Mulde bei ca. 2350 m kommt. Nun links eines markanten Felssporns, der sich von P. 2966 herabzieht, gegen die Fuorcla Piz Nair aufsteigen. Dazu hält man sich an den rechten, westlichen Rand des Tales, wo am ehesten noch Wegspuren auszumachen sind. Der Aufstieg führt über Geröll verschiedener Grössen und erreicht über die Ausläufer des Firnfeldes die Fuorcla Piz Nair (2830 m). Graubünden beginnt mit zehn steilen Höhenmetern, die am besten in der Flanke des Piz Nair bewältigt werden. Das nun breite Tal flacht zusehends ab und bei 2700 m dreht die Route zuerst west-, dann nordwärts, um in weitem Bogen unter dem Schriftzug Hälsi hindurch über zuerst etwas mühsames Geröll, dann angenehme Platten zur Grateinsattelung beim Spillauibielfirn (ca. 2950 m) hinauf zu leiten. Von hier aus sind wieder deutliche Wegspuren über den breiten, gut begehbaren Grat (oder etwas südlich davon) erkennbar. Vom Vorgipfel auf nun etwas schmalerem aber noch immer gut begehbarem Grat ungefähr 100 m südwestwärts zum Gipfelkreuz des Piz Giuv (3096 m).

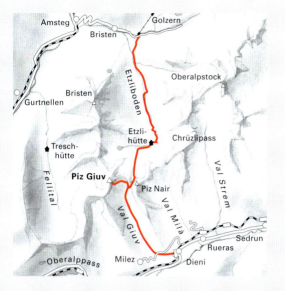

Zurück entlang der Aufstiegsroute zum Seelein 2617 m. Für den Abstieg in die Surselva hält man sich mit Vorteil an die Schafwege auf der linken, östlichen Seite der Aua da Val Giuv, erreicht bei Mulinatsch den Fahrweg nach Mulinatsch Sut und anschliessend den Wanderweg, südlich der Seilbahn, zur Bahnlinie und zu dem zwischen Tschamut und Rueras gelegenen Bahnhalt Dieni (1442 m).

Variante
Für eine dreitägige Rundtour bieten sich die Etappen Oberalppass–Fellilücke–Treschhütte, Treschhütte–Pörtlilücke–Etzlihütte und Etzlihütte–Piz Giuv–Tschamut/Oberalppass an. Um zum Ausgangspunkt Oberalppass zu gelangen, schwenkt man am dritten Tag kurz vor Mulinatsch nach Milez hinauf, quert den Lawinenverbauungen entlang ins Val Val und findet nochmals leicht ansteigend über die breite Einsattelung des Pass Tiarms (2150 m) zum Oberalppass (2033 m).

Who's who, vom Piz Giuv
über das Fellital gegen Westen.
Vier Anhaltspunkte zum Ratespiel:
links das Sustenhorn,
in der Mitte das Meiental,
weiter rechts Titlis
und Gross Spannort.

Zwischen See und Piz,
hoch über dem Val Giuv.

Die Muttseehütte, dahinter der Ruchi nach einer sommerlichen Kaltfront.

Ruchi

Tack-tack-tack-tack. Das Echo unserer Schritte hallt durch den langen Tunnel. Ein eigenartiges Gefühl, diese Gipfelbesteigung in einer topfebenen, 3 km langen Röhre zu beginnen. Noch eigenartiger jedoch war das Gefühl in der kleinen Seilbahn zwischen dem letzten Masten und der Bergstation. Sorgte gestern der Föhn noch mit moderaten Windgeschwindigkeiten für eine wunderbare Fernsicht, verschob sich heute früh die Föhnwalze unaufhaltsam in Richtung Tierfed und machte aus der 10minütigen Bergfahrt ein schwankendes und schlingerndes Erlebnis, welches den Fahrpreis wirklich wert war.

Die Bergstation Kalktrittli der Luftseilbahn belegt mit ihren Dimensionen, dass die Anfänge der Bahn nicht im Tourismus, sondern im Kraftwerkbau zu suchen sind. Zwischen 1958 und 1965 transportierten hier drei parallele Seilbahnen mit unterschiedlicher Nutzlast Zement und Personal von Tierfed zur Baustelle der Staumauer am Limmerensee, am anderen Ende des Tunnels. Von den Zementhallen der Bergstation führt eine Türe in den rund 4 Meter hohen, gut beleuchteten Tunnel. Ein Ende der Röhre ist von hier aus nicht zu sehen, nur die Distanzanzeiger an der Wand beweisen uns, dass wir in die richtige Richtung gehen. An einigen Stellen tropft Wasser vom Gewölbe – rhythmisch, wie der Klang unserer Schritte. Nach wenigen Minuten ist der Stolleneingang hinter einer Biegung verschwunden, die knapp 6 Grad Stollentemperatur spornen zu einer forschen Gangart an. Um Zeit und Distanz zu verkürzen, gehen wir, was die Schuhe hergeben und errechnen anhand der Entfernungszeiger unsere Maximallaufgeschwindigkeit. Etwas über 6 km/h.

Das war wohl auch ungefähr das Tempo der damals hier verkehrenden, ausgedienten Züri-Trams. Sie beförderten während der Bauphase insgesamt 240 000 Tonnen Zement von der Seilbahnstation Kalktrittli zur Baustelle am Staudamm, wo bis zu 1600 Arbeiter beschäftigt waren. Die Geleisanlagen im Stollen sind noch deutlich zu sehen. Nach gut 2 Kilometern zweigt ein Gang rechts zu einer bezaubernden WC-Anlage ab und an der nächsten «Tramhaltestelle» führt ein etwas kleinerer Stollen über einige Stufen hinunter auf die Krone der eindrücklichen, 150 Meter hohen Staumauer im Limmerentobel.

Schon seit 1902 existierten Pläne, die Wasserkräfte des Limmeren- und des Sandbachs zu nutzen. Der Boden des Limmerentals entpuppte sich aber als derart undicht, dass es erst mit den Fortschritten der Injektionstechnik nach dem zweiten Weltkrieg gelang, die natürlichen Abflusslöcher mittels Zementeinspritzungen abzudichten. Ein weiteres Problem bestand darin, ausreichenden Wasserzufluss für den Stausee zu gewinnen, denn der Limmerenbach alleine war für ein Stauvolumen von 92 Mio. Kubikmeter viel zu klein. Also mussten dutzende Kilometer Zuleitungen vom Klausenpass, vom Clariden und Sandfirn, ja sogar vom Bifertenfirn und vom Panixerpass her gebohrt werden. Selbst der Muttsee, den wir bei der Besteigung des Ruchi umwandern, wurde in diesen Jahren zwecks Wassergewinnung um einige Meter abgesenkt.

Zurück im Hauptstollen erreichen wir nach wenigen Minuten die Ausgangstüre am Limmerensee. Hier entstand während der Bauzeit die Infrastruktur eines kleinen Dorfes. Die Grundmauern des fünfstöckigen Unterkunftsgebäudes, einer Kantine für gut 400 Personen, der Polizeistelle, Sanitätsposten, Post usw. sind heute noch andeutungsweise zu sehen.

Die Wellen auf dem Limmerensee tragen Schaumkronen. Der Föhn lässt sich nicht lumpen und macht seinem Namen in Sachen Stärke alle Ehre. Leider aber nicht in Sachen Temperatur. Und der Ruchi verschwindet immer wieder hinter der Wolkenwand. Etwas kühl und recht windig sei es, sagt der Hüttenwart beim heissen Kaffee in der Muttseehütte. Nicht unbedingt ein Tag für auf den Ruchi. Wir gehen trotzdem – und er behält recht.

François Meienberg, Glarner Überschreitungen, Rotpunktverlag, Zürich 1999.

3107 m

Schwierigkeit: T4–
Nicht ganz einfache Wegfindung unter der Lücke P. 2923, wo verwirrend viele Spuren und Steinmännchen auszumachen sind. Da die Aufstiegsroute zum Ruchi durch eine Schuttflanke führt, sind keine eigentlichen technischen Schwierigkeiten anzutreffen – wohl droht aber bei vielen Berggängern in der steilen Passage etwas Steinschlag.

Karte
1193 Tödi

Zeit und Höhendifferenz
7 h 15' ↗ 1350 m ↘ 1350 m
Station Chalchtrittli–Muttseehütte 2 h 15'
Muttseehütte–Ruchi 2 h
Ruchi–Muttseehütte 1 h 30'
Muttseehütte–Station Chalchtrittli 1 h 30'

Ausgangs- und Endpunkt
Bergstation Kalktrittli (1860 m) der Seilbahn Tierfed–Kalktrittli. Nach Linthal mit der Bahnlinie von Ziegelbrücke, oder mit Postauto von Flüelen über den Klausenpass. Weiter mit dem Alpentaxi (Tel. 055 643 14 39, für Gruppen auch 055 643 18 91), oder zu Fuss (in 1 h 30') nach Tierfed (805 m). Die Seilbahn verkehrt von Mitte Juni bis Mitte Oktober nach regelmässigem Fahrplan, aber nur mit vier Fahrten täglich (Tel. 055 643 31 67, www.nok.ch/_pdf/Luftseilbahn-Fahrplan.pdf).

Unterkunft
Muttseehütte SAC (2501 m). 75 Plätze, immer offen, bewartet von Mitte Juni bis Mitte Oktober (Tel. 055 643 32 12, www.sac-cas.ch).

Unterwegs einkehren
Tierfed (805 m): Hotel Tödi, in der Nähe der Seilbahn-Talstation gelegen, Übernachtungsmöglichkeit (Tel. 055 643 16 27).

Die Route
Von der Bergstation der Seilbahn Kalktrittli (1860 m) zuerst bergwärts um einige Lawinenverbauungen herum, dann annähernd horizontal in südwestlicher Richtung und wieder steil durch die weissen Felsen des Chalchtrittli hinauf zum weiten Geröllkessel von Nüschen bis P. 2402. Nun am Fuss des Muttenwändli über einen abschüssigen, hart an der Kante einer Felswand verlaufenden Weg aufsteigen, etwas ausgesetzt um eine Felsnase herum und zuletzt über eine weite Ebene leicht absteigend zur Muttseehütte (2501 m).

Von der Hütte nordwärts, links am Muttsee vorbei und weiter fast bis zum Ober See. Man steigt auf der Krete zwischen beiden Seen auf und quert später in den Geröllkessel unter der Hintersulzlücke. Hier nicht den Steinmännchen zur Hintersulzlücke folgen, sondern schon auf ca. 2530 m in südöstlicher Richtung auf den grossen Steinmann vor P. 2685 zuhalten. Das Firnfeld oberhalb dieses markanten Geländepunktes wird an dessen nördlichem Rand umgangen (oder gequert, falls es die Verhältnisse zulassen). Oberhalb des Firnfeldes folgt wieder ein Schuttfeld, in welchem sich auf der Felsbegrenzung südöstlich von P. 2923 leicht an Höhe gewinnen lässt. Auf dem offenen, nun weniger steilen Geröllfeld oberhalb P. 2923 zieht sich die deutliche Spur in Gratnähe im Zickzack bis zum weiten Gipfelplateau des Ruchi (3107 m).

Abstieg zur Muttseehütte auf der gleichen Route. Von der Muttseehütte gegen P. 2453 absteigen und dort die Kalkplatten gegen Mörtel hinunter traversieren. Falls die Kalkplatten schneebedeckt sind, bietet sich eine markierte Variante ca. 300 m weiter östlich an. Zwischen Mörtel und Limmerensee werden zwei Felsriegel kettengesichert auf gut ausgebautem Bergweg überwunden. So gelangt man zum Stolleneingang, der sich ca. 30 m über dem Seespiegel befindet.

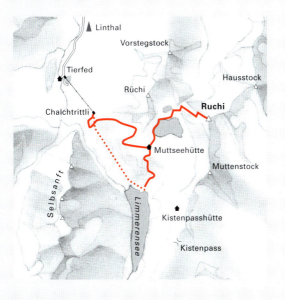

Nach rund 200 m in der kalten Röhre zweigt links eine Öffnung zum eindrücklichen Staudamm ab. Auf dem Weiterweg versüsst nur gerade ein Stollen zum WC die ereignislose, lange Strecke zurück zur Bergstation Kalktrittli (1860 m).

Variante
Wer einen zusätzlichen Tag Zeit hat, gönnt sich nach der Besteigung des Ruchi eine Nacht in der Muttseehütte. Am zweiten Tag führt die Route südwärts über den Kistenpass (2640 m) und dann ostwärts über die Falla Lenn (2578 m), die Fuorcla da Gavirolas (2528 m) und den Fil dil Fluaz zum Panixerpass (2407 m, immer offene, einfache und unbewartete Übernachtungsmöglichkeit). Vom Panixerpass hinunter nach Wichlen und Elm (Muttseehütte–Elm rund 8 h 30', Schwierigkeit T3+). Ab Wichlen (Abzweigung Büelhütte bei P. 1261) fährt im Sommer täglich ein Bus nach Elm (Anmeldungen unter Tel. 055 642 17 17). Eine detaillierte Routenbeschreibung dieser Variante findet sich im SAC-Führer *Alpinwandern Zentralschweiz–Glarus–Alpstein*.

Zwischen Muttseen, Mond, Ruchi und, links hinten, Tödi.

Aussicht vom Piz Grisch: der höchste Gipfel, weit und breit, heisst Piz Segnas.

Piz Segnas & Piz Sardona

Zuoberst auf dem Segnespass pfeift der Wind. Bei unserer Ankunft bläst er aus Norden, deshalb plädiere ich für ein nettes, geschütztes Plätzchen auf Bündner Boden mit Aussicht über das Vorderrheintal hinweg zu den Kalktürmen des Piz Ela. Kaum haben wir die Rucksäcke geleert, alles Essbare nett präsentiert und in mundgerechte Stückchen zerteilt, dreht der Wind. Zwei Minuten später erfreuen wir uns auf der Glarner Seite ob dem Panorama auf Kärpf und Glärnisch, so wie es mein Mitwanderer schon zu Beginn vorgeschlagen hat. Nicht mehr zu sehen ist von unserem Rastplatz aus das Martinsloch. Während der letzten fünf Stunden am Piz Segnas hat es unsere Blicke immer wieder auf sich gezogen. Nun versteckt es sich in der zerklüfteten Wand der Tschingelhoren.

Ich erinnere mich an die Glarner Sage vom Martinsloch, nach welcher das Bergauge seinen Namen vom heiligen Martin ableitet, der abseits der Welt in allem Frieden seine Glarner Schafe hütete. Eines Tages habe sich ein Riese von der Bündner Seite her an seiner Herde zu schaffen gemacht und die besten Tiere gestohlen. Darüber sei der Heilige dermassen in Zorn geraten, dass er ihm seinen eisenbeschlagenen, schweren Bergstock nachgeworfen, und damit nicht den Riesen, wohl aber die Felswand getroffen habe, aus der unter dem gewaltigen Aufprall mächtige Felsblöcke herausgesplittert seien.

Mein Freund schüttelt ob dieser Version den Kopf. Die Martinsloch-Sage ist ihm zwar auch bekannt, aber mit gänzlich anderem Inhalt. Heilige und Riesen kommen darin zwar nicht vor, dafür aber die schöne Maria aus Flims. Und ebendiese Maria hütete weit oben auf der Bündner Seite am Segnespass die Schafherde ihres Vaters. Dabei sei ihr ein junger Senn auf der Glarnerseite derart ans Herz gewachsen, dass sie vom reichen Bündner, den ihr der Vater längst ausgelesen hatte, nichts mehr wissen wollte. Auf den Martinitag nun musste der Glarner Senn wieder ins Sernftal hinunterziehen, denn die Nebel kamen und es wurde kalt. Maria, von Herzschmerz getrieben, stieg ihm über den Segnespass in die Tiefe nach. Aber sie verlor im Nebel den Pfad und verirrte sich in den Felsbändern der Tschingelhoren. Auf einmal schaute sie durch ein mächtiges Felsenfenster auf ein kleines Dorf hinunter, das im Sonnenglanz lag, und die goldenen Zeiger am Turm leuchteten und zeigten ihr den Weg in die Heimat des Sennen. Dort fand sie im Hause seiner Eltern den ganzen Winter hindurch Obdach. Als die beiden im Frühling Hand in Hand wieder über den Berg zurückgingen, um jenseits des Passes den Segen des Vaters zu erbitten, verriegelte dieser Fenster und Türen und jagte beide mit Schimpf und Schande davon. Zuletzt seien sie noch am Felsenfenster des Martinslochs, dann aber nie mehr gesehen worden. Der Zugang verwitterte von diesem Tag an und ward schwer zu erklimmen, nur die Sonnenstrahlen finden noch ihren Weg und scheinen hinunter auf den stillen Gottesacker von Elm. Auch dies eine schöne Geschichte, wie ich neidlos eingestehe. Und erst noch eine mit Herz. Sie lässt sich sogar insofern nachvollziehen, da die Sonne tatsächlich zweimal im Jahr, im März und September, durch das Martinsloch auf den Gottesacker von Elm scheint.

17 Meter hoch und 19 Meter breit ist das Felsenfenster an der markanten Trennlinie der Tschingelhoren, wo älteres Verrucano-Gestein auf den jüngeren Kalkstein geschoben wurde. Wir hätten es gerne aus der Nähe erkundet, aber auch hier spricht die Sage wahr: «Der Zugang verwitterte von diesem Tag an und ward schwer zu erklimmen». Und den Sonnenstrahlen nach, direkt auf den Gottesacker wollten wir auch nicht – so liessen wir's bleiben und nahmen die rotweiss markierte Route ins Tal.

Glarner Sagen, Kaspar Freuler & Hans Thürer, Verlag Tschudin & Co., Glarus, 1979.

3098.6 m

Schwierigkeit: T4
Die Schwierigkeit bei der Besteigung des Piz Segnas ist nicht technischer Natur, sondern bezieht sich auf die Routenwahl. Die gesamte Flanke von Las Palas zum Gipfel ist stark ausgeapert – viel loser Sand, Kies und lockere Steine erschweren den Aufstieg. Besonders beim Abstieg ist das Auslösen von Steinen fast unvermeidlich und setzt eine kluge Routenwahl im weiten, zum Glück sehr übersichtlichen Gelände voraus. Bis in den Spätsommer erleichtern steile Schneefelder Auf- und Abstieg, setzen aber weichen Schnee und geübten Umgang mit dem Pickel voraus.

Karten
1174 Elm, 1194 Flims

Zeit und Höhendifferenz
7 h ↗ 940 m ↘ 2090 m
Fil de Cassons–Piz Segnas 3 h 30'
Piz Segnas–Pass dil Segnas 1 h 15'
Pass dil Segnas–Nideren 2 h 15'

Ausgangspunkt
Fil de Cassons (2634 m). Von Flims (Haltestelle Flims Bergbahnen an der Postautolinie von Chur nach Ilanz) in 2 Minuten zur Talstation der Bergbahnen und mit diesen zum Fil de Cassons/Cassonsgrat.

Unterwegs einkehren
Fil de Cassons (2634 m): Restaurant Cassons bei der Bergstation der Seilbahn.
Nideren (1480 m): Touristenhütte Niedernalp, kleines Berggasthaus mit Übernachtungsmöglichkeit, im Sommer durchgehend bewartet, im Herbst nur an Wochenenden (Tel. 079 693 58 30).

Endpunkt
Nideren (1480 m). Seilbahn hinunter nach Wisli und in 20 Minuten zur Haltestelle Elm Station (960 m), an der Buslinie von Elm Sportbahnen nach Schwanden. Ab Schwanden mit der Bahn nach Ziegelbrücke.

Die Route
Ab der Bergstation Fil de Cassons/Cassonsgrat (2634 m) den Strandhäuschen entlang zum Grat aufsteigen und bei P. 2678 südwestwärts hinunter, den Kalkfelsen der Crap la Tgina entlang, zur Weggabelung bei P. 2323. Hier nordwärts über den tief eingeschnittenen, imposanten Ablauf der Plaun Segnas Sura nach La Siala ansteigen. Nach P. 2459 folgt ein kurzer, harmloser, aber trotzdem mit Ketten gesicherter Abschnitt hinüber ins Tal von Las Palas. Weiter auf dem Weg in Richtung Pass dil Segnas bis 2500 m. Hier bietet sich eine gute Übersicht über die verschiedenen Aufstiegsmöglichkeiten zum Piz Segnas – was wichtig ist, da bei der Steilheit der Flanke und dem losen Geröll immer wieder mit etwas Steinschlag zu rechnen ist. Bei vielen Wanderern in der Flanke empfiehlt es sich, möglichst weit gegen Süden, gegen P. 3012 hin, auszuweichen, wo die Couloirs zwar steiler, aber entsprechend weniger begangen sind. Falls kein Verkehr in der Flanke auszumachen ist, was meistens der Fall sein dürfte, hält man sich etwas weiter nördlich, um gegen das «z» im Schriftzug Piz Segnas direkt aufzusteigen. Oberhalb von 2900 m werden deutliche Wegspuren erreicht, die im Zickzack etwas mühsam in die Gratlücke zwischen der Felsbastion P. 3012 und dem Piz Segnas münden. Ab der Gratlücke auf deutlichem Weg den zwar etwas brüchigen, aber rund 1.20 m breiten Grat (engste Stelle noch immer gut 80 cm) hinauf zum Piz Segnas (3098.6 m).

Wer Kraft und rund 1 h 30' Zeit übrig hat, sollte sich den Abstecher zum Piz Sardona nicht entgehen lassen: den Wegspuren entlang, sich immer etwas westlich der Krete haltend, hinab zum Surenjoch (2943 m). Die Schneeflächen unmittelbar östlich der Gratschneide sind wegen Spaltengefahr besser zu meiden. Vom Surenjoch mal oberhalb, mal unterhalb der Firnflecken hindurch und sanft ansteigend zum grossen Gipfelkreuz des Piz Sardona (3055.8 m).

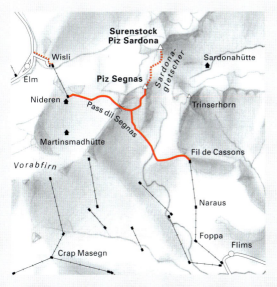

Zurück auf gleichem Weg zum Piz Segnas und hinunter zu den Wegspuren in die Mulde im hinteren Las Palas (ca. 2500 m). Auf diesen nun nach Westen bis zum Pass dil Segnas (2627 m) aufsteigen – die letzen 15 Höhenmeter sind steil, jedoch mit Ketten gut gesichert. Auf der Gratschneide steht ein altes Militärgebäude, welches leider nur im Holzschopf ein klein wenig Schutz vor garstigem Wetter bietet. Auf deutlichem Weg vom Pass dil Segnas über Brüschegg zu den Alpgebäuden von Nideren (1480 m), wo eine kleine Berghütte Essen, Trinken und Unterkunft anbietet. Die Seilbahn nach Elm fährt mehrmals täglich.

Variante
Wer noch nicht genug Abstieg in den Gelenken hat, lässt die Seilbahn links liegen und erreicht Elm (960 m) durch das Tobel des Tschinglenbachs (Nideren–Elm 1 h 15').

Weit und breit, kein Mensch
Gipfelplateau zwische
Piz Segnas und Piz Sardon

Eindrücke (von Marias Herde?)
auf der Plaun Segnas Sura,
darüber das Trinserhorn.

Talfahrt in die Heimat des jungen Sennen
Auch das Heu wird ins Wisli fahren
in Netze geballt, am eigenen Heusei

Der Hunger ist nicht kleiner, auch wenn's nur 2999.2 Meter sind.

Pizzo Centrale

Der Pizzo Centrale ein Wanderdreitausender?

Man kann geteilter Meinung sein. Aus unserer Sicht rechtfertigen immerhin drei Gründe die Aufnahme des Centrale in diese Sammlung. Erstens, er ist ein toller Wandergipfel. Zweitens, er war bis vor kurzem ein Dreitausender. Und drittens, auf Kopfhöhe ist er immer noch einer.

Der höchste Gipfel des Gotthard-Massivs hat, seit er vermessen wird, schon manches Hoch und Tief erlebt. Seinen Höhepunkt erreichte er zwischen 1871 und 1936 mit 3003 Metern über Meer im Siegfried-Atlas, dem damaligen Standardkartenwerk der Schweiz. Doch dann ging's bergab. Eine Neubestimmung des Ausgangspunktes der helvetischen Landesvermessung, des Pierre du Niton bei Genf, ergab einen um etwa 3 Meter niedrigeren Wert, und so mussten sämtliche Schweizer Gipfel Federn lassen: Der Pizzo Centrale wurde auf 3001 m erniedrigt. Dabei blieb es bis 1973, dann wurde der Centrale wieder gerupft: 3000.1 m, vermutlich aufgrund eines typografischen Fehlers auf der Karte. 1984 schliesslich köpften die Landesvermesser den höchsten Punkt – ein aus Steinen aufgeschichteter Pfeiler – und vermassen den Berg neu. Resultat: 2999.25 m. Also fehlen genau 75 Zentimeter. Aber das schaffen selbst einjährige Kinder, also bleibt der Pizzo Centrale auf Kopfhöhe eben doch ein Dreitausender.

Andrerseits darf man sich mit Recht fragen, worin der Unterschied zwischen 3001 m und 2999 m besteht. Ändert sich das Bergerlebnis, die Aussicht etwa? Oder ist die Luft reiner? Und doch, es gibt einen nicht ganz unwesentlichen Unterschied: Ein Gipfel mit 2999 Meter ist in der Regel ruhiger als ein Dreitausender. Denn erstaunlich viele Leute rennen Zahlen nach, die sie für magisch halten. In den Alpen sind es die Dreitausender, die vor allem zählen, die Viertausender natürlich noch mehr. Der höchste Europäer (wenn er denn einer ist), der russische Elbrus, ist ein Fünftausender und rein schon durch diese Tatsache ein begehrtes Ziel. In Südamerika gilt der Ansturm den Sechstausendern, im Himalaya und Karakorum wird auf Achttausender gekrochen – auf Gedeih und Verderb. Und im Land der unbegrenzten Möglichkeiten liegt die Latte noch höher: Dort sind es die Fourteeners, die 14000er, die es zu erwandern gilt. Gemessen werden sie mit Füssen, in Metern umgerechnet liegt die magische Grenze nordamerikanischer Hiker bei 4267 m. Sind Wanderer und Bergsteiger ein Haufen von Zahlenfetischisten? Wohl eher ein Volk von Sammlern, und wer sammelt schon kleine Pilze, wenn daneben die grossen winken.

Wie gross ist nun das Angebot in der Schweiz? Das hängt davon ab, was alles mitgezählt wird. Was für die einen noch ein Gipfel ist, finden andere womöglich nur eine Gratschulter oder einen nichtgipfligen Felszacken. Wenn man die Landeskarte als Basis heranzieht, ergibt sich folgendes Bild:

Gipfel über 4000 m . . . . ca. 50
Gipfel zwischen 3000 und 4000 m . . . . ca. 1300
Gipfel zwischen 2000 und 3000 m . . . . ca. 4300
Gipfel mit 2999 m 3*

(*Pizzo Centrale, Aiguille de la Cabane im Trient-Massiv, Cima della Negra in den Adula-Alpen)

Wäre der im Bureau International des Poids et Mesures in Sèvres gelagerte Urmeter um einen winzigen Millimeter kürzer geraten – wer würde das schon merken –, hätten wir etwa 10 zusätzliche Dreitausender: so auch den Pizzo Centrale, den Piz Beverin, das Rothorn (Nachbar der erfolgreicheren Bella Tola) oder das Torrenthorn, allesamt höchst interessante und vollwertige Wandergipfel.

Von blossem Auge jedenfalls sieht man den 2999ern ihren Makel nicht an.

Remo Kundert und Marco Volken, Alpinwandern Zentralschweiz–Glarus–Alpstein, Verlag des Schweizer Alpen-Clubs, 2002.
Albert Siegenthaler und Hermann Vögeli, Verzeichnis der Schweizer Gipfel über 2000 m, Verlag des Schweizer Alpen-Clubs, 1979.

2999.2 m

Schwierigkeit: T3
Die Route führt stellenweise durch wegloses, aber nirgends exponiertes Gelände. Die Hände kommen höchstens am kurzen und etwas steileren Gipfelaufbau zum Einsatz, um das Gleichgewicht über ein paar hohe Tritte zu stützen. Zu Beginn weisen Wegzeichen, später viele Steinmännchen zuverlässig den Weg.

Karten
1251 Val Bedretto, 1231 Urseren, 1232 Oberalppass

Zeit und Höhendifferenz
5 h 30'   ↗ 910 m   ↘ 910 m
Gotthardpass–Pizzo Centrale 3 h 15'
Pizzo Centrale–Gotthardpass 2 h 15'

Ausgangs- und Endpunkt
Gotthardpass/Ospizio (2091 m). Postautoverbindung von Airolo und Andermatt.

Unterwegs einkehren
Gotthardpass (2091 m): Albergo San Gottardo Ospizio, Übernachtungsmöglichkeit (Tel. 091 869 12 35); sowie einige Restaurants, Imbissstände und Kioske.

Die Route
Vom Gotthardpass (2091 m) auf einer geteerten, für den privaten Verkehr gesperrten Fahrstrasse – im ersten Abschnitt kann man auf das darunter liegende Weglein ausweichen – bis zur Staumauer des Lago della Sella bei P. 2257. Etwa 700 m weiter dem Seeufer entlang, bis ein Fahrweg linkerhand ansteigt. Man folgt diesem Fahrweg und schlägt bei der zweiten Kurve auf ungefähr 2300 m die weiss-blau-weiss markierte alpine Route («Gemsstock/Pizzo Centrale») ein. Den Markierungen nach nordostwärts bis zu einer Geländemulde auf ca. 2470 m.

Hier verlässt man den weiss-blau-weiss markierten Weg (der nordwärts gegen das Gloggentürmli und ins Guspis bzw. zum Gemsstock führt) und folgt nun den Steinmännchen, die ostwärts ansteigend auf die Terrasse des Sasso di Paisgion leiten. Die Wegspuren traversieren in sanfter Steigung eine faszinierende Felslandschaft gegen Nordosten. Man kreuzt den Südostgrat des Gamsspitz auf etwa 2800 m und gelangt zum Guspissattel (2888 m), dem auf der Karte namenlosen Sattel zwischen Pizzo Centrale und Gamsspitz. Nun dem Weglein folgend in steilem Zickzack, einige leichte Felsstellen überwindend, zum Gipfel des Pizzo Centrale (2999.2 m).
Der schnellste und einfachste Abstieg ist derjenige über die Aufstiegsroute.

Varianten
Der Pizzo Centrale ist tatsächlich zentral und kann von allen Seiten erreicht werden. Hier einige Vorschläge, alle im Abstiegssinn.
Über den Ostgrat: vom Gipfel luftig und mit einzelnen Kletterstellen im I. Grad bis zum Nebengipfel (2986 m). Nun über den markanten Südgrat durch anfänglich steiles Felsgelände, das später in mässig steile Schrofen übergeht (einige Steinmännchen). Ab etwa P. 2772 kann man den Grat verlassen, um zum Seelein 2679 m zu gelangen. Unterhalb von P. 2694 erreicht man einen Kamm aus Gras und Schrofen, der südwärts zur Brücke P. 2306 führt. Anschliessend auf dem Fahrsträsschen dem See entlang zur Staumauer und zum Gotthardpass (Pizzo Centrale–Gotthardpass 2 h 45', Schwierigkeit T4+, etwas Gespür für die Routenwahl hilfreich, bei Nebel oder schlechter Sicht heikel).

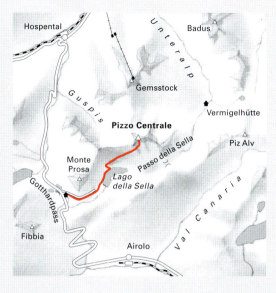

Vom Ostgipfel P. 2986 (s. obige Variante) weiter über den Ostgrat auf guten Wegspuren bis zur Rotstocklücke (2785 m), den Pizzo Prevat über seine Blockgrate überschreiten und den 2701 m hohen Passo della Sella erreichen (Schwierigkeit T4+). Von hier auf bequemen Wegen über die Vermigelhütte nach Andermatt (Pizzo Centrale–Andermatt 4 h 30') oder zum Gotthardpass zurück (Pizzo Centrale–Gotthardpass 3 h 15'). Eine einsame, aber recht anspruchsvolle Gratvariante führt vom Pizzo Centrale westwärts: heikel über den Gamsspitz (2925 m), kurze ausgesetzte Kletterstellen im II. Grad), dann leicht zu Sellabödeli und Gloggentürmli und südwärts zur Bassa della Prosa (2592 m, ab hier Abstecher zum Monte Prosa möglich). Auf Wegspuren geht's hinab über die Alpe della Sella zum Strässchen und schliesslich zum Gotthardpass (Pizzo Centrale–Gotthardpass 3 h, Schwierigkeit T5 am Gamsspitz, sonst T4). Mehr Details zu dieser Variante in: Remo Kundert und Marco Volken, *Alpinwandern Zentralschweiz-Glarus-Alpstein*, SAC-Verlag 2002.

Abstieg vom Centrale –
über den etwas schwierigeren Ostgrat.
Hinter dem Vorgipfel leuchtet
das Rheinwaldhorn, ganz rechts aussen
die Campo Tencia-Gruppe.
Dazwischen weit unten die Leventina.

Gleichgewichtsübung
am Gamsspit

Echte Bernhardiner
aus China am Gotthard.

Wegzeichen über
dem Lago della Sella.

Piz Blas, Lago Scuro, die letzte Tour der Wandersaison?

Piz Blas

Still ist's am frühen Morgen im Val Cadlimo. Unsere Gedanken schweifen irgendwoher irgendwohin. Der Rhythmus des Gehens ist längst gefunden und die Augen suchen beiläufig die Grashalden gegen den Piz Blas nach Steinwild ab. Plötzliches Hundegebell rüttelt uns aus den Gedanken. Zwei mittelgrosse, zottige Hunde treiben eine hundertköpfige Schafschar zusammen, immer wieder wird ein aus der Herde ausreissendes Tier unsanft zurückgetrieben. Im Hintergrund begutachtet ein Hirte die Arbeit seiner Gehilfen.

Die Schafhaltung in der Schweiz hat sich in den letzten 50 Jahren stetig ausgeweitet, alleine zwischen 1980 und 1998 stieg die Anzahl der in den Bergen gesömmerten Schafe von 168 000 auf 241 000 an. Derart viele Schafe hat es in der Schweiz zuletzt vor mehr als hundert Jahren gegeben. Damals waren die Tiere jedoch kleiner, leichter und weniger anspruchsvoll als die heutigen, hochgezüchteten Schafrassen – zudem war die zu beweidende Fläche um einiges grösser. Ein Grund für den raschen Anstieg der Schafbestände liegt bei den Sömmerungsbeiträgen und Direktzahlungen, mit denen der Staat eine bestimmte Anzahl Schafe pro Fläche finanziell unterstützt. Diese Unterstützung ist im Sinne einer Produktionslenkung weg vom Rindvieh und hin zum Schaf gedacht. Wie viele Tiere durch die Direktzahlungen subventioniert werden, hängt unter anderem von der Höhenlage ab, auf der die Tiere gehalten werden. Schafhalter, die ihre Tiere auf der Alp sömmern, erhalten Beiträge für 30% mehr Tiere – je mehr Tiere, desto mehr Beiträge. Konkret belaufen sich diese Subventionen auf rund Fr. 10.– Sömmerungsbeitrag pro Schaf und einen noch wesentlich höheren Betrag in Form von Direktzahlungen. Pro Natura schätzt den durchschnittlichen, staatlichen Gesamtbeitrag als Sömmerungsanreiz pro Schaf und Jahr auf 40–50 Franken.

Wenn die Schafe jedoch in höhere Gebiete getrieben werden, konkurrenzieren sie die dort ansässigen Steinböcke und Gämsen in ihrer Nahrungsgrundlage. Als Rückzugsraum bleibt für die Wildtiere dann oft nur noch der Wald, wo der Verbiss der jungen Waldpflanzen solche Ausmasse annehmen kann, dass eine natürliche Verjüngung des Waldes unmöglich wird. Da ruft der Förster bald nach dem Jäger...

Des weiteren wirkt sich die Art der Schafhaltung stark auf das ökologische Gleichgewicht der Weidegebiete aus. Grundsätzlich eignen sich für eine Beweidung lediglich Flächen von mässiger Steilheit, die durchgehend stabil verwachsen sind und keine Erosionsgefährdung erkennen lassen. Werden die Schafe als Wanderherde, also mit Hirten und ausgebildeten Hunden geführt, so ist die Erosionsgefahr gering, da die Schafe zu den von den Hirten gewählten Plätzen getrieben werden, was ein regelmässiges Abweiden eines Gebietes ermöglicht. Werden die Tiere jedoch nicht regelmässig zu neuen Weideplätzen geführt, führt das zu ökologischen Schäden. Schafe weiden sehr selektiv und bevorzugen Krautpflanzen und junge Triebe. Besonders in höheren Lagen kehren sie immer wieder an Orte mit jungen Trieben zurück und schädigen die Pflanzendecke so stark, dass Erosionserscheinungen häufig sind und die Pflanzenvielfalt beeinträchtigt wird. Die Fragwürdigkeit dieser Art von Produktionslenkung durch den Staat lässt sich an so vielen in diesem Buch beschriebenen Gipfeln beobachten. Der Bund hat das Problem erkannt und insofern reagiert, dass Halter einer Wanderherde seit 2003 mehr Sömmerungsbeiträge bekommen als solche mit einer Standweide. Lieber eine späte Reaktion als gar keine.

Auf dem Rückweg vom Gipfel, etwas unterhalb des Pass Nalps stehen wir plötzlich vor einigen stattlichen Steinböcken. Das Nebeneinander von Schafen und Wild scheint hier tatsächlich noch möglich.

Franz Stadler, Expertenbericht. Ökologische Aspekte einer nachhaltigen Alpung mit Schafen, Pro Natura Basel 2001.
Pascale Aubert, Positionspapier zur Schafalpung, Pro Natura Basel 2001.

3019 m

Schwierigkeit: T3+
Zwischen der Bocchetta del Blas und dem Piz Blas werden einige steile, aber nicht ausgesetzte Felsstufen gequert, was ab und zu den Einsatz der Hände erfordert. Der Abschnitt zwischen Foppa della Rondadura und Alpe Scaione ist orientierungsmässig nicht ganz einfach.

Karten
1232 Oberalppass, 1252 Ambrì-Piotta

Zeit und Höhendifferenz 1. Tag
3 h ↗ 800 m ↘ 25 m
Stazione Piora–Capanna Cadlimo 3 h

Zeit und Höhendifferenz 2. Tag
4 h 30' ↗ 550 m ↘ 1205 m
Capanna Cadlimo–Piz Blas 2 h
Piz Blas–Passo del Lucomagno 2 h 30'

Ausgangspunkt
Stazione Piora (1794 m). Von Airolo/Faido mit dem Postauto bis zur Haltestelle Piotta Posta (am frühen Morgen und Abend sogar bis Piotta Centrale Ritom) und in 10' quer über die Ebene zur Talstation der Standseilbahn für die Fahrt hinauf zur Stazione Piora.

Unterkunft
Capanna Cadlimo CAS (2570 m). 63 Plätze, immer offen, bewartet von Juli bis September (Tel. 091 869 18 33, www.sac-cas.ch).

Unterwegs einkehren
Piora (1851 m): Albergo Lago Ritom bei der Staumauer des Lago Ritom, Übernachtungsmöglichkeit (Tel. 091 868 14 24).
Passo del Lucomagno (1915 m): Hotel Hospezi S. Maria, Übernachtungsmöglichkeit (Zimmer und Lager, Tel. 081 947 51 34).

Endpunkt
Passo del Lucomagno (1915 m). Mit dem Bus nach Olivone und Biasca oder mit dem Postauto nach Disentis.

Die Route
Von der Stazione Piora (1794 m) auf der Teerstrasse zur Staumauer (1851 m) des Lago Ritom und entlang seiner Westseite bis vor die Alp P. 1853, wo ein breiter Karrenweg bergwärts abzweigt. Nach kurzer Zeit wird der Lago di Tom (2022 m) erreicht. Später steigt der Weg steil an und führt in einigen Kehren über die Laghetti di Taneda zum Lago Scuro (2451 m) hinauf. (Wer Lust hat, steigt von hier aus in gut 40 Minuten des tollen Panoramas wegen auf den Pizzo Taneda (2667 m): Auf- und Abstieg bewerkstelligen sich am einfachsten über seinen Nordgrat, wo die unterschiedlich grossen Felsblöcke einen recht soliden Untergrund bilden.) Vom Lago Scuro nur noch leicht ansteigend zum Lago di Dentro und hinauf zur 2003 neu erbauten Capanna Cadlimo CAS (2570 m).

Von der Capanna Cadlimo ostwärts auf Wegspuren zur Senda del Tanelin und weiter auf Schafspfaden eher leicht ansteigend auf rund 2600 m unter dem Fusse des Piz Tanelin hindurch zum breiten Terrassenband der Senda del Blas. Kurz vor Erreichen des breiten Bandes zieht man nordwärts auf vereinzelten Wegspuren über Weiden und später über Geröll in der Falllinie hinauf zur Bocchetta del Blas (2889 m). Nun dem Südwestgrat entlang, sich meist etwas rechts davon haltend, über Blockgelände mit kurzen Kraxelstellen wiederum auf Wegspuren zum Gipfel des Piz Blas (3019 m).

Vom Gipfel auf demselben Weg zurück zur Senda del Blas, wo wieder deutlichere Wegspuren entlang einer Geländeterrasse (der Fortsetzung der Senda del Blas) unterhalb des Pass Nalps zu den schönen und unerwarteten Seelein der Foppa della Rondadura (2633 m) und zu P. 2626 führen. Über wellige, von Gletschern glattgeschliffene Felsen mit eingelagerten Feuchtflächen geht es in gleicher Richtung weiter zu P. 2484. Zuerst sanft geneigte, später etwas steilere Weiden führen hinab zur Alpe Scaione (2189 m).

Parallel zur Kantonsgrenze steigt man nun über einen stellenweise etwas mühsamen, mit Alpenrosen durchsetzten Hang zum markierten Wanderweg ab und folgt diesem zur Brücke bei P. 1924 am Ende des Lai da Sontga Maria. Auf dem Fahrsträsschen zum Hospezi und zur Postauto-Haltestelle beim Passo del Lucomagno (1915 m).

Militär
In der Lukmanier-Gegend, besonders in der Region zwischen Lai da Sontga Maria und Val Termine führt das Militär im Frühling und Herbst Schiessübungen durch, was Wegsperrungen zur Folge haben kann. Informationen sind beim Hospezi oder direkt beim Waffenplatz Chur (Tel. 081 258 23 31, Sektor Lukmanier Nord) bzw. beim Waffenplatz Monte Ceneri (Tel. 091 935 80 10, Sektor Lukmanier Süd) erhältlich.

Auf dem Piz Blas mit Gipfelski,
Gipfelgamelle und
darin verwahrtem Gipfelbuch.

Vorsichtige Routenwahl
auf einer Schneebrücke
über den Seelein der
Foppa della Rondadura.

Eine Wasserlache in den
Piode della Val Cadlimo.
Wäre es windstill, würde sich
der Scopi darin spiegeln.

Von rechts: Tencia, Tenca, Penca. Die Tour folgt der Rampe unter dem Gletscher.

Pizzo Campo Tencia

«Diese fantastisch schöne Gruppe, deren Gipfel im Bereich der 3000 m-Grenze liegen, weist die Form eines Leuchters mit zwei grossen Armen auf, die am Pizzo Penca zusammentreffen. Ansatzweise schieben sich da und dort kleine Tälchen zwischen die zahlreichen Rippen, die sich vom Hauptkamm absenken.» Giuseppe Brenna muss es wissen. Er ist wohl der einzige lebende Mensch, der auf allen Tessiner Gipfeln gestanden ist. In seinem Lebenswerk, dem zwischen 1989 und 1999 erschienenen, fünf Bände und über 3000 Seiten umfassenden SAC-Führer der Tessiner und Misoxer Alpen, schildert er mit grosser Akribie und Hingabe sämtliche nur erdenklichen Routen durch die Bergwelt zwischen Gotthard und Chiasso. Und dass es ihm die Campo Tencia-Gruppe sehr angetan hat, ist unschwer zu erkennen.

Daniel Anker, ein ausgewiesener Kenner der Südschweiz, war derart fasziniert von diesem Berg, dass er in seinem – 1993 erschienenen und 2003 neu aufgelegten – Führer «Gipfelziele im Tessin» dem Tencia als einzigem vier Routen widmete: «Anstrengung und Belohnung: Sehr gross und sehr nahe beieinander sind sie am höchsten Berg, der ganz im Tessin liegt. Vor allem auch dann, wenn der Pizzo Campo Tencia von einem Tal ins andere überquert wird. Die steilste und einzige vergletscherte, aber markierte und am häufigsten gemachte Route, ist diejenige von Nordosten, von der Capanna Campo Tencia, die von Dalpe aus durch die Val Piumogna erreicht wird. Die anstrengendste, weil am meisten Gegenaufstiege und Steilhänge aufweisende Route ist diejenige von Nordwesten, von Fusio. Beide Wege wählt man am besten als Aufstiege. Die schönste, weil von der Natur- und Kulturlandschaft am reichsten, ist die Route nach Südwesten, nach Prato. Und die schwierigste Route, weil die Plattenschüsse des Passo Sovèltra ein ausgeprägtes Gleichgewichtsgefühl erfordern, ist diejenige nach Südosten, ins Rifugio Sponda (von wo man nach Chironico in der Leventina absteigen kann). Beide Wege wählt man am besten als Abstiege.» Wir lassen uns von Anker leiten und wählen für den Aufstieg die steilste und einzige vergletscherte, für den Abstieg die schönste Route.

Wäre das vorliegende Buch vor hundert Jahren erschienen, hätten wir den Campo Tencia allerdings kaum in die Auswahl aufgenommen. Damals war er kein zumutbarer Gipfel, zu lange waren die Anstiege. Der Führer «The Lepontine Alps» von W. M. Conway und W. A. B. Coolidge, 1892 in London erstpubliziert, schätzte die gesamte Marschzeit für unsere Variante – Aufstieg von Norden, Abstieg nach Süden – etwas optimistisch auf 10 Stunden von Faido bis Bignasco. Es gab zu jener Zeit weder eine Seilbahn zum Lago Tremorgio, noch je eine Berghütte auf beiden Seiten des Gipfels, noch Postauto-Verbindungen von Prato nach Bignasco. Doch selbst heute, mit all dieser Infrastruktur, kommen wir auf eine Zweitagestour mit insgesamt elf Wanderstunden.

Der Tencia war damals auch kaum ein Wandergipfel, jedenfalls nicht auf der Piumogna-Seite. Was heute ein harmloses und weitgehend abgeschmolzenes Gletscherchen ist, war 1931, zur Zeit der Zweitauflage des «Clubführer durch die Tessiner Alpen», noch eine ernste Angelegenheit. «Beim Gletscher angekommen, ist es manchmal sehr schwer, durch das Spaltengewirr durchzukommen.» Spalten sucht man heute auf dieser Route vergebens.

Was sich hingegen nicht geändert hat, ist die Aussicht. Da können wir ruhig aus alten Quellen zitieren: «Wie soll man das ganz neue Gefühl beschreiben, das uns packt, wenn das Auge über eine ganze Welt schweifen kann, über Täler und Gebirge, ohne weitere Grenzen als das eigene Sehvermögen?». Das meinte Pasquale Monti, als er 1894 den Pizzo Campo Tencia bestieg. Wir können uns seiner Meinung nur anschliessen.

Giuseppe Brenna, Clubführer Tessiner Alpen Bd. 2, Verlag des Schweizer Alpen-Clubs, 1992.

Daniel Anker, Gipfelziele im Tessin, Rotpunktverlag, Zürich 2003.

3071.7 m

Schwierigkeit: T5–

Im Aufstieg zum Pizzo Campo Tencia muss zu Beginn ein Kamin mit guten Spuren überwunden werden (beim Ausstieg leicht ausgesetzt), dann folgt eine lange Felsrippe mit einzelnen leichten Kraxelstellen. Die anschliessende Gletscherstrecke ist sehr kurz und in der Regel ohne Schwierigkeiten zu begehen (im Herbst allenfalls Vorsicht bei Blankeis, Pickel von Vorteil). Der Gipfelgrat ist blockig und manchmal vereist, einzelne Stellen im I. Grad. Im Abstieg liegt die grösste Schwierigkeit in der Orientierung, besonders bei schlechter Sicht. Lange Tour.

Karten
1252 Ambrì-Piotta, 1272 P. Campo Tencia

Zeit und Höhendifferenz 1. Tag
3 h ↗ 700 m ↘ 410 m
Lago Tremorgio–Capanna Leit 1 h 15'
Capanna Leit–Cap. Campo Tencia 1 h 45'

Zeit und Höhendifferenz 2. Tag
8 h ↗ 950 m ↘ 2350 m
Cap. Campo Tencia–Pizzo Campo Tencia 3 h
Pizzo Campo Tencia–Capanna Sovèltra 3 h
Capanna Sovèltra–Prato-Sornico 2 h

Ausgangspunkt
Lago Tremorgio (1848 m). Von Airolo oder Biasca Postautolinie nach Rodi (Haltestelle Colonia Von Mentlen), von dort mit Seilbahn zum Lago Tremorgio.

Unterkunft
Capanna Campo Tencia CAS (2140 m). 80 Plätze, immer offen, bewartet von Mitte Juni bis Mitte Oktober (Tel. 091 867 15 44, www.capanneti.ch).

Unterwegs einkehren
Capanna Tremorgio (1848 m): Berggasthaus bei der Bergstation der Seilbahn, offen Juli bis September, Übernachtungsmöglichkeit (Tel. 091 867 12 52, www.capanneti.ch).
Capanna Leit (2257 m): immer offen, unbewartet, Getränke, Übernachtungsmöglichkeit (Tel. 091 868 19 20, www.capanneti.ch).
Capanna Sovèltra (1534 m): offen und bewartet im Juli und August, an Wochenenden auch im Mai/Juni und September/Oktober, Übernachtungsmöglichkeit (Tel. Hütte 00873 762 602 293, Auskünfte unter Tel. 091 755 13 67, www.capanneti.ch).
Prato-Sornico (742 m): Ristorante Al Ponte; Ristorante Lavizzara in Sornico, Übernachtungsmöglichkeit (Tel. 091 755 14 98).

Endpunkt
Prato-Sornico (742 m). Postauto nach Cavergno/Bignasco mit Anschluss nach Locarno.

Die Route
Von der Bergstation Tremorgio (1848 m) am Berggasthaus vorbei und ansteigend nicht ganz bis zur Alpe Campolungo. Kurz vor dem Brücklein dem Wegweiser Richtung Venett (2138 m) folgen und über Fris zur Capanna Leit (2257 m). Am schönen See vorbei auf gutem Weg bis zum Sattel neben P. 2431, dann leicht ab- und wieder aufsteigend zu einem zweiten Sattel (2481 m). Der markierte Weg führt weiter über plattiges Gelände zum Piano di Lei hinunter und mit einem kurzen Gegenaufstieg zur Capanna Campo Tencia (2140 m). Wer Zeit hat, sollte sich den Lago di Morghirolo ansehen.
Von der Hütte führt der (bis P. 2857 durchgehend markierte!) Weg zu P. 2271, quert einen Bach und steigt durch ein breites Kamin mit leichten Felsstufen hoch. Zunächst ostwärts über ein schmales Felsband, dann südwestwärts auf Schrofen bis 2540 m, wo der markante Sporn gegen P. 2857 ansetzt. Man bleibt dem Felssporn bzw. seiner linken Begrenzung treu und meistert einige nicht ausgesetzte Kraxelstellen bis knapp unterhalb P. 2857. Nun über den Firnsattel Richtung Bocchetta di Croslina (2867 m) und zum Nordwestgrat des Pizzo Campo Tencia. Eher links vom Grat, allenfalls auch in die Firnhänge der Gipfelkuppe ausweichend (die Routenwahl hängt jeweils von der Schneelage ab), zum Gipfel (3071.7 m).

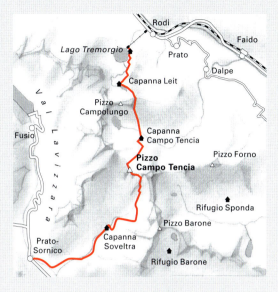

Vom Gipfel über den Ostgrat hinunter in den Sattel 2974 m, wo spärliche weiss-blau-weisse Markierungen beginnen. Anfänglich südwärts, später etwas nach links hinab in die Gann da Pioda Rossa, wo man eine auf der Landeskarte gut erkennbare Ebene mit herumliegenden Blöcken quert. Auf einem Grasrücken zu den Ganne di Pradoi hinunter und weiter zu den von oben nicht sichtbaren Steinbauten von Pradoi (2147 m). Der Weg wird deutlicher, umgeht südseitig einen Felsgürtel und führt dann über den langen Rücken des Corte Nuovo hinab bis kurz vor den Talboden. Nun links den Ri della Gerra traversieren und über die Brücke zur Capanna Sovèltra (1534 m, auf der Landeskarte «Campo Tencia»).
Nach der Brücke P. 1458 folgt die Schlucht von Scalate, durch deren linke Wand sich ein kühner, leider massiv restaurierter Weg windet. Bei Schièd angelangt, schlägt man die Abkürzung durch die Monti di Predee direkt zur Brücke P. 1001 ein. Etwas später verlässt man das Strässchen, steigt nach Presa ab und schlendert über einen Kreuzweg nach Cioss und Prato-Sornico (742 m).

Typisch Tencia:
halb Wandern, halb Bergsteigen,
rote Felsen und weisser Gletscher.
Häufig auch: blauer Himmel.

Steine am Tencia:
manchmal auch aufgeschichtet
und «cascina» genannt.
Pradoi zuoberst im Val di Prato.

Blick vom Tencia:
viel Neues im Westen –
Bergziele für Fortgeschrittene.
Eines der einfachsten ist
rechts aussen: Monte Rosa.

Piz Terri

Terris Wanderroute meidet den Gletscher und folgt dem rechten Grat zum Gipfel.

Mitte Juli 1789. Europa ist finster, die Zeiten mancherorts reif für Revolutionen. Während das aufgebrachte Volk in Paris die Bastille stürmt um einen Weg aus der Unterjochung zu suchen, stürmt ein friedlicher Pater in den Alpen das 3402 m hohe Rheinwaldhorn um die Aussicht zu geniessen – als Erster, und erst noch im Alleingang. Zu einer Zeit, als Berge noch Furcht, Schrecken und Angst auslösten und kaum jemand einen freiwilligen Schritt ins vergletscherte Hochgebirge wagte, war auch Placidus a Spescha nichts anderes als ein Revolutionär.

1752 in Trun als Bauernbub geboren, blitzgescheit und talentiert, Mönch in Disentis und Kaplan in der Surselva, Universalgelehrter und Aufklärer: Pater Placidus – «il curios pader», wie ihn seine Landsleute nannten – muss ein aussergewöhnlicher und schillernder Zeitgenosse gewesen sein. Als unbequemer Benediktinermönch trat er für die Ökumene ein, er bekämpfte das Priesterzölibat, rebellierte mehrmals gegen das klerikale Establishment und unterstützte die Franzosentruppen im Krieg gegen die Habsburger. Er wurde von den Österreichern nach Innsbruck deportiert, von seinen kirchlichen Vorgesetzten zwangsversetzt, von der Wissenschaftswelt ignoriert, von seinen Mitmenschen beargwöhnt. Er war ein Mystiker, ein «enfant terrible», ein antiautoritärer Gläubiger, ein unabhängiger Geist. Und dazu ein mit trockener (Selbst-) Ironie gesegneter Geselle – die letzten Worte, die er 1833 im Sterbebett gesagt haben soll: «ussa dat la baracca ensemen» (jetzt fällt die Baracke zusammen). Gewiss, er war kein pflegeleichter Fall.

Und obendrein war Pater Placidus eben einer der ersten richtigen Alpinisten der Geschichte – weil er die Berge in einem modernen und damals absolut revolutionären Sinne bestieg, einfach so, ohne weitere Rechtfertigung, aus Freude und Selbstzweck. Im Laufe seiner über 40jährigen Bergsteigerkarriere gelangen ihm zahlreiche Erstbesteigungen, teilweise im Alleingang über stark verspaltete Gletscher oder anspruchsvolle Felspassagen; und noch über 70jährig versuchte er sich am Tödi, seinem grössten und verwehrt gebliebenen Traum. Spescha musste sich bei all seinen Bergfahrten ausschliesslich auf seine eigene Intuition verlassen und konnte nicht, wie spätere Generationen, auf Erfahrungen und Explorationen früherer Alpinisten aufbauen. Er entdeckte Neuland und hinterliess derart mächtige Spuren, dass selbst die sonst dem Personenkult stets abholde helvetische Flurnamensgebung zwei Ausnahmen machte: In der Nähe des Piz Medel steht ein Piz a Spescha, am Fusse des Tödi eine Porta da Spescha.

1802 stand Placidus als erster auf dem Gipfel des Piz Terri. Die Zeiten haben sich geändert. Damals noch eine bemerkenswerte Pioniertat, ist die Besteigung des Terri heute ein mässig anspruchsvolles Ziel für trittsichere Bergwandernde. Was sich nicht gross geändert hat, ist die beeindruckende Aussicht vom Gipfel. Eine Amerikanerin, die mit uns unterwegs ist, murmelt etwas von «very special place». Wir versuchen etwas Ordnung ins komplizierte und weitläufige Panorama zu bringen. Gegen Süden erhebt sich das markante Rheinwaldhorn (3402 m), links davon das Güferhorn (3383 m), unmittelbar vor uns der Piz Scharboda (3122 m). Gegen Norden sieht man, dem Tödi vorgelagert, den Stoc Grond (3422 m) und den Piz Urlaun (3359 m). Weiter links folgt der Oberalpstock (3328 m) mit dem Vorgipfel Piz Ault (3027 m), dann der Piz Giuv (3096 m). Im Westen steht der Scopi (3190 m) am Horizont, rechts dahinter lugt der Piz Uffiern (3013 m) hervor. Lauter Gipfel, die mit dem Piz Terri eines gemeinsam haben: Sie wurden alle irgendwann zwischen 1782 und 1806 erstbestiegen, und zwar von – Sie wissen ja. Wir können der Amerikanerin nur beipflichten: a Speschal place indeed...

Pater Placidus a Spescha – «il curios pader», Beiheft Nr. 4 zum Bündner Monatsblatt, Chur 1995.

3149.3 m

Schwierigkeit: T4
Bis zum Sattel P. 2699 Wegspuren durch Schotter und Blockgelände. Später schlecht verfestigtes, feines Geröll. Einzige Kletterstelle im I. Grad ist ein 5 m hohes, nicht ausgesetztes und gut gestuftes Wändchen. Der anschliessende Gipfelgrat ist stellenweise etwas abschüssig.

Karten
1233 Greina, 1253 Olivone

Zeit und Höhendifferenz 1. Tag
3 h   ↗ 400 m   ↘ 240 m
Pian Geirètt–Capanna Motterascio 3 h

Zeit und Höhendifferenz 2. Tag
7 h 45'   ↗ 1000 m   ↘ 1950 m
Capanna Motterascio–Piz Terri 3 h
Piz Terri–Capanna Motterascio 2 h
Capanna Motterascio–Aquilesco 2 h 45'

Ausgangspunkt
Ghirone/Pian Geirètt (2012 m). Ende der Fahrstrasse im Val Camadra nördlich von Campo Blenio. Von Biasca und Disentis mit Bus über Olivone (umsteigen) nach Campo Blenio/Aquilesco. Von hier mit Alpentaxi (Tel. 079 501 16 07 oder 091 872 13 65), an Sommerwochenenden auch mit Bus nach Pian Geirètt. Fussvariante Aquilesco–Pian Geirètt 2 h 30', teilweise auf Strasse.

Unterkunft
Capanna Motterascio CAS (2172 m). 60 Plätze, immer offen, bewartet von Mitte Juni bis Mitte Oktober (Tel. 091 872 16 22, www.capanneti.ch).

Unterwegs einkehren
Capanna Scaletta (2205 m): immer offen, bewartet von Juni bis Oktober, Übernachtungsmöglichkeit (Tel. 091 872 26 28, www.capanneti.ch).
Lago di Luzzone (1609 m): Ristorante Luzzone am nördlichen Ende der Staumauer.
Aquilesco (1217 m), Campo Blenio (1216 m): einige Hotels und Restaurants mit Übernachtungsmöglichkeit.

Endpunkt
Aquilesco/Ghirone (1217 m). Kleiner Weiler bei Campo Blenio. Postauto nach Olivone, von dort weiter mit Bus nach Biasca oder Disentis. Im Sommer an Wochenenden Bus ab Lago di Luzzone (1609 m) nach Campo Blenio und Olivone, Zeitersparnis 45'.

Die Route
Von Pian Geirètt (2012 m) über den Brenno und in einem weiten Bogen über P. 2148 hinauf. Man überquert den Brenno della Greina auf ca. 2230 m – von hier lohnender Abstecher zur Capanna Scaletta (2205 m). Der Weg führt Richtung Osten über den Passo della Greina (2357 m) und weiter in die Greina-Hochebene hinein. Auf der Höhe eines Stegs über den Rein da Sumvitg nach rechts zum Crap la Crusch (2268 m). Nun am östlichen Rand der weiten Ebenen der Alpe di Motterascio zur gleichnamigen SAC-Hütte (2172 m).
Von der Hütte auf weiss-blau-weiss markiertem Pfad gegen P. 2276 und ins Valle di Güida. Auf etwa 2350 m über den linken der beiden Bäche, auf guter Wegspur hinauf und später links über den gleichen Bach zu einer guten Terrasse unterhalb des Pizzo di Güida auf ca. 2480 m, welche sich als Rastplatz gut eignet. Die Markierungen werden spärlicher, doch der Wegverlauf bleibt dank der Übersichtlichkeit des Geländes und einzelner Steinmännchen klar. Über Geröll zum Sattel P. 2699. Nun auf der Bündner Seite des Grates auf rutschigen, deutlichen Spuren nördlich um P. 2748 herum im Zickzack ansteigen. Wenn hier Schnee liegt, leisten Stöcke oder ein Pickel gute Dienste. Kurz vor P. 2898 überwindet man dank einem gut gestuften Riss ein kurzes, nicht exponiertes Wändchen, und gelangt auf den Westgrat. Zuletzt auf Wegspuren, die wenige Meter rechts des Gratkamms durch abschüssiges, feinsplittriges Gelände führen, zum Gipfel des Piz Terri (3149.3 m).

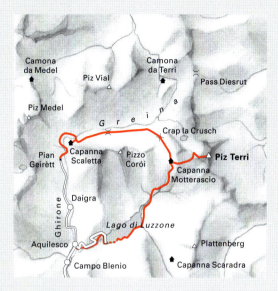

Zurück zur Capanna Motterascio auf der gleichen Route. Zuerst steil, dann flach und wieder steil hinab nach Rafüsc (1686 m). Ennet des Bachs durch eine steile Flanke, manchmal etwas exponiert hoch über der Schlucht, wobei ein breiter Kessel wegen Steinschlaggefahr am besten einzeln und zügig durchwandert wird. Weiter zum See, auf dem Strässchen dem linken Seeufer entlang, durch einen zehn Minuten langen Stollen, über die imposante Staumauer des Lago di Luzzone (1609 m) und zum Restaurant. Kurz auf der Strasse, dann links hinab über Monte Cesura, die Strasse einige Male kreuzend aber fast nie benutzend, bis nach Aquilesco/Ghirone (1217 m).

Variante
Abstieg nach Olivone: vom südlichen Ende der Staumauer auf einem Strässchen, dazwischen auch durch einen engen Stollen (Vorsicht bei Autoverkehr) nach Compietto (1570 m). Ennet der Brücke beginnt eine lange Waldtraverse, ab Garnàira (1536 m) folgt der rassige Schlussabstieg nach Olivone (889 m) hinunter (Capanna Motterascio–Olivone 4 h 15', Schwierigkeit T2).

Auf der Greina. Ohne den energischen Widerstand unzähliger Leute wäre hier vermutlich ein Stausee entstanden, und man müsste über Wasser gehen, um von Norden her zum Piz Terri zu gelangen. Der übrigens rechts oben im Dunst hockt und alles überblickt.

Auf dem Pizzo Cassinello, rechts das Rheinwaldhorn – ein neuer Nationalpark?

Pizzo Cassinello

1914 entstand zwischen Münstertal und Unterengadin ein Nationalpark mit der Absicht, ein Reservat für Tiere und Pflanzen zu schaffen und die selbstständige Regenerierung einer übernutzten Landschaft – das Gebiet war weitgehend abgeholzt – wissenschaftlich zu erforschen. Eine zu jener Zeit weitsichtige und sehr moderne Idee, war doch der Schweizer Nationalpark der allererste seiner Art in ganz Mitteleuropa.

Die damalige Pioniertat blieb in der Schweiz allerdings eine einmalige Episode, der keine weiteren nationalen Grossschutzgebiete folgen sollten. Nicht so in den Nachbarstaaten, die unterdessen mehr Dynamik bewiesen: Alleine in den letzten Jahren entstanden in Österreich beispielsweise vier, in Deutschland acht und in Italien gar zehn neue Nationalparks. Die Schweiz steht diesbezüglich heute als Schlusslicht einsam abgeschlagen auf weiter Flur.

Nur weitflächig zusammenhängende Schutzgebiete, die unterschiedliche Geländebeschaffenheiten, Höhenlagen und Klimata sowie einen vielfältigen geologischen Aufbau umfassen, bieten die Voraussetzungen für artenreiche natürliche Ökosysteme. Kleinräumige Naturschutzgebiete, wie sie in der Schweiz zahlreich existieren, sind kein Ersatz dafür. Und auch aus der Sicht der Landschaftserhaltung ist eine gewisse Ausdehnung unabdingbar.

Aus diesen Überlegungen heraus lancierte Pro Natura im Jahr 2000 eine Kampagne für einen neuen Nationalpark. Verschiedene Körperschaften meldeten spontan ihr Interesse an und sechs Regionen reichten eine Bewerbung ein: Rheinwaldhorn/Adula (TI/GR), Locarnese (TI), Maderanertal (UR), Matterhorn (VS), Les Muverans (VS/VD) und Haut Val de Bagnes (VS). Mittlerweile haben die letzten beiden Regionen ihr Dossier zurückgezogen und verfolgen ein eigenes Schutzkonzept, doch der Bann scheint gebrochen. Und durch die Revision der Gesetzesgrundlagen hat auch der Bund den Weg geebnet für die Errichtung eines oder mehrerer neuer nationaler Schutzgebiete.

Ob die Region Rheinwaldhorn/Adula je einmal einen Nationalpark beherbergen wird, ist ungewiss. Derzeit laufen Abklärungen in den betroffenen Gemeinden, die Machbarkeit des ganzen Projektes sowie absehbare Nutzungskonflikte werden untersucht. Klar ist aber, dass ein allfälliger Park nicht den selben strengen Schutzbestimmungen wie der schon bestehende Engadiner Nationalpark unterstellt sein wird. Pro Natura dazu: «Ein neuer Schweizer Nationalpark wird anders sein. Er wird mehr Freiheiten zulassen. Neben Zonen, in denen die Natur Vorrang geniesst und der Mensch als Betrachter willkommen ist, wird es auch Zonen geben, in denen die menschliche Nutzung ausdrücklich erwünscht ist. Sie soll als fester Bestandteil zur Erhaltung unserer einzigartigen Natur- und Kulturlandschaften beitragen und den Menschen der Region eine nachhaltige Existenz ermöglichen.».

Es verwundert nicht, dass viele betroffene Kreise Vorbehalte angemeldet haben. Doch grundsätzliche Opposition gegen das Projekt regt sich bis heute nicht. Das mag auch damit zusammenhängen, dass sich diese wenig privilegierten Berggebiete ihre eigene Zukunft zunehmend auch im Bereich des sanften Tourismus vorstellen können.

Das Dossier Rheinwaldhorn/Adula, wie es derzeit geprüft wird, erstreckt sich auf das obere Calancatal und Misox, die oberen Abschnitte der Talschaften von Medel, Sumvitg, Lugnez, Vals und Safien, das obere Rheinwald, das östliche Bleniotal und den Piz Medel mit der bereits geschützten Greina-Hochebene. Von den hochalpinen, stark vergletscherten Regionen rund um das 3402 m hohe Rheinwaldhorn über die Stufe der alpinen Rasen und der Arvenwälder bis hinunter zu den Kastanienselven umfasst das Massiv ein grosses Spektrum an Lebensräumen. Und auch der Mensch, der ja in einem neuen Nationalpark seinen Platz haben soll, hat hier eine vielfältige alpine Kulturlandschaft geprägt, in der sich drei Sprachkulturen begegnen.

Und übrigens befinden sich vier prächtige Wanderdreitausender innerhalb des Projektgebietes: Piz Terri, Pizzo Cramorino, Pizzo Baratin und – Pizzo Cassinello.

3103 m

Schwierigkeit: T4
Zwischen Passo Soreda und Gipfel bewegt man sich in weglosem Gelände, kraxelt über schwach geneigte Platten und muss häufig mit Altschneefeldern rechnen. Der Abstieg vom Passo Soreda ist sehr steil und geröllig, erfordert gute Knie und manchmal die Hände – und bei Andrang erhöhte Vorsicht, damit kein Steinschlag ausgelöst wird.

Karten
1253 Olivone, 1233 Greina,
1234 Vals, 1254 Hinterrhein

Zeit und Höhendifferenz 1. Tag
2 h 45'   ↗ 370 m   ↘ 120 m
Zervreila–Läntahütte 2 h 45'

Zeit und Höhendifferenz 2. Tag
8 h 15'   ↗ 1100 m   ↘ 1970 m
Läntahütte–Passo Soreda 2 h 45'
Passo Soreda–Pizzo Cassinello 1 h
Pizzo Cassinello–Passo Soreda 45'
Passo Soreda–Aquilesco 3 h 45'

Ausgangspunkt
Zervreila (ca. 1840 m), Berghotel unterhalb der Staumauer des Zervreilasees. Von Ilanz mit Postauto über Vals zur Endstation Vals/Zervreila. Ab hier verkehrt der «Zervreila-Shuttle» nach festem Fahrplan zur Canalbrücke (Zeitersparnis 45'), Voranmeldung obligatorisch (www.zervreila.ch oder Verkehrsverein Vals, Tel. 081 920 70 70).

Unterkunft
Läntahütte SAC (2090 m). 33 Plätze, immer offen, von Ende Juni bis Mitte Oktober bewartet (Tel. 081 935 17 13, www.sac-cas.ch).

Unterwegs einkehren
Zervreila (ca. 1840 m): Berghotel, Übernachtungsmöglichkeit (Tel. 081 935 11 66).
Lampertsch Alp (1991 m): Gastbetrieb.
Capanna Scaradra (2173 m): immer offene, unbewartete Hütte mit einfacher Übernachtungsmöglichkeit.
Lago di Luzzone (1609 m): Ristorante Luzzone am nördlichen Ende der Staumauer.
Aquilesco (1217 m), Campo Blenio (1216 m): einige Hotels und Restaurants mit Übernachtungsmöglichkeit.

Endpunkt
Aquilesco/Ghirone (1217 m). Kleiner Weiler bei Campo Blenio. Postauto nach Olivone, von dort weiter mit Bus nach Biasca oder Disentis. An Wochenenden im Sommer Bus ab Lago di Luzzone (1609 m) nach Campo Blenio und Olivone, Zeitersparnis 45'.

Die Route
Von Zervreila (ca. 1840 m) auf der Strasse zur Staumauer, hinauf zur Kapelle P. 1985 und hinab zur «Canalbrücke» bei P. 1865. (Kurz vor der Canalbrücke kommt man an einem Hüttlein mit Funkanlage vorbei, die der Anmeldung für den Zervreila-Shuttle dient.) Von der Brücke auf Fahrsträsschen dem See, dann dem Valser Rhein entlang zur Lampertsch Alp (1991 m). Der Weg führt nun südwärts durch den weiten Talboden zur Läntahütte (2090 m).
Von der Hütte zurück bis 500 m vor der Lampertsch Alp, wo man in den links abzweigenden, markierten Weg zum Passo Soreda einbiegt. Anfänglich steil hinauf über einige leicht ausgesetzte Stellen bis zur Kuppe P. 2374, anschliessend gemütlicher und ohne Schwierigkeiten, allenfalls über Altschnee, zum Passo Soreda (2759 m) mit seinem Passbuch.
Vom Pass geht's weglos ziemlich genau der Kantonsgrenze entlang über Blockgelände und einige schwach geneigte, rauhe Felsplatten zu P. 2882, dann auf beliebigem Weg zwischen der steil abfallenden Westflanke und dem sich zurückziehenden Cassinellgletscher hinauf gegen den Gipfel, wobei ein paar kurze, leichte und nicht ausgesetzte Felsstufen überwunden werden. Weiter oben finden sich gar Wegspuren, die zum grossen Steinmann des Pizzo Cassinello (3103 m) führen.

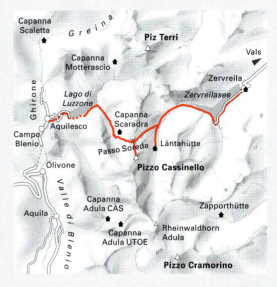

Zurück zum Passo Soreda und westwärts hinab. Der Abstieg ist steil, steinig, rutschig und leicht steinschlägig, erfordert also eine gewisse Vorsicht. Einige grosse Tritthöhen zwingen zum Einsatz der Hände. Auf etwa 2570 m traversiert man unter einer Felswand nach rechts und erreicht Grasgelände. Nun im Zickzack hinab zu einem markanten Boden auf ca. 2200 m – von hier möglicher Abstecher zur urchigen Capanna Scaradra auf 2173 m.
Der Weg windet sich steil durch einen Felskessel hinab zu P. 2013 und senkt sich dann zur Alpe Scaradra di sotto (1797 m, Brunnen). Den Ri del Torno überqueren, was bei Hochwasser heikel sein kann, und durch lichten Wald zum Strässchen am Südufer des Lago di Luzzone. Auf dem Strässchen dem See entlang talauswärts, durch einen zehn Minuten langen Stollen und über die imposante Staumauer (1609 m) zum nahen Restaurant. Kurz auf der Strasse, dann links hinab über Monte Cesura, die Strasse einige Male kreuzend aber fast nie benutzend, nach Aquilesco/Ghirone (1217 m).

Älpler aus der Leventina und dem Bleniotal überquerten schon ab dem 16. Jahrhundert hohe Pässe, um ihr Vieh auf Bündner Boden zu sömmern, wo sie Alpen besassen: so den Passo Vecchio am Piz Blas, den Pass Diesrut nördlich des Piz Terri – und auch den Passo Soreda. Dazu wurde das Vieh teilweise beschlagen, damit es auf den Schneefeldern nicht ausrutschte. Ziel war die Alpe Soreda, die heutige Lampertsch Alp.

Bei der Alpe Scaradra di sopra.

Plattenweg
zum Pizzo Cassinello.

Trio grande südlich des Rheinwaldhorns: von links Lògia, Baratin und Cramorino.

Pizzo Cramorino

Es gibt Gipfel, die lassen sich ohne Hüttenunterstützung kaum besteigen: zu abgelegen, um Auf- und Abstieg in einem Tag aus der Talsohle zu schaffen. Abgesehen von einer Hand voll konditions- und willensstarker Berggänger würde sie wohl niemand besuchen. Dies war bis vor wenigen Jahren auch das Schicksal von Pizzo Cramorino und Pizzo Baratin, doch seit 1998 steht im hinteren Val Malvaglia ein neues Basislager: die Capanna Quarnéi. Dank ihr werden die umliegenden Gipfel vermehrt beachtet und alte Wege wieder begangen.

Im Bereich des Hüttenbaus nimmt das Tessin eine einzigartige Stellung ein. Die erste Hütte, die Capanna Campo Tencia, wurde zwar erst 1912 eingeweiht – zu einer Zeit, als in der übrigen Schweiz bereits gegen hundert Berghütten in Betrieb waren und die erste SAC-Unterkunft, die 1863 erbaute Grünhornhütte, kurz vor ihrem 50jährigen Jubiläum stand. Und bis gegen 1980 blieb das Angebot an Berghütten eher bescheiden. Doch dann holte die Südschweiz rasant auf, und das weitläufige Territorium wurde mit einem dichten Netz an öffentlichen Hütten überzogen.

Heute stehen im Tessin rund hundert Hütten zur Verfügung. Einige davon bieten hotelähnlichen Komfort mit Duschen, Stromanschluss, kleinen Zimmern und Daunendecken, einer qualitativ hochstehenden Küche usw., doch sie sind in der Minderzahl. Viel typischer für die Tessiner Alpen sind kleine und unbewartete, aus ehemaligen Alpgebäuden entstandene Hütten. Abgesehen von ihrer Bedeutung als Stützpunkte für einen sanften Natur- und Wandertourismus bilden sie häufig die einzige sinnvolle Möglichkeit, aufgegebene und zerfallende Bausubstanz noch zu retten und nachhaltig zu erhalten. So ist die Capanna Quarnéi zwar ein Neubau, ein Teil des Baumaterials stammte allerdings aus den Bruchstücken einer nahegelegenen Alp, die von einer Lawine niedergerissen worden war. Rustikal und doch zweckmässig eingerichtet, bieten diese Hütten in der Regel Platz für ein bis zwei Dutzend Besucher. Meist findet man eine Getränkeauswahl vor (inklusive Wein und Bier), die nach dem Selbstbedienungs- und Vertrauensprinzip funktioniert: Wer trinkt, wirft den Betrag in die Hüttenkasse oder nimmt einen Einzahlungsschein mit.

Einzigartig sind auch die Eigentumsverhältnisse. Während beispielsweise im Wallis etwa 60% und im Kanton Uri gar 75% der Hütten ausserkantonalen SAC-Sektionen gehören, befindet sich im Tessin nur gerade die Capanna Cadlimo in «fremden Händen». Diese Konstellation erleichtert die Planung neuer Hüttenprojekte und Wege und die Zusammenarbeit der Hüttenwarte und fördert eine starke Verankerung der Hütten bei den Einheimischen, die die Bewartung und manche Unterhaltsarbeit im Frondienst erledigen. Unter den Eigentümern finden sich grosse und kleine Bergsteigerklubs, Alpgenossenschaften, Gemeindekorporationen und oft auch Vereine, deren einziger Zweck die Rettung und Bewirtschaftung ihrer Hütte ist. Im Zuge eines allgemeinen Trends der Tessiner hin zur Wiederentdeckung und Aufwertung ihrer Herkunft als Bergbauernvolk entwickelten viele dieser Organisationen auch eine wertvolle Sensibilität für landschaftsschützerische Anliegen, die sonst im Kanton manchmal vermisst wird.

Zu den kleinen Vereinen gehört die Società Alpinistica Bassa Blenio aus Malvaglia, die 1995 gegründet wurde und 1998 ihre Capanna Quarnéi einweihen konnte. Nicht untypisch für die Kirchturmpolitik des Tessins: Die eher kleine Gemeinde Malvaglia mit rund 1200 Einwohner beherbergt daneben noch einen zweiten Bergklub, die Associazione Amici della Valle Malvaglia, auch sie mit einer eigenen Hütte, der Capanna Prou. Beide leisten gute Dienste bei der Entdeckung des Val Malvaglia, eines der Kerngebiete des Nationalpark-Projektes Adula/Rheinwaldhorn. Und ohne Capanna Quarnéi hätten es Cramorino und Baratin bestimmt nicht in dieses Buch geschafft.

www.capanneti.ch

Remo Kundert und Marco Volken, Hütten der Schweizer Alpen, Verlag des Schweizer Alpen-Clubs, 2002.

3134 m

Schwierigkeit: T4–
Der Wegverlauf zwischen Laghetto di Cardedo und Gipfel ist nicht immer deutlich und verlangt Orientierungssinn. Es sind keine ausgesetzten Passagen zu bewältigen.

Karten
1253 Olivone, 1273 Biasca

Zeit und Höhendifferenz 1. Tag
5 h 30'   ↗ 900 m   ↘ 200 m
Dagro–Capanna Prou 1 h 45'
Capanna Prou–Capanna Quarnéi 3 h 45'

Zeit und Höhendifferenz 2. Tag
6 h 30'   ↗ 1070 m   ↘ 1070 m
Capanna Quarnéi–Pizzo Cramorino 3 h 45'
Pizzo Cramorino–Capanna Quarnéi 2 h 45'

Zeit und Höhendifferenz 3. Tag
6 h 15'   ↗ 600 m   ↘ 1900 m
Capanna Quarnéi–Cap. Adula CAS 3 h 30'
Cap. Adula CAS–Dangio 2 h 45'

Ausgangspunkt
Dagro (ca. 1415 m). Mit der Buslinie Biasca–Olivone–Lukmanierpass bis Malvaglia Rongie (Haltestelle Filovia Dagro bei P. 411) und in 3 Minuten zu Fuss zur Talstation der Seilbahn (Tel. 091 870 24 30) nach Dagro.

Unterkunft
Capanna Quarnéi (2107 m). 58 Plätze, immer offen, bewartet von Juni bis September sowie auf Anfrage (Tel. 091 870 25 05).

Unterwegs einkehren
Dagro (ca. 1420 m): Ristorante Ostello Monte Dagro bei der Seilbahn-Bergstation, Übernachtungsmöglichkeit (Tel. 091 870 20 32).
Alpe di Prou (2015 m): Capanna Prou, immer offene, unbewartete Selbstversorgerhütte.
Capanna Adula UTOE (2393 m): immer offen, bewartet von Juni bis September, Übernachtungsmöglichkeit (Tel. 091 872 16 75).
Capanna Adula CAS (2012 m): immer offen, bewartet von Juli bis September, Übernachtungsmöglichkeit (Tel. 091 872 15 32).
Infos zu allen Hütten: www.capanneti.ch

Endpunkt
Dangio (801 m). An der Buslinie von Biasca nach Olivone (–Lukmanierpass).

Die Route
Oberhalb der Bergstation Dagro (ca. 1415 m) kreuzt der Wanderweg einige Male das Fahrsträsschen und führt bei Cascina di Dagro (1617 m) durch den recht steilen Wald zu den Hochebenen um die Alpe di Prou (2015 m). Anschliessend zieht sich der Weg ungefähr der Waldgrenze entlang in einigem Auf und Ab taleinwärts zur Alpe di Sceru (2005 m). Ab hier leicht ansteigend in grossem Bogen über Corte di Cima (2160 m) zum kleinen Laghetto dei Corti und zur Alpe di Quarnéi. Die Capanna Quarnéi (2107 m) liegt rund 500 m süd-südöstlich beim kleinen Hügel P. 2108.
Von der Capanna Quarnéi südostwärts zu den Gebäuden von Ürbell und weiter zur Alpe Cardedo, welche nicht auf dem Weg durch die eingeschnittene Schlucht, sondern über eine rund 80 m höher gelegene Terrasse erreicht wird. Beim letzten intakten Haus der Alp führt der markierte Weg ostwärts direkt über gut begehbare Felsbänder zu einem grossen Steinmann bei ca. 2300 m, steigt meist über Wiesen bis 2500 m und schwenkt dann ostwärts zu einem ausgeprägten Rücken kurz vor dem Laghetto di Cardedo (2605 m), wo die Markierungen enden. Über den Rücken vor dem See links hinauf, Spuren und vereinzelten Steinmännchen folgend, gegen P. 2769 zu, wo sich die Spuren im Geröll verlieren. Mit Vorteil hält man sich nun zunächst ostwärts knapp über der Felsstufe und steuert anschliessend die Lücke (2999 m) zwischen Baratin und Cramorino an, welche man ca. 30 Höhenmeter östlich der tiefsten Einsattelung über Erde und lockeres Geröll erreicht. Zum Gipfel des Pizzo Cramorino (3134 m) führen Wegspuren auf dem Grat oder leicht südlich davon. Der Abstieg führt zurück zur Lücke. Wer Zeit und Lust hat, ersteigt in wenigen Minuten noch unschwierig den flachen Gipfel des Pizzo Baratin (3037 m). Rückweg zur Capanna Quarnéi entlang der Aufstiegsroute.
Von der Capanna Quarnéi nordwärts auf markiertem Weg die Steilstufe hinauf in die kleine Ebene östlich des Uomo di Sasso. Nun nordwärts haltend unter die rötlichen Felsen und durch die erstaunlich einfach zu begehende Schuttrinne direkt hinauf zum Passo del Laghetto (2646 m) mit dem Seelein. Die Aussichtskanzel P. 2695 lohnt den 10minütigen Abstecher. Der Weg senkt sich vom Pass westwärts zum Bachübergang bei P. 2521 hinab und steigt leicht an zur Schuttmoräne, auf deren Kamm der Weg vom Rheinwaldhorn zur Capanna Adula UTOE (2393 m) und kurz darauf die Hütte erreicht wird. Hinunter zur Capanna Adula CAS (2012 m), wo der eindrückliche Saumpfad ins Val Soi beginnt. Die fast senkrechte Wand wird auf breitem Weg in unzähligen Kehren gelenkschonend bewältigt. Bald erreicht man die Weiler Jrà und Soi (1295 m), wo der Kiesfahrweg dem Fluss entlang beginnt. Vor Güfèra (1069 m) und vor Motra di Castellanza kürzt der Wanderweg die langen Kehren der Strasse ab und führt über Creguaragno zur Kirche von Dangio (801 m) und zur nahegelegenen Bushaltestelle.

Die Capanna Quarnéi, Gastlichkeit aus Stein und Holz am Fusse der Adula – wie das Rheinwaldhorn im Tessin genannt wird.

efblick vom Gipfel zu
zzo Baratin und Lògia.
hinter Cima di Gana Bianca
d weiter zu Finsteraarhorn,
uteraarhorn & Co.

Das Gute liegt so nah:
«Goldsteine» unter dem
Pizzo Cramorino.
Am Horizont Monte Rosa
und Mischabel.

er den goldenen Lärchen
hinteren Val Malvaglia geniessen
ratin und Cramorino (rechts)
e warmen Strahlen der Herbstsonne.

Pizzo Tambo

Kein Saumpfad, höchstens Wegspuren: unterwegs zum dunklen Pizzo Tambo.

Der Fahrer des blauen Linienbusses von Chiavenna nach Splügen hat das Kartonschild mit der handgemalten Aufschrift «Ciao» kurzerhand am Rückspiegel montiert – so muss er nicht jeden Wanderer entlang der Passtrasse einzeln grüssen. Der Wander-Trubel am historischen Säumerwanderweg über den Splügenpass ist ihm anscheinend zuwider. Sicher würde er lieber uns folgen, von der Passhöhe den Grenzsteinen entlang hinauf zum Pizzo Tambo. Aber sein Geschäft ist die Verbindung über den Pass, und dieses Gewerbe existiert schon seit Urzeiten.

In grauer Vorzeit trugen Bergbauern Lasten von bis zu 50 kg auf Räf genannten Holzgestellen über die Pässe. Mit der Verbreitung der Rinderhaltung im Berggebiet im 12. Jh. wurden Viehtriebwege nötig, die gleichzeitig auch als Saum- und Schlittenpfade genutzt werden konnten. Bergbauern wandelten sich so zu Säumern und konnten mit einem Rind oder Ochsen das Dreifache, mit dem Schlitten sogar das Sechsfache an Gewicht transportieren.

Die Menschen an den alpenquerenden Handelsrouten wie hier am Splügenpass widmeten sich seit dem 13. Jh. mit zunehmendem Engagement der Säumerei, welche im Verhältnis zur landwirtschaftlichen Tätigkeit einträglicher war. Für den Wegabschnitt innerhalb der Talschaft verfügte die jeweilige Säumervereinigung über ein Transportmonopol. Die Säumer hatten Anrecht auf Transportgut nach festgelegtem Turnus und die Pflicht, die Ware fristgerecht abzuliefern, für entstandene Transportschäden zu haften und Wegunterhaltsarbeiten im Sommer und Winter auszuführen (wofür bei Reisenden und Händlern Abgaben einkassiert wurden). In Niederlassungshäusern, so genannten Susten, fand das Transportgut Sicherheit vor Dieben und Witterung. Hier wurde es kontrolliert, bevor die nächste Säumervereinigung die Ware übernahm. Säumerei und Bauerntum waren in dieser Zeit eng miteinander verflochten. Tiefgreifende Änderungen ergaben sich im 15. Jh. mit der aufkommenden Strackfuhr, die mit einem Ferntransport vergleichbar ist. Strackfuhrsäumer führten die Güter vom Ausgangspunkt in Tagesetappen direkt an den Bestimmungsort, auch ins Ausland. War die vorhergehende Art der Säumerei noch Garantin für das Wohlergehen einer ganzen Talschaft, zerstörte die lediglich Einzelinteressen dienende Stracksäumerei das gewachsene Gefüge und löste ihre Angestellten aus dem angestammten, bäuerlichen Umfeld heraus.

Als im 15. Jh. die Viamalaschlucht für Wagen und Schlitten fahrbar gemacht wurde, profitierte das Rheinwald vom wirtschaftlichen Aufschwung. Nicht weniger als sechs Porten (Säumervereinigungen) besorgten den Transport über den Splügen. Säumerei und Zölle entwickelten sich zur Haupteinnahmequelle der Splügner Bevölkerung, die so zu beachtlichem Wohlstand kam. Eindrückliche Beispiele dafür sind die Schorsch- und Albertini-Patrizierhäuser oder die Säumerherberge Weiss Kreuz im alten Dorfteil. 1823 wurde der Splügenpass mit Hilfe der Österreicher, denen damals die Lombardei gehörte, mit einer modernen Strasse versehen. In der Folge blühte der Passhandel nochmals kräftig auf und das Posthotel Bodenhaus in Splügen verzeichnete jährlich mehr als 1000 Übernachtungen. Nachteilig wirkten sich im Laufe der Zeit die vielen Zölle aus. Um 1830 gab es auf dem Gebiet der Eidgenossenschaft rund 450 Binnenzollstellen, die von Kantonen, Genossenschaften, Zünften und Privatinstitutionen (Vorläufer der heutigen Speditionsfirmen) verwaltet wurden. Die vielen Abgaben stellten eine Belastung für den Handel dar, da sie die Warentransporte durch die Schweiz verzögerten, verteuerten und viele Kaufleute dazu veranlassten, ihre Ware über österreichische oder französische Pässe zu transportieren. Als dann 1882 die Gotthardbahn eröffnet wurde, sank die Zahl der Passreisenden in Splügen nochmals um die Hälfte, und die Warentransporte gingen gar von 14 000 auf 1000 Tonnen zurück. So verloren die meisten Splügner ihre Arbeit und viele mussten auswandern.

Da wurde es wieder ruhig am Splügenpass. Fast so ruhig wie heute am Pizzo Tambo.

3279.0 m

Schwierigkeit: T4+
Die Hauptschwierigkeit am Pizzo Tambo liegt kurz vor dem Gipfel, dort wo die Flanke ab 3240 m etwas steiler wird. Die geneigten Felsplatten bieten guten Griff und lassen sich nach einigem Probieren sicher überwinden. Selbst im steilsten Stück können die ausgesetzten Passagen durch geschickte Routenwahl elegant umgangen werden.

Karten
1254 Hinterrhein, 1255 Splügenpass

Zeit und Höhendifferenz
6 h ↗ 1200 m ↘ 1200 m
Splügenpass–Lattenhorn 2 h
Lattenhorn–Pizzo Tambo 1 h 30'
Pizzo Tambo–Splügenpass 2 h 30'

Ausgangs- und Endpunkt
Splügenpass (2115 m). Von Splügen (an der Postautolinie Thusis–Andeer–S. Bernardino–Bellinzona) mit dem italienischen Bus (mit Endstation Chiavenna) bis zum Splügenpass, Haltestelle «Italienischer Zoll». Billette für den italienischen Bus sind in der Post Splügen (in Franken) oder beim Fahrer (in Euro) zu beziehen.

Unterwegs einkehren
Splügenpass (2022 m): Berghaus Splügenpass unterhalb der Passhöhe, Übernachtungsmöglichkeit (Tel. 081 664 12 19).

Die Route
Gleich bei der Barriere auf der Passhöhe des Splügenpasses (2115 m) ziehen Wegspuren der Landesgrenze entlang westwärts und steigen angenehm bis ca. 2260 m an. Hier werden einige Felsblöcke umgangen, um auf etwa 2340 m wieder auf den Wiesengrat und zur Grenze zu gelangen. Beim gut sichtbaren Grenzstein Nr. 11 (2405 m) dem ausgeprägteren Gratrücken entlang bis zu einer kleinen Einsattelung auf rund 2550 m. Der deutliche, mit vielen Steinmännchen markierte Weg quert nun zwar durch die italienische Flanke unter dem Piz Tamborello bis zum nördlichsten Seelein am Fusse des Lattenhorns. Wir aber bleiben auf der gut begehbaren Gratschneide, erreichen bald den Piz Tamborello 2669 m und kurz darauf das Lattenhorn 2862 m.

Hier verlässt man den Grat südwestwärts und folgt den noch immer sehr deutlichen Wegspuren gegen das erste Schneefeld, welches auf etwa 2900 m beginnt. Über das Schneefeld (oder durch gestuften, mühsamen Fels südlich davon) hinauf zu P. 2983. Der Gletscher ist mittlerweile auf eine rund 20 m breite Eiszunge zusammengeschmolzen, die auf horizontaler Linie ungefähr der Landesgrenze entlang gegen P. 3096 durchquert werden kann. Ende Gletscherzunge bei P. 3096 zieht sich die Route weiter der Grenze entlang über einen mit Felsbrocken übersäten Hang bis ca. 3240 m hinauf. Hier wird die Flanke steiler und stösst auf einen Felsriegel. Viele Steinmännchen markieren nun viele Wege gipfelwärts. Wir empfehlen folgende Route: Gleich beim ersten Felsband auf ca. 3240 m nach links, die Höhe haltend, den Grat nach Italien überqueren und rund 5 m links vom Grat den Wegspuren entlang im Zickzack zum höchsten Punkt folgen. Dabei werden einige mässig geneigte, etwa 2 m hohe Felsplatten unter Zuhilfenahme der Hände überwunden, bis der breite Gipfelgrat mit dem verwitterten Gipfelkreuz (3279.0 m) erreicht wird.

Vom Hauptgipfel gelangt man auf dem rund 2 m breiten Gipfelgrat ohne Schwierigkeiten zur Südwestschulter, wo sich die Überreste eines alten trigonometrischen Signals befinden, und von wo aus sich ein spektakulärer Tiefblick ins Val Curciusa eröffnet.

Rückkehr zum Splügenpass (2115 m) entlang der Aufstiegsroute.

Varianten
Eine interessante Abstiegsvariante für die Höhenstufe von 2800 bis 2400 m folgt vom nördlichen See am Fusse des Lattenhorns einem Bachlauf in vielfältigem, farblich und landschaftlich schönem Gelände hinunter zum untersten See und wechselt bei Balzo, ca. 2420 m weglos hinüber zum Grenzstein Nr. 11 (ähnlicher Zeitaufwand und Schwierigkeit wie Originalroute).

Die Via Spluga, der restaurierte Säumerweg über den Splügenpass, ist eine interessante und bequeme Variante für den Fussabstieg nach Splügen. Die mit braunen Wegweisern versehene Route verläuft vom Splügenpass über Altberg, Bodmastafel, Marmorbrücke, Mülenen hinunter nach Splügen auf 1457 m (Splügenpass–Splügen 1 h 30', Schwierigkeit T2).

uf dem Lattenhorn lässt sich
er weitere Routenverlauf
ut studieren. Der Aufstieg folgt
eist der Gratschneide oder
eicht leicht nach links aus.

Wandern über eine Steingrenze –
und über Grenzsteine.

Abstiegsvariante
über Gletscherschliffplatten am
Balzo, links das Surettahorn.

Das Bruschghorn im Winter – eine schöne Skitour, übrigens...

Bruschghorn

Tot liegt die Gämsgeiss vor uns im Schnee unter dem Gipfel des Bruschghorns. Ein unerwarteter, unschöner Anblick an diesem klaren Morgen Ende Juni. Was mag ihr bloss zugestossen sein? Da wir uns im Eidgenössischen Jagdbanngebiet Beverin befinden, kann ein unnatürlicher Grund für das Ableben wohl ausgeschlossen werden. Ihr abgemagerter Zustand belegt deutlich die Strapazen des langen Bergwinters. Winterzeit ist Notzeit.

Gämsen sind keine eigentlichen Hochgebirgstiere. Normalerweise bevorzugen sie das Gebiet um die Waldgrenze, insbesondere mit Bäumen durchsetzte Steilhänge und Felspartien; je nach Nahrungsangebot trifft man sie aber auch ganzjährig in den Kammregionen der Alpen an. Als wiederkäuende Pflanzenfresser ernähren sie sich von grünen Pflanzenteilen, die reich an Proteinen sind. Im Winter sind grüne Pflanzen jedoch äusserst spärlich vorhanden, die meisten sind unter meterhohem Schnee verborgen und andere wie Fichten und Föhren wehren sich mit verdauungshemmenden Bitterstoffen gegen das Gefressenwerden. Was übrig bleibt, ist häufig nur das ausgedörrte Gras weit oben an windexponierten Gratlagen. Um aus diesen harten Zellfasern Energie gewinnen zu können, sind grosse Umstellungen im Wiederkäuermagen der Tiere nötig.

Während einige Gämsen in den höheren Gratlagen überwintern, ziehen sich andere bei grossen Schneefällen in die tiefer gelegenen Waldgebiete zurück und folgen im Frühjahr den frischen und eiweisshaltigen Trieben der nachwachsenden Vegetation zurück in die Höhe. Im Spätsommer folgt dann der Wechsel hinüber in die schattigen Nordlagen, um im Laufe des Herbstes wieder zurück auf die warmen, sonnenbeschienenen Südflanken zu gelangen.

Gämsböcke legen sich während des Bergsommers bei maximal 50 kg Körpergewicht einen Fettvorrat von rund 6 kg an. Das alleine reicht aber nicht aus, um den Winter zu überstehen, denn vor allem ranghohe Böcke verbrennen während der Paarungszeit im November ihre gesamten Fettdepots und verlieren in harten Wintern so viel Muskelfleisch, dass sie am Ende des Bergwinters manchmal nur noch 20 kg wiegen. Gämsgeissen zehren ihr Fett während des Winters auf und geraten im Mai und Juni, am Ende der Tragzeit, in eine kritische Phase. Am meisten in Gefahr sind jedoch die Jungtiere (Gämskitze). Sie vermögen überhaupt keine Fettpolster anzusetzen und ihr kleiner Körper verbraucht im Vergleich mit den Erwachsenen viel mehr Energie, so dass sie von einem Herbstgewicht von knapp 16 kg oftmals mehr als die Hälfte einbüssen, bevor die frischen Triebe spriessen. Gegen den Frühling hängt das Leben vieler Bergbewohner an einem dünnen Faden; weniger als die Hälfte aller Kitze überlebt das erste Lebensjahr und in Extremwintern kann in gewissen Gebieten ein Drittel des Gamsbestandes eingehen.

Obwohl Gämsen theoretisch bis zu 20 Jahre alt werden können, beträgt die durchschnittliche Lebenserwartung bei den Geissen lediglich 4 Jahre und bei den Böcken gar nur 3 Jahre. Dies hängt wohl mit der grossen Gesamtbeanspruchung des Körpers, vor allem im Winter, zusammen. Sommer und Winter sind Gämsen 14 Stunden pro Tag mit Nahrungssuche und Fressen beschäftigt. Weitere 4 Stunden werden mit Wiederkäuen zugebracht und 6 Stunden mit Schlaf. Bei starken Schneefällen müssen sie ihre Aktivitäten unter Umständen für mehrere Tage einstellen. Und wenn sie dann an den ersten schönen Tagen durch Skifahrerinnen und Schneeschuhläufer immer wieder gestört werden, verbrennen sie einerseits durch Flucht im Tiefschnee bis zu zehnmal mehr Energie und verlieren andererseits wertvolle Zeit, die sie unbedingt für die Nahrungssuche und -aufnahme benötigen würden. Diese Störungen können, wenn sie sich über einen längeren Zeitraum erstrecken, tödliche Folgen haben.

An welchen Folgen wohl unsere Gämse gestorben sein mag?

Peter W. Baumann, Die Alpengämse, Ott-Verlag, Thun 2003.

3056 m

Schwierigkeit: T3
Lange, technisch eher einfache Tour. Auf- wie Abstieg führen durch wegloses, zum Teil gerölliges Gelände. Die Route ist selbst im Gratbereich nirgends ausgesetzt. Die grösste Schwierigkeit besteht wohl in der Orientierung – das Gebiet ist zwar übersichtlich, doch bei schlechter Sicht gestaltet sich die Wegfindung nicht ganz einfach.

Karte
1235 Andeer

Zeit und Höhendifferenz
8 h 45′   ↗ 1770 m   ↘ 1770 m
Wergenstein–Curtginatsch 2 h 30′
Curtginatsch–Bruschghorn 2 h 30′
Bruschghorn–Carnusapass 1 h 45′
Carnusapass–Wergenstein 2 h

Ausgangs- und Endpunkt
Wergenstein (1489 m). Postautoverbindung von Thusis über Zillis (umsteigen) nach Wergenstein.

Unterwegs einkehren
Wergenstein (1489 m): Hotel Piz Vizan, Übernachtungsmöglichkeit (Tel. 081 630 71 72).

Die Route
Von Wergenstein (1489 m) auf markiertem Bergweg über einen Rücken nach Dumagns (1812 m). Man wandert nun kurz auf der Strasse bis zur Kurve P. 1840 und schlägt dort den Alpweg ein. Beim Plan Dargliaz (1956 m) den rechten, ansteigenden Weg wählen und zu den markanten Alpgebäuden von Curtginatsch (2272 m).
Weglos steigt man nun über sanfte Matten nordwestwärts gegen P. 2611 an. Ab etwa 2660 m gehen die Weiden in eine mässig steile Schutthalde über, die allerdings gut zu begehen ist und da und dort Wegspuren aufweist. Man erreicht den Verbindungsgrat zwischen Bruschghorn und Piz Tuv knapp westlich von P. 2806 auf etwa 2790 m. Von nun an folgt man weitgehend dem Grat, der meist einen breiten Rücken bildet und eine gute Wegspur aufweist. Lediglich einmal, auf ungefähr 2860 m, verlässt man die Gratlinie zuerst kurz nach rechts und dann nach links, um eine unschwierige, felsige Stelle zu umgehen. Anschliessend flacht der Grat wieder ab und führt rasch und problemlos zum Bruschghorn (3056 m). Ein Abstecher zum nahen Nordgipfel (3043 m) lohnt sich nur schon des eindrücklichen Tiefblicks ins Safiental wegen.
Vom Hauptgipfel über offene Geröllhänge nach Nordosten hinab. Hier findet man bis weit in den Sommer hinein Schneefelder, die bei entsprechender Rutschtechnik den Abstieg wesentlich beschleunigen – doch auch im Herbst kann man stellenweise hinabfahren, wenn man Partien mit feinem und nachgebendem Geröll aussucht. Ab P. 2727 bleibt man knapp links des Carnusabachs, wechselt bei 2500 m auf die rechte Seite und erreicht den Bergwanderweg zwischen P. 2407 und P. 2470. Auf dem Wanderweg zum weiten Doppelkessel des Lai da la Scotga und zum Carnusapass (2605 m).
Im Abstieg vom Pass dem markierten Weg folgend oder querfeldein bis zur Alp Tumpriv (2190 m). Nun stets in der rechten Flanke des Val da Larisch nach Dumagns und Wergenstein (1489 m) zurück.

Varianten
Viele Varianten führen aufs Bruschghorn.
Vom Heinzenberg: mit dem Postauto nach Obertschappina (1577 m), von dort zum Glaspass (1846 m, Berggasthaus Beverin, Übernachtungsmöglichkeit, Tel. 081 651 13 23). Ins Carnusa hinab und über Tritthütta zur oben beschriebenen Route (Obertschappina–Glaspass 1 h, Glaspass–Bruschghorn 5 h, Schwierigkeit T3).
Aus dem Safiental: von Safien Platz (1315 m) auf dem Wanderweg zum Glaspass, wo man auf obige Variante trifft (Safien Platz–Glaspass 2 h).

Aus dem Rheinwald: von Sufers (1426 m) über Glattenberg oder den Lai da Vons zur Cufercalhütte SAC (2385 m, Übernachtungsmöglichkeit). Via Farcletta digl Lai Pintg (2590 m) hinab zu Lai Pintg und Grand, dann die Sumpfebene von Plan Darmeras umgehen und auf die oben beschriebene Route (Sufers–Cufercalhütte 3 h, Cufercalhütte–Bruschghorn 4 h 30′, Schwierigkeit T3).
Die Strasse von Wergenstein nach Curtginatsch ist bis zum kleinen Parkplatz auf ca. 2340 m (bis dort, wo sie sich wieder absenkt) befahrbar. Mit einem Alpentaxi lässt sich der Aufstieg so um ca. 2 Stunden verkürzen (Parkplatz 2340 m–Curtginatsch 25′, Alpentaxi in Thusis).

Fussnote
Zahlreiche Flurnamen im Gebiet tönen recht exotisch: Ziran (Zillis), Vargistan (Wergenstein), Balanburtg (Bärenburg bei Andeer), Anarosa, Tarantschun, Promigilli usw. Wir befinden uns hier im Verbreitungsgebiet des Sutsilvan, dem von nur etwas mehr als 1000 Personen gesprochenen und seltensten der rätoromanischen Idiome. Mehr zu Bündner Flurnamen in Andrea Schorta, *Wie der Berg zu seinem Namen kam*, Terra Grischuna, Chur 1999.

Wenn Natur den Zugang
zur Kultur erschwert:
aufgegebener Stall in Dumagn.

Wenn man zwei Tage Zeit hat:
Variante mit Übernachtung in der
Cufercalhütte SAC.

Wenn dunkle Wolken
das Bruschghorn verhüllen:
Lichtblick Edelweiss.

Pizz Gallagiun, Lago dell'Acqua Fraggia am Madrisberg, Chiavenna, Monte Rosa.

Pizz Gallagiun

Wie die meisten Bergbauern, produzierten auch die Averser von alters her vor allem Fleisch und Milchprodukte und waren deshalb auf einen gewissen Warenhandel mit den Nachbartälern angewiesen. Die verhältnismässig leicht zu erreichenden Ortschaften Bivio und Andeer eigneten sich dafür nur beschränkt, da dort oftmals die gleichen Erzeugnisse angeboten wurden, die sie selbst auch produzierten. In Chiavenna hingegen wurden die Produkte des Südens wie Reis, Teigwaren, Gewürze, Weizen, Mais, Trauben, Wein und Kastanien, aber auch Spinnstoffe, Werkzeuge und vieles mehr zu günstigen Konditionen angeboten. Dazu musste aber eine Bergkette mit über 2600 Meter hohen Passübergängen gequert werden und je nach Epoche waren die Transporte über die Grenze einmal erlaubter Handel und einmal verbotener Schmuggel.

Während die Bewohner des oberen Avers den Saumverkehr über Forcellina und Septimer nach Casaccia im Bergell organisierten, blieben die Bewohner vom Madris und den Ortschaften Cröt und Campsut bei ihrem angestammten Handelsweg durch das Madris und über den Madrisberg, heute als Bocchetta da Lägh (2649 m) bekannt, hinunter nach Savogno (932 m) und Chiavenna (325 m). Die Reise nach Chiavenna erforderte in der Regel drei Tage: Am ersten Tag überschritt man den Pass und gelangte bis Savogno, dem kleinen, heute fast verlassenen Dörfchen oberhalb von Chiavenna. Dort wurde bei einem Bauern im Heustock übernachtet, bevor am nächsten Tag die Verhandlungen mit den Müllereien in Prosto und den Händlern in Chiavenna begannen. Abends trafen die Averser schwer beladen wieder in Savogno ein – eine «Normalledi» für den Transport über den Pass betrug 43 kg. Aufbruch war schon im Morgengrauen, damit die Passhöhe vor den heissesten Stunden und das Avers vor Einbruch der Dunkelheit erreicht werden konnte. Je nach Versorgungslage wurde diese Reise auch im Winter unternommen – heute wird die Skitour von Süden zur Bocchetta da Lägh selten gewagt: zu steil, zu lawinengefährlich.

Jahrhundertelang konnte dieser Warenverkehr ungestört betrieben werden. Von 1522 bis 1798 gehörten das Veltlin und die Gegend um Chiavenna als Untertanengebiet zu Graubünden. Nachdem Napoleon diese Gebiete in seine Cisalpinische Republik eingebracht hatte, trat die Angelegenheit in ein anderes Stadium. Denn Chiavenna war nun im Ausland und im Madris befand sich kein Zollamt, wo die Waren hätten verzollt werden können. Handel wurde somit eigentlich zum Schmuggel. Solange die Zölle aber noch kantonal geregelt wurden, drohte den Schmuggler-Händlern nicht viel Gefahr. Die Bundesverfassung von 1848 erklärte das Erheben von Zoll aber zur Bundessache und verpflichtete die Kantone, ihre Landjäger zur Unterbindung des Schmuggels auszuschicken. Für die Averser begann damit eine schwierige Zeit, denn jeder Warentransport war nun eine heikles Unterfangen und die nächste legale Einfuhrstelle um den Zoll zu entrichten befand sich weit weg in Splügen. Böse Worte, Verwarnungen und Bussen waren die Folge, bis 1867 im Madris endlich eine Nebenzollstelle errichtet wurde.

Über den Pass da la Prasgnola nach Soglio, den wir auf unserer Wanderung überqueren, lief hingegen wenig Warenverkehr. Die eindrückliche Steintreppe «I Trapet» mit fast 200 Steinstufen wurde von Bergeller Bauern errichtet, die ihr Vieh im hinteren Teil des Val Madris sömmerten, welches sie im Jahre 1412 gekauft hatten. Rinder und Kühe seien damals am unteren Ende der Treppe seitwärts in den weichen Schnee geworfen worden. Der Senn habe jeweils ein Tier am Schwanz gepackt und sei mit ihm den steilen Abhang hinunter bis in die Talmulde geglitten. Offenbar war das weniger gefährlich als den steilen Weg über die Felsen zu nehmen. Dass sich das Unternehmen trotzdem lohnte, wird einem beim Anblick der saftigen Weiden im Madris klar. Das Wort Madris stamme übrigens von einer Alpfee mit diesem Namen ab und sei im Lateinischen im Sinne von Erdgeist, Fruchtbarkeitsgöttin verwendet worden.

3107.0 m

Schwierigkeit: T3+

Der Zugang zum Pass da la Prasgnola aus dem Val Madris bietet keine Knacknüsse. Von dort geht's weglos, sanft ansteigend und nirgends ausgesetzt über Geröll zum Gipfel. Im Abstieg vom Pass da la Prasgnola zu Beginn einige Passagen mit Halteketten, die allerdings kaum nötig wären. Die Hauptschwierigkeiten liegen eher in der Länge der Tour sowie, bei schlechter Sicht, in der nicht ganz einfachen Orientierung am Gipfel und im oberen Teil des Abstiegs.

Karten

1275 Campodolcino, 1276 Val Bregaglia

Zeit und Höhendifferenz

7 h 15'   ↗ 1180 m   ↘ 2040 m
Preda–Pass da la Prasgnola 2 h 30'
Pass da la Prasgnola–Pizz Gallagiun 1 h 15'
Pizz Gallagiun–Pass da la Prasgnola 45'
Pass da la Prasgnola–Soglio 2 h 45'

Ausgangspunkt

Preda (1951 m). Alp im hinteren Val Madris. Mit Postauto von Chur oder Thusis über Andeer (umsteigen) bis Cröt/Avers. Von dort mit Alpentaxi (Tel. 081 667 12 12) ins Val Madris bis Preda – oder zu Fuss dem Talsträsschen entlang (Cröt–Preda 2 h).

Unterwegs einkehren

Cröt (1715 m): Hotel Walserstuba, Übernachtungsmöglichkeit (Tel. 081 667 11 28).
Einige Brunnen in Preda, Sovräna sowie im Abstieg nach Soglio.
Soglio (1090 m) sowie Promontogno/Bondo (821 m): Hotels, Restaurants und Lebensmittelgeschäfte.

Endpunkt

Soglio (1090 m). Postautoverbindung nach Promontogno, dort Anschluss nach St. Moritz, Chiavenna und (seltener) Lugano. Von Soglio nach Promontogno auch Fussabstieg möglich (Soglio–Promontogno 35').

Die Route

Bei Preda (1951 m) auf einem Strässchen taleinwärts bis Sovräna (1995 m), wo der markierte Aufstieg beginnt, der südostwärts durch Weidegebiet steil empor führt. Über die Brücke P. 2132 ins Val da la Prasgnola hinein. Nach einer Talstufe bei P. 2339 über den schönen Plän di Mort, die «Ebene der Toten». Am Ende der Ebene steigt der Weg wieder an und führt zu I Trapet – einer über 300 Stufen langen, mit tonnenschweren Steinplatten ausgelegten Treppe durch eine Felsfluh. Über I Trapet hinauf zu P. 2597 und wieder flacher zum Pass da la Prasgnola (2724 m).
Vom Pass steigt man auf beliebiger Route (stellenweise Wegspuren und Steinmännchen) über den offenen und sanft geneigten Hang gegen Westen, zuerst über plattige Felsen, dann über Blöcke und Geröll. Zuletzt strebt man etwas steiler direkt auf den Pizz Gallagiun (3107.0 m) mit seinem alten, dahinsiechenden Triangulationssignal zu. Die beste Aussicht gegen Italien geniesst man etwas südlich vom höchsten Punkt.
Zurück zum Pass da la Prasgnola. Ein gut angelegter Weg überwindet die Felsfluh südlich vom Pass (einzelne Halteketten, aber kaum exponiertes Gelände). Nun folgt ein langer, steiler Abstieg, zuoberst durch Geröll, später über Weiden. Über Paven auf dem markierten, wenn auch stellenweise etwas undeutlichen Weg nach Scalotta und Leira (1892 m). Nach Vest (1764 m) überquert man ein Bachtobel und erreicht so das schöne Maiensäss von Dair (1610 m). Bei Pensa taucht der Weg in den schattigen Wald und wird zunehmend breiter. An einer Kraftwerkseilbahn vorbei nach Cüa, wo man schliesslich auf ein Strässchen stösst, das rasch nach Soglio (1090 m) führt.

Fussnote

Der merkwürdige Grenzverlauf südlich des Pizz Gallagiun wurde 1941 in einem Abkommen zwischen «Seiner Majestät dem König von Italien und Albanien und Kaiser von Äthiopien» und dem Schweizerischen Bundesrat festgelegt. Ein Jahr zuvor hatte die Schweizer Armee auf dem Gipfel eine Hütte erstellt – als Puzzleteil des umfangreichen Sicherheitsdispositivs gegen Mussolinis Italien. 1990 brannte die verkommene Hütte erfreulicherweise nieder. Doch viele andere Gipfel tragen immer noch verlotterte Spuren der Armee, die sich als emsigste und nachlässigste Hüttenerbauerin der Schweizer Alpen betätigte – selbstredend ausserhalb jeder Bauzone und ohne Bewilligung, da sie erst seit 1996 einer (nach wie vor privilegierten) Bewilligungspflicht untersteht. Solche baulichen Hinterlassenschaften finden sich, um einige Beispiele aus diesem Buch zu nennen, am Mont Rogneux, am Wasenhorn, am Chüebodenhorn oder am Gross Muttenhorn. Da sich die Armee bezüglich Entsorgung aus der Verantwortung stiehlt, wird sich wohl der Zahn der Zeit um diese Erbstücke der «Landesverteidigung» kümmern müssen. Und sie dorthin befördern, wo bereits der Kaiser von Äthiopien regiert: auf dem Müllhaufen der Geschichte.

Wo Schmuggler wirkten:
Pass da la Prasgnola.

Wo die
Fruchtbarkeitsgöttin wirkte:
Alp Sovräna im Madris.

Wo Viehsömmerer wirkten:
I Trapet, Felstreppe.

Wo die Oxydation wirkt:
Gipfelpyramide.

Wo Segantini und
Giacomettis wirkten:
Soglio.

Wind und Wetter am Gletscherhorn, stoisch und trutzig der Piz Predarossa.

Gletscherhorn

Die Postautohaltestelle «Avers, Podestats Haus» sieht von weitem aus wie viele andere im Tal. Die Strasse von Cresta führt durch den breiten, sanft ansteigenden, baumlosen Talboden, links und rechts weite Wiesen und Weideflächen. Beim Näherkommen fällt auf, dass sich die Häusergruppe eines Landwirtschaftsbetriebs um ein mächtiges, sgraffitoverziertes Steinhaus gruppiert. Eigentlich wollten wir von der Haltestelle schnurstracks dem Gletscherhorn entgegen eilen, der auffällige Prunkbau im abgelegenen Bergtal weckte aber unsere Neugier und so untersuchten wir ihn etwas näher. «Hostibus invitis / vivat Strubea / propago agere et / pati fortia Strubeum es 1664» ist auf der Fassade zu lesen. Trotz grösster Anstrengungen reichten unsere Lateinkenntnisse nicht aus, um den Sinn der Inschrift zu verstehen. Mehr Fragen als Antworten kamen zusammen: Was hat ein solcher Prunkbau im Walsergebiet zu suchen? Wer lebte hier und konnte sich im Jahre 1664 mit dem kargen Ertrag aus der Landwirtschaft auf über 2000 Metern Höhe einen derartigen Prachtbau leisten? Ein Blick in die Geschichtsbücher löste nach der Rückkehr vom Gletscherhorn einige Fragen, warf aber weitere auf.

Die Übersetzung der Inschrift am eindrücklichen Steinbau lautet ungefähr: «Den Feinden zum Tort (Schaden, Nachteil) / lebt das Strubsche Geschlecht / für das Land zu Handeln und / Tapferes auszuhalten ist strubisch». Das lässt nicht unbedingt auf einen dürren, zähen Walser als Erbauer schliessen, der jeden Tag seine Kühe melkt um daraus Butter und Käse zu gewinnen. Hier waren offenbar bereits andere Einnahmequellen erschlossen worden.

Die Walser, die das Avers besiedelten, stammen ursprünglich aus dem Oberwallis, das sie im 13. Jh. wahrscheinlich wegen Überbevölkerung verliessen. Sie verstreuten sich nach Savoyen, ins Berner Oberland, in Richtung Bodensee bis nach Vorarlberg und ausserdem überschritt ein Hauptast der Auswanderer die Südpässe ins heutige Piemont und gelangte über das Tessin ins heutige Graubünden. Das Avers erreichten sie wohl nicht von Thusis her dem Rhein entlang, sondern gelangten über die 2600 m hohen Pässe von Süden her ins damals noch bewaldete Hochtal. Hier trafen sie auf eine Romanisch sprechende Bevölkerung, die zum Teil in Abwanderung begriffen war. Die vielen noch vorhandenen romanischen Flurnamen vor allem im oberen Avers (Cresta, Juf, Platta etc.) deuten auf ein mehr oder weniger friedliches Zusammenleben beider Volksgruppen in dieser Zeit hin. Viehwirtschaft und etwas Handel mit dem Süden bildete über Jahrhunderte hinweg die Erwerbsgrundlage der Walser im Avers.

Nach einigen Kriegen und Wirren kamen das Veltlin und die Gegend um Chiavenna 1512 als Untertanenland unter die Fittiche der Drei Bünde (woraus später der Kanton Graubünden hervor ging), was die wirtschaftliche Situation des Avers nachhaltig veränderte. Für die Verwaltung der Veltliner Untertanengebiete wurden immer wieder Leute aus den Gemeinen Drei Bünden berufen, die als «Podestà» (einer Art Land-Verwalter mit richterlichen Kompetenzen) vor Ort die Administration leiteten.

So wurde auch ein gewisser Augustin Strub, der Tapferes auszuhalten gewohnt und für das Land zu handeln bezahlt war, für zwei Jahre als Podestà von Teglio (im Untertanenland zwischen Tirano und Sondrio gelegen) berufen. Für welches Land er handelte und wem genau es mit ihm zum Tort gereichte, kann höchstens vermutet werden. Das heute Podestats Haus genannte Gebäude jedenfalls, das er 1664 im Avers zwischen Cresta und Juf erbauen liess; dieses Haus, dessen Inschriften wir vor der Gletscherhorn-Tour zu übersetzen versuchten, legt die Vermutung nahe, dass Podestà Strub während seiner kurzen Amtszeit im Untertanenland seine Besoldung mit reichlich Boni aufbessern konnte.

Hermann Weber, Avers, Aus Geschichte und Leben eines Bündner Hochtals, Terra Grischuna Buchverlag, Chur 1985.

3107 m

Schwierigkeit: T3+

Die letzten Meter vor dem Pass auf 2987 m unter dem Gletscherhorn sind zwar nicht ausgesetzt, aber recht steil und verlangen, dem rutschigen Kies wegen, etwas Erfindergeist. Die Wegfindung von den Seelein auf etwa 2870 m die steilen, mit Felsbändern durchsetzten Grashalden hinunter ins Val da la Duana ist nicht ganz einfach. Bei Nässe können die Grashänge rutschig und heikel werden.

Karten

1276 Val Bregaglia, 1256 Bivio

Zeit und Höhendifferenz

7 h 30'   ↗ 1110 m   ↘ 1700 m
Avers Podestatsch Hus–Gletscherhorn 4 h
Gletscherhorn–Maroz Dent 1 h 45'
Maroz Dent–Casaccia 1 h 45'

Ausgangspunkt

Avers Podestatsch Hus (2046 m). An der Postautolinie von Andeer nach Juf.

Unterwegs einkehren

Avers Podestatsch Hus (2046 m): Hotel Alpina etwas ausserhalb des Weilers, Übernachtungsmöglichkeit (Tel. 081 667 11 68). Casaccia (1458 m): Hotel Stampa, Übernachtungsmöglichkeit (Zimmer und Lager, Tel. 081 824 31 62).

Endpunkt

Casaccia (1458 m). An der Postautolinie (Lugano–) Chiavenna–Maloja–St. Moritz.

Die Route

Von der Posthaltestelle Podestatsch Hus (2046 m) auf der Hofeinfahrt zum Gallisch Hus und auf einem Wanderweg über den Juferrhein zum Fahrsträsschen ins Bergalga hinunter. Dieses Kiesträsschen ist Teil des Murmeltier-Lehrpfades, der bis zum Olta Stofel (2074 m) viele informative Tafeln über die Lebensart der Murmeltiere bereithält.

Beim Olta Stofel geht der Fahrweg in einen Wanderweg über, der nach Überquerung des Leidabachs (2114 m) langsam an Höhe gewinnt. Bei P. 2365 verlässt man den Weg zum Bergalgapass und folgt linkerhand dem kleinen Bachlauf südostwärts. Vereinzelten Wegspuren entlang durch das sanft ansteigende Tälchen hinauf zum Passübergang bei P. 2987 zwischen Piz Predarossa und Gletscherhorn. Von der Passhöhe führen Wegspuren dem breiten Grat entlang zum Gipfel des Gletscherhorns auf 3107 m, wo die Sicht auf den Bergalgapass mit seinem zerklüfteten Fels- und Seenlabyrinth frei wird.

Zurück zu P. 2987. Beim Abstieg verlangen die ersten fünfzig Höhenmeter auf des Ostseite der Lücke etwas Vorsicht. Der Hang ist sand- und kiesbedeckt und daher auch recht rutschig, aber nirgends ausgesetzt. Bei den kleinen Seelein auf ungefähr 2870 m sucht man sich einen Abstieg über die mit kleinen Felsbändern durchsetzten Grashalden direkt zu P. 2499 hinunter und mündet dort in den Weg zum Lägh da la Duana (2466 m) ein. Vom See folgt man dem Wanderweg die Steilstufe hinunter ins Val Maroz und weiter talauswärts. Ab Maroz Dora (1799 m) führt ein Fahrweg in vielen Kehren nach Casaccia, dem man allerdings nur bis P. 1751 treu bleibt: Kurz nach der Brücke biegt man rechts in einen Wanderweg ein, der die Strasse mehrmals kreuzt, und gelangt so nach Casaccia (1458 m).

Variante

Ein interessanter Rückweg ins Avers führt von Casaccia über Maroz Dora hinauf zum Septimerpass (2310 m), dann westwärts haltend zur Forcellina (2672 m). Wer noch Zeit und Schnauf übrig hat, wendet sich hier dem formschönen Piz Turba zu. Dazu steigt man von der Forcellina zur breiten Rampe im Norden des Piz Turba auf und folgt ihrem rechten Rand bis zu einem Grateinschnitt ungefähr 300 m westlich des Gipfels. Dem gezackten, aber gut begehbaren Westgrat auf deutlichen Wegspuren bis zum Gipfelsteinmann auf 3018.4 m folgen. Der Abstieg von der Forcellina hinunter zum Juferrhein führt über eine mit grossen Felsbrocken übersäte Terrasse auf ungefähr 2600 m nordwärts und fällt dann von der Fuorcla da la Valletta in unzähligen Zickzackkehren in den Talgrund ab. Juf (2117 m) wird auf dem immer breiter werdenden Talweg erreicht (Casaccia–Juf 6 h 30', Schwierigkeit T3–; Abstecher Piz Turba zusätzlich 2 h, Schwierigkeit T4).

Eine weitere Abstiegsvariante führt vom Gletscherhorn nach Soglio. Hierzu steigt man, wie oben beschrieben, über die steilen Grashänge hinunter ins Val da la Duana, wendet sich bei P. 2499 aber nach rechts, um über den Lägh pit da la Duana den Pass da la Duana (2694 m) zu erreichen. Nun steil hinunter über Cadrin (2135 m), Plän Vest (1821 m) und Tombal bis auf die 1090 m hoch gelegene Sonnenterrasse von Soglio (Gletscherhorn–Soglio 4 h 30', T3+).

Das Avers und sein
Seitental Bergalga –
bald schmelzen
die letzten Schneefelder
am Gletscherhorn
rechts aussen.

Wenig Horn und
kein Gletscher (mehr),
dafür gleich zweimal
das Gletscherhorn.

«Engadin: sonnig» am Gipfelgrat des Piz Julier.

Piz Julier / Piz Güglia

Das Wetter war mässig, die Sicht miserabel und der Gipfel nicht mehr als ein graues Steinmännchen nach einem langen Grat.

«Nord- und Mittelbünden sowie Engadin: sonnig. Im Laufe der zweiten Tageshälfte von Westen her Wetterverschlechterung, gegen Abend einsetzender Regen», prophezeite uns der Wetterbericht am Vorabend. Frühmorgens noch leuchtete der Piz Julier verheissungsvoll im ersten Licht dieses Sommertages, aber schon um 9 Uhr quetschten wir uns des leichten Regens wegen bei der Fuorcla Albana in einen halb verfallenen Unterstand. Etwas weiter oben hüllte uns zäher Nebel ein. Gerne hätten wir, der Wetterprognose folgend, weitwinklig die Aussicht auf die Oberengadiner Seenplatte und auf die Bergeller Granitzacken genossen. So erfreuten wir uns halt makromässig an den kleinen Dingen links und rechts vom Wegrand: Gletscherhahnenfuss, Alpensalamander, leuchtende Flechten und geheimnisvoll grünlich schimmernder Schiefer.

Bei der Fuorcla Albana kam uns eine Gruppe im bunten Radlerdress mit ulkigen Schuhen entgegen; etwas später kreuzten wir eine Gruppe Franzosen, die konditionsbedingt alle 5 Minuten eine 10minütige Verschnaufpause einlegten. Das Wetter verschlechterte sich zusehends, kurz darauf setzten Windböen und bald auch Regen ein.

Wie es den Radlern und den Franzosen auf ihrem Weg zum Piz Julier wohl ergangen ist? Hätten wir sie warnen und auf ihre unzweckmässige Ausrüstung hinweisen sollen? Umkehren kann man immer, hätten sie sicher gesagt. Aber: Kann man denn in den Bergen immer problemlos umkehren? Der höchste Baum bekommt den kräftigsten Windstoss ab, sagt ein chinesisches Sprichwort. Und für die Gipfel über 3000 Meter gilt das besonders. Als Erinnerung hier eine kleine Zusammenfassung der wichtigsten Vorsichtsmassnahmen und Sicherheitsregeln für Wanderungen in höheren Lagen:

Möglichst am Vortag anreisen, um sich an die Höhe zu gewöhnen. So früh wie möglich starten. Zeitreserve ist das A und O einer entspannten Bergwanderung, und die wenigsten wollen schnurstracks zum Gipfel und wieder zurück – das wäre nur der halbe Genuss.

Sich vorgängig über das Wetter informieren und die Tour entsprechend planen. Damals, am Piz Julier, fiel die Temperatur innert kurzer Zeit von 15 auf 5 °C. Etwas kälter und es hätte zu schneien begonnen – Mitte August. Da die Temperatur pro 100 Höhenmeter um durchschnittlich 0.6 °C abnimmt, ist es auf dem Piz Julier (3380 m) demzufolge fast 10 °C kälter als in St. Moritz.

Höhendifferenzen dem Konditionsstand und die zu erwartende Schwierigkeit den technischen Fähigkeiten des schwächsten Gruppenmitglieds anpassen.

Sich im Verkehrsbüro oder bei den Hüttenwarten über die momentanen Verhältnisse informieren. Ausgleiten auf Schneefeldern ist eine der hauptsächlichen Unfallursachen beim Bergwandern. Eine Querung ist nur dann möglich, wenn sich mit dem Schuh problemlos tiefe Tritte schlagen lassen.

An heissen Sommertagen sind nachmittags Wärmegewitter möglich. Kretenwege, wie hier das Wegstück zum Gipfel, sind dann besonders gefährlich. Sich von exponierten Stellen fern halten, sofortiger Abstieg aus der Gefahrenzone oder Verkriechen zwischen Steinbrocken (kauern, Füsse dicht aneinander).

Steinschlag wird oft von anderen Wanderern ausgelöst. Exponierte Stellen einzeln durchschreiten und auf Berggänger weiter oben achten.

Noch ein Wort zur Ausrüstung: Die bequemsten Wanderschuhe sind oft nicht mehr die besten, da ihre Zeit und Sohlen schon seit Jahren abgelaufen sind.

Die Mobilfunk-Abdeckung in den Bergen ist, im Gegensatz zum Flachland, sehr lückenhaft. Es ist ein schlimmer Irrglaube, dass man, wenns brenzlig wird, per Handy den Helikopter rufen kann. Bei Nebel, starkem Wind und in der Nacht sind die Einsatzmöglichkeiten der Helikopter überdies äusserst beschränkt.

3380.4 m

Schwierigkeit: T4+
Viel Trittsicherheit und eine gute Portion Schwindelfreiheit sind am Piz Julier nötig. Die vor bald 100 Jahren künstlich erstellte, spektakuläre Weganlage, von der noch einige alte, verrostete Geländerkonstruktionen und Drahtseile zeugen, wurde 1992 sehr gut mit Hilfe von Ketten neu abgesichert. Gute Kondition ist nötig, da man über längere Zeit, von der Crasta da la Senda bis zum Gipfel, konzentriert unterwegs ist. Ab der Fuorcla Albana verläuft die Wegstrecke weitgehend auf der Krete und ist dementsprechend Blitz und Wind ausgesetzt.

Karte
1257 St. Moritz

Zeit und Höhendifferenz
7 h 45'   ↗ 1250 m   ↘ 1560 m
Signal–Fuorcla Albana 2 h 30'
Fuorcla Albana–Piz Julier 1 h 30'
Piz Julier–Fuorcla Albana 1 h 15'
Fuorcla Albana–Champfèr 2 h 30'

Ausgangspunkt
Signalbahn Bergstation (2130 m). Ab St. Moritz Bahnhof mit dem Ortsbus zur Haltestelle Signalbahn in St. Moritz Bad, von dort mit der Grosskabine zum Ausgangspunkt Signal.

Unterwegs einkehren
Signalbahn (2130 m): Restaurant bei der Bergstation.
Station Suvretta (2212 m): Restaurant Trutz.
Paradiso (2181 m): Berghütte Paradiso (keine Übernachtungsmöglichkeit).

Endpunkt
Champfèr (1825 m), an der Bus- und Postautolinie von Maloja nach St. Moritz.

Die Route
Ab der Bergstation der Signalbahn (2130 m) westwärts auf einem breiten Spazierweg über die Alp Suvretta (2211 m) ins Tal der Suvretta da S. Murezzan einbiegen. Bei P. 2311 südwestwärts über die Brücke und in elegantem Zickzack neben einer grossen Geröllhalde zur Fuorcla Albana (2870 m) ansteigen.

Gleich bei der kleinen, verlotterten Hütte auf der Fuorcla Albana beginnt der eigentliche Aufstieg über die Krete. Problemlos bringt man den ersten Aufschwung bis ca. 3030 m auf gutem Weg hinter sich. Nun folgen die ersten, noch wenig anspruchsvollen aber trotzdem mit Ketten gesicherten Stellen. Der Schwierigkeitsgrad nimmt dann etwas zu, aber auf der gesamten Länge der Crasta da la Senda (dem «Grat mit dem Weg») findet sich nur eine Stelle, wo es ungesichert rund zwei Meter etwas luftig zum nächsten breiten Felspodest geht. Anschliessend folgt ein ebenfalls sehr gut mit Ketten und Drahtseilen gesicherter Wegabschnitt – mit ingeniöser Wegführung über einen kühnen Aufschwung gegen den vermeintlichen Gipfel, der sich aber beim Näherkommen erst als Vorgipfel entpuppt. Auf ca. 3300 m zieht der Weg nicht direkt zu diesem Vorgipfel hinauf, sondern umgeht ihn links, südseitig, um kurz darauf wieder die Vorgipfel und Hauptgipfel verbindende Gratschneide zu erreichen. Dort findet sich ein rund 15 m langes, sehr luftiges Teilstück mit phänomenalem Tiefblick auf den Vadret Güglia und den Julierpass. Dieser Abschnitt wurde mit guten Geländern gesichert und leitet zum Hauptgipfel. Der kurze Schlussanstieg verläuft wieder problemlos. Auf dem Gipfel (3380.4 m) wartet nur ein unscheinbarer Steinmann.

Der Abstieg erfolgt auf gleicher Route bis ins Tal der Suvretta da S. Murezzan. Nun stets knapp links des Bachs hinunter bis nach Champfèr (1825 m).

Variante
Die Fuorcla Albana (2870 m) lässt sich auch gut vom Julierpass her erreichen. Bei der Chamanna dal Stradin (2161 m) auf der Engadiner Seite des Julierpasses zweigt die weiss-blau-weiss markierte Route ab, die zuerst dem Lauf der Ovel da Munteratsch folgt und später in weitem Bogen durch Munteratsch Suot und Sur über P. 2785 bis zur Fuorcla Albana aufsteigt (Zeitersparnis gegenüber Originalroute rund 20 Minuten). Leider gibt es bei der Chamanna dal Stradin keine Postauto-Haltestelle – die nächstgelegene befindet sich erst beim Restaurant La Veduta (2237.9 m), etwa 1 km westlich der Passhöhe und 3 km westlich der Chamanna dal Stradin.

ettengesichert durch,
äter über den Zackengrat.
er unsichere Blick gilt
uch der Wetterentwicklung…

Wolken am Julier (links),
gesehen vom Piz Ot. Eine gute
Stunde später blitzte es.

Sonnenaufgang am Piz Julier von
der Suvretta da San Murezzan.

Piz Ot: kein «Champagnergipfel», eher ein erdiger Veltlinerberg.

Piz Ot

St. Moritz ist der bekannteste Ferienort der Welt. Chic, elegant und exklusiv, mit einer sehr kosmopolitischen Ambiance, liegt es auf 1856 m.ü.M. inmitten der Oberengadiner Seenlandschaft. Sein trockenes, prickelndes «Champagnerklima» ist legendär. Die berühmte St. Moritzer Sonne scheint durchschnittlich an 322 Tagen im Jahr (Schweizer Rekord). Die Olympia-Pisten und -Loipen von St. Moritz sind weltberühmt. Der Ski- und Langläufer findet hier ein Angebot der Sonderklasse. Daneben bietet St. Moritz aber noch weitere Attraktionen an, die in dieser Dichte, Vielfalt und Qualität einmalig sind. So beginnen die Presseunterlagen von St. Moritz. Knackig geht es von Rekord zu Rekord weiter. Einige Beispiele aus der Liste:

- Geburtsort des Wintertourismus in den Alpen (1864/65)
- erstes elektrisches Licht der Schweiz (1878)
- erstes Curling-Turnier auf dem Kontinent (1880)
- erstes Golfturnier auf dem Kontinent (1889)
- erstes elektrisches Tram der Alpen (1896)
- erstes Hotel der Alpen mit Namen «Palace» (1896)
- erstes Pferderennen auf Schnee (1906) / auf dem gefrorenen See (1907)
- erster Ortsname mit einem gesetzlich geschütztem offiziellen Symbol: «die Sonne von St. Moritz» (1930/37)
- erstes Golfturnier auf einem schneebedeckten, gefrorenen See in Europa (1979)
- erstes Poloturnier auf einem schneebedeckten, gefrorenen See (1985)
- erste Snowboard-Weltmeisterschaft auf dem Kontinent (1987)
- erstes Cricket-Turnier auf einem schneebedeckten, gefrorenen See (1989)
- erste Windhunde-Weltmeisterschaften auf Schnee (1993)
- erstes Windsurf Weltcuprennen auf einem Bergsee (1994).

Da wir im Sommer unterwegs sind, kommen all die interessanten Tätigkeiten auf Schnee oder gefrorenen Seen nicht in Betracht. Das Tram fährt nicht mehr, Strom hat's mittlerweile auch bei uns in der Stadt, Windsurfen passt nicht zu unserer Motorik, Golfen nicht zu unserem Status und das Palace nicht zu unserem Budget. Was bleibt da übrig?

Die Berge. Erstaunlicherweise kommen in der Aufstellung der Rekorde des Kurvereins St. Moritz keine Berge vor. Dabei hätte die Gegend auch zu diesem Thema Glanzstücke zu vermelden, aber der Eindruck scheint sich zu bestätigen, dass Berge in St. Moritz eigentlich nur eine sekundäre Rolle spielen – als nette Kulisse, als Unterlage für Skianlagen. Für die Berge und deren Besteigungen war im Oberengadin im Rahmen einer faktischen Aufgabenteilung sowieso immer Pontresina zuständig (die Kultur ging dank Nietzsche, Hesse, Proust und Adorno an Sils, die Infrastruktur mit Spital, Tourismusfachschule, Flugplatz und Tiefbauamt an Samedan).

Wir nehmen uns also einen Berg vor. Unsere Wahl fällt auf den Piz Ot, der tatsächlich nichts Aussergewöhnliches aufweist. Er ist unter den Oberengadiner Gipfeln nicht der höchste (obwohl er Ot, also hoch heisst; diese Ehre gebührt dem Piz Bernina), nicht der schwierigste (das wäre vermutlich der Piz Scerscen) und nicht der schönste (Piz Palü?). Allenfalls dürfte er einen Spitzenplatz in der helvetischen Kreuzworträtselszene belegen (Berg i. Engadin, zwei Buchstaben), hart bedrängt von den Nachbarn Err und Ela.

Keine Ausnahmeerscheinung, kein «erster Berg auf einem gefrorenen See» oder dergleichen, einfach ein rechtschaffener Gipfel. Genau dies geniessen wir am Piz Ot. Der Aufstieg ist angenehm, die wenigen Aufschwünge durch den erstaunlich soliden Fels sind mit Geländern entschärft, der Menschenauflauf hält sich in Grenzen, das Gipfelpanorama ist mindestens überdurchschnittlich. Und auch der Zeitaufwand passt optimal: Ohne in aller Herrgottsfrühe zu starten, sind wir rechtzeitig zu Kaffee und Nusstorte wieder im Tal und haben dazwischen einen schönen Berg besucht. Kein Rekord, bloss ein Genuss.

3246.4 m

Schwierigkeit: T3+
Der Piz Ot-Weg ist eine durchgehend weiss-blau-weiss markierte alpine Route, bei der Steilaufschwünge durch Steintreppen, gute Geländer und Fixseile entschärft sind, aber gleichwohl Trittsicherheit und ein bisschen Schwindelfreiheit erfordern. Dazwischen Geröll mit guten Wegspuren.

Karte
1257 St. Moritz

Zeit und Höhendifferenz
6 h 45' ↗ 1070 m ↘ 1640 m
Marguns–Las Trais Fluors (P. 2752) 1 h 30'
Las Trais Fluors (P. 2752)–Piz Ot 2 h
Piz Ot–P. 2426 1 h 45'
P. 2426–Samedan 1 h 30'

Ausgangspunkt
Marguns (2273 m). Bergstation der Seilbahnen von Celerina, deren Talstation sich wenige Gehminuten vom Bahnhof Celerina entfernt befindet.

Unterwegs einkehren
Marguns (2273 m): Bergrestaurant bei der Bergstation der Gondelbahn.

Endpunkt
Samedan (1706 m). Knotenpunkt der Rhätischen Bahn, Verbindungen nach St. Moritz, Chur, Unterengadin und Tirano.

Die Route
Von Marguns (2273 m), etwas Nachsicht gegenüber den Wintersportanlagen walten lassend, nordostwärts Richtung Munt da la Bêscha. Bei einer Weggabelung auf 2489 m scharf nach links und in gemütlichem Aufstieg zur Bergstation der Sesselbahn Las Trais Fluors (2752 m). Bald darauf rechts abzweigen und zur Fuorcla Valletta (2858 m) hinauf. Nach einem kurzen Abstieg gelangt man zu P. 2778, schlägt den nordwärts führenden Weg zum Piz Ot ein und stösst auf ca. 2760 m auf den Weg, der von Samedan her kommt. Die alpine, weiss-blau-weiss markierte Route («Piz Ot-Weg») steigt nun am Rand der Mulde von Botta Naira kräftig an. Über einen Felssporn hinauf zur eigentlichen Gipfelflanke. Diese Südostflanke ist teils geröllig und teils felsig, die einzelnen Steilaufschwünge sind mit Geländern und Seilen gut abgesichert. Sind auch andere Wanderer unterwegs, sollte man darauf achten, keine Steine zu lösen – und unter keine Steine zu kommen. Ohne jegliche Orientierungsschwierigkeit erreicht man so den Gipfel des Piz Ot (3246.4 m).
Da keine anderen Wanderrouten auf den Berg führen – der Südgrat z.B. ist Kletterern vorbehalten –, steigt man auf dem gleichen Weg wieder hinab. Bei der Abzweigung auf 2760 m geradeaus weiter zur Valletta und zu einer grossen Wegkreuzung auf 2426 m. Ostwärts gelangt man über Weideflächen zur Alp Munt (2234 m). Ein zickzackiger Abstieg führt nach Peidra Grossa (1956 m), dort geht's nach links zum nächsten Bacheinschnitt. Diesem Bach entlang und unter einem Skilift hindurch zur Kirche San Peter. An der Talstation des Skilifts vorbei trottet man schliesslich zum Bahnhof von Samedan (1706 m).

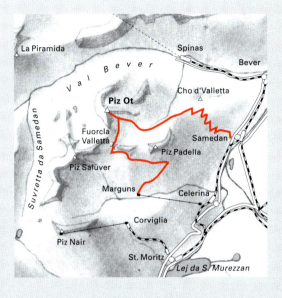

Varianten
Ins Val Bever: bei der Abzweigung P. 2426 den linken Weg einschlagen und über die Valletta da Bever zum Berggasthaus und zur Station Spinas der Rhätischen Bahn. In Spinas halten nur wenige Züge morgens und abends auf Verlangen (P. 2426–Spinas 1 h, Schwierigkeit T2+).
Nach Celerina: bei der Abzweigung P. 2426 südwärts leicht ansteigen, dann hinab über P. 2431, P. 2388, P. 2080, Cristolais und Funtanella bis zum Bahnhof Celerina (P. 2426–Celerina 2 h, Schwierigkeit T2+).
Bahnfahrend: An bestimmten Tagen ist die Sesselbahn Marguns–Las Trais Fluors auch im Sommer in Betrieb – so verkürzt sich der Aufstieg entsprechend um 1 h 30'. Wer dann vom Gipfel zu den Trais Fluors zurückkehrt und wieder die Sesselbahn besteigt, schafft den Piz Ot retour in 3 h 30'.
Trettbrettfahrend: Bei der Bergstation von Marguns kann man Trottinetts mieten, die man bei der Talstation wieder abgibt (Zeit und Schwierigkeit je nach Fahrkunst). Nach Marguns gelangt man entweder über die Aufstiegsroute (Piz Ot–Marguns 2 h 30'), oder ab der Abzweigung bei P. 2426 (schon wieder die…) über P. 2431 und Munt da la Bêscha (Piz Ot–Marguns 3 h).

Zwei Kreuzworträtselberge, vom Piz Languard aus: links der spitze Piz Ot, rechts der massige Piz Ela.

Blick vom Piz Ot ins Val Bever, darüber die Gruppe des Piz d'Err – der dritte Kreuzworträtselberg.

Kein Rätseln bei der Routenfindung: deutliche Weghilfen im Aufstieg zum Piz Ot.

Piz Blaisun

Auf dem Gipfel der steilen Grashalden: vier Damen mit Blick auf Piz Üertsch.

Der erste SAC-Clubführer der Albula-Region erscheint 1934 aus der Feder von Eugen Wenzel. Er umfasst das Gebiet vom Septimer bis zum Flüela, doch einen Berg namens Piz Blaisun sucht man vergeblich. Dafür stösst man in der Beschreibung eines gewissen Piz Plazbi auf eine interessante Bemerkung: «Auf älteren Ausgaben des Siegfried-Atlas wird der Berg noch Piz Blaisun genannt, eine Bezeichnung, die bei den Ortsansässigen wahrscheinlich auch heute noch angewandt wird. Die Landestopographie glaubte bei ihrer letzten Feldrevision dem häufigen Vorkommen des Namens Blaisun in der Albulagegend dadurch zu steuern, dass sie diesen im Hintergrund der Val Plazbi sich erhebenden Gipfel umtaufte in Piz Plazbi. Ob sich der neue Name eingebürgert hat, ist fraglich.»

Die aktuelle Ausgabe des Führers, von Manfred Hunziker verfasst und 2000 erschienen, führt keinen Piz Plazbi mehr im Ortsregister, dafür wieder einen Piz Blaisun. Der Kunstname hat sich also nicht eingebürgert, die Landestopographie konnte sich gegen die Ortsansässigen nicht durchsetzen. Piz Blaisun bedeutet Gipfel der steilen Grashalden, Piz Plazbi würde dagegen Gipfel des schönen Platzes heissen. Das erste ist treffender, denn Platz hat's auf dem Gipfel nicht eben viel. Platz findet man eher an seinem geräumigen Fuss, im Val Plazbi wie in den anderen von ihm ausgehenden Tälern, dem Val d'Es-cha (Tal der Weide) und dem Val d'Alvra (Tal der Weisse).

Ein Gipfel der steilen Grashalden also. Noch treffender wäre: der steilen Geröllhalden. Zwar zeigen sich da und dort scheue Vegetationsversuche, doch der Schieferschutt rutscht nach jedem Regenfall und jeder Schneeschmelze nach und verhindert nachhaltig die Ansiedlung relevanter Grasmengen.

Die Bauweise des Blaisun ähnelt der einer Pyramide, die in alle Richtungen mit dem für «nichtbindigen oder weichbindigen Boden» typischen Böschungswinkel von 40 bis 45° abfällt. Das Material besteht aus ca. 200 Mio. Jahre alten Schiefersedimenten und gehört zur sogenannten Ela-Decke. Der Blick hinüber zum wuchtigen Nachbarn Piz Kesch zeigt unmissverständlich, dass dort ein anderer, «bindigerer» Baustoff zur Anwendung gekommen ist: Orthogneis – ein Gestein, das aus der Umwandlung von Tiefengesteinen (wie Granit) bei hohen Druck- und Temperaturbedingungen entsteht. Der Blick trügt: Die meisten Touren am Piz Kesch sind von derart schlechter Felsqualität, dass praktisch nur noch die Normalroute begangen wird. Man hat in dieser Bündner Gegend also nur die Wahl zwischen Schutt und Steinschlag. Als Wanderer hält man sich mit Vorteil an Ersteren.

Doch das ist nicht der einzige Grund, weshalb der Blaisun dem Kesch vorzuziehen ist. Am Kesch lauern noch weitere Gefahren. Der Normalaufstieg führt über den verspalteten Vadret da Porchabella – und auf den Namen Porchabella wurde auch die Leiche einer 20- bis 30-jährigen Dame getauft, die vor einigen Jahren in der Nähe der Keschhütte vom Eis freigegeben wurde. Frau oder Fräulein Porchabella hat ihre Gletschertraversierung im 17. Jahrhundert trotz Haarnetz, Filzhut, Wollmantel, Bluse und Lederschuhen nicht überlebt. Was sie dort suchte, bleibt ein Rätsel.

Und dann drohen am Kesch sogar üble Verbrechen. Ein Fastmord ist jedenfalls in die Weltliteratur eingegangen. Max Frisch lässt Herrn Enderlin alias Herrn Gantenbein (alias sich selbst?) im Frühling 1942 während eines militärischen Urlaubes auf dem Piz Kesch dösen, als unvermittelt ein deutscher Tourist auftaucht. Enderlin stösst den vermuteten Nazispion kaltblütig über die Nordwand, aber bloss im Traum. Die hypothetische Tat wird Enderlin im Abstieg vom Gipfel noch plagen, doch der Gedanke sie nicht ausgeführt zu haben beunruhigt ihn auch ein wenig. Es wären auch keine Zeugen zugegen gewesen…

Dann doch lieber auf den kahlen Gipfel der steilen Grashalden.

Andrea Schorta, Wie der Berg zu seinem Namen kam, Terra Grischuna, Chur 1999.

Max Frisch, Mein Name sei Gantenbein, Suhrkamp, Frankfurt 1964.

3200 m

Schwierigkeit: T3–
Einfache Route, die vor allem über Geröll verläuft. Nicht überall sind deutliche Wegspuren vorhanden, Markierungen erlauben jedoch eine einfache Wegfindung. Der Aufstieg von der Fuorcla Pischa zum Piz Blaisun ist steil, aber gut gespurt.

Karte
1237 Albulapass

Zeit und Höhendifferenz 1. Tag
2 h 45' ↗ 900 m
Madulain–Chamanna d'Es-cha 2 h 45'

Zeit und Höhendifferenz 2. Tag
5 h ↗ 660 m ↘ 1430 m
Chamanna d'Es-cha–Fuorcla Pischa 1 h 30'
Fuorcla Pischa–Piz Blaisun 1 h
Piz Blaisun–Fuorcla Pischa 30'
Fuorcla Pischa–Chants 2 h

Ausgangspunkt
Madulain (1697 m). An der Bahnstrecke von St. Moritz nach Zernez und Scuol/Tarasp.

Unterkunft
Chamanna d'Es-cha CAS (2594 m). 60 Plätze, immer offen, bewartet von Ende Juni bis Mitte Oktober (Tel. 081 854 17 55, www.sac-cas.ch).

Unterwegs einkehren
Chants (1822 m): Restaurant Piz Kesch.

Endpunkt
Chants (1822 m). Bus (Reservation obligatorisch) sowie Alpentaxi (Tel. 078 680 35 00) nach Bergün, oder Fussabstieg in 1 h 45'. In Bergün Anschluss an die Bahnlinie von Chur nach St. Moritz.

Die Route
Von Madulain (1697 m) steigt man rechts der Ova d'Es-cha auf einem Mix aus Wegen und Fahrsträsschen zur Alp Es-cha Dadour (2063 m) auf. Weiter ins Val Müra hinein, über den Bach und zur Chamanna d'Es-cha (2594 m) hoch.

Man verlässt die Hütte zunächst auf dem markierten Weg, der zur Albulastrasse führt. Nach knapp zehn Minuten biegt man rechts in den Weg nach Chants und Bergün ein, steigt zuerst rasch etwas an und traversiert dann nach links ins geröllige Hochtal der Ova Pischa hinein. Der nicht immer deutlich erkennbaren Spur folgend, gelangt man bald zur Fuorcla Pischa (2871 m).
Von der Fuorcla Pischa steigt ein recht gut ausgetretenes und kaum zu verfehlendes Zickzack-Weglein auf kompaktem Schutt über den recht steilen Nordrücken hinauf bis zur Steinpyramide des Piz Blaisun (3200 m). Der Gipfel ist nicht für grössere Gruppen ausgelegt.
Zurück zur Fuorcla Pischa und nach Westen. Zuerst Geröll und später Wiesen begleiten auf dem Weg durch den Murtel d'As-cha und die Terrasse von P. 2595 ins Val Plazbì hinunter. Stets rechts der Ava da Plazbi auf dem Talweg hinaus, der ab der Alp Plazbì (2069 m) zu einem Strässchen anwächst. Über die Alp digl Chants und durch den Wald erreicht man so Chants (1822 m).

Varianten
Etwas anspruchsvoller ist die Besteigung des Piz Blaisun über den Ostgrat. Von der Chamanna d'Es-cha auf dem Wanderweg Richtung Albulastrasse bis zur Einsattelung der Fuorcla Gualdauna (2491 m) und weglos hinauf zur Kuppe P. 2638. Die Route ist nun durch den langen, manchmal etwas luftigen Schuttgrat gegeben, dem man ohne grosse Schwierigkeiten folgt. Ab ungefähr 3020 m trifft man auf vereinzelte Felsen mit leichten Kletterstellen im I. Grad, wobei man auch mal geringfügig vom Grat abweicht. Vorbei an einigen Felstürmchen gelangt man auf logischer Route zum Gipfel (Chamanna d'Es-cha–Piz Blaisun 3 h 15', Schwierigkeit T4+).

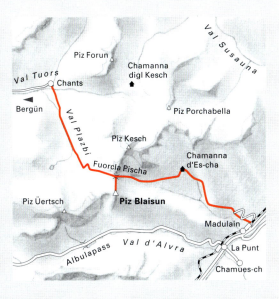

Wer fünf Tage Zeit hat, kann sich auf einem Gipfeltrekking vom Engadin bis ins Prättigau eine ansehnliche Dreitausender-Sammlung zulegen. Beginn in Madulain, Aufstieg zur Chamanna d'Es-cha CAS, am nächsten Tag Fuorcla Pischa mit Piz Blaisun, Abstieg nicht ganz bis nach Chants und Gegenaufstieg zur modernen, solarpreisgekrönten Chamanna digl Kesch CAS (2632 m). Am dritten Tag Abstecher zum Hausberg der Kesch-Hütte, dem Piz Forun (3052.3 m, Schwierigkeit T4, Grashänge und Blockgrat), und Übergang via Scalettapass zur Chamanna da Grialetsch CAS (2542 m). Tag vier führt zum (Flüela-) Schwarzhorn (3146.2 m, Schwierigkeit T3–) und hinab zum Flüelapass. Übernachtung im Hospiz (2383 m). Am letzten Tag dann zur Krönung der anspruchsvollere, ebenfalls in diesem Führer vorgestellte Aufstieg zum Flüela-Wisshorn (3085 m, Schwierigkeit T4+) und der Abstieg über Vereina bis nach Klosters. Weitere Details zu den einzelnen Etappen in Manfred Hunziker, *Clubführer Bündner Alpen 6*, SAC-Verlag 2000.

Ausgangspunkt für Piz Blaisun wie für Piz Kesch (= Piz d'Es-cha): die Chamanna d'Es-cha CAS hoch über Madulain.

Sonnenaufgang am Piz Bernina, beobachtet von der Chamanna d'Es-cha.

Variante über den Ostgrat zum Piz Blaisun – zwar anspruchsvoller als die Normalroute, aber auch unterhaltsamer. Im Hintergrund der breite Piz Kesch, von seiner eisfreien Seite.

Noch schläft die Sonne: blaue Stunde am Piz Languard. Hinten rechts Piz Kesch.

Piz Languard

Graubünden ohne Steinböcke? Mehr als 200 Jahre lang gab's zwischen Samnaun und dem Gotthard weder mächtig gehörnte Burschen noch fahlbraune Steingeissen. Überhaupt lebten im 19. Jahrhundert im gesamten Alpenraum nur noch einige Dutzend Steinböcke, die der italienische König in seinen Jagdkolonien am Gran Paradiso hegte, pflegte und bei Bedarf auch bejagte.

«Der Bund wird die Besiedlung der Freiberge mit Steinböcken anstreben», steht im 1875 veröffentlichen Bundesgesetz über Jagd und Vogelschutz. Die ersten Versuche zur Wiedereinbürgerung misslangen jedoch gründlich, denn statt reinblütige Steinböcke gelangten Hausziegen-Bastarde zum Einsatz. Steinwild-Freunde aus St. Gallen kontaktieren daraufhin italienische Wilderer, die ab 1906 in mehreren Aktionen frisch geborene Kitze in den streng bewachten Jagdrevieren am Gran Paradiso beschafften und nach St. Gallen brachten. Im dortigen Tierpark Peter und Paul vermehrten sie sich so erfolgreich, dass um 1911 zuerst im Gebiet der Grauen Hörner im St. Galler Oberland, später am Piz Ela bei Bergün mehr als ein Dutzend Tiere ausgesetzt werden konnte. Beide Kolonien waren jedoch nicht überlebensfähig, weshalb 1920 ein weiterer Versuch, diesmal im Einzugsgebiet des kurz zuvor gegründeten Schweizer Nationalparks, unternommen wurde.

Vier von sieben ausgesetzten Tieren wanderten in südöstlicher Richtung direkt in das als Wilderergegend berüchtigte Val Livigno ab, direkt vor die Flinte des berüchtigten Signor Bormolini. Wilderer geben, Wilderer nehmen. Die restlichen Tiere flüchteten und fanden ein geeignetes Territorium um Piz Albris und Piz Languard, oberhalb von Pontresina. Hier etablierte sich die Gruppe und ist heute eine der zahlenmässig stärksten innerhalb der nun 14 Kolonien umfassenden Steinbockpopulation Graubündens. Schutzbestimmungen im gesamten Alpenraum ermöglichen heute das Überleben von rund 30 000 Tieren, ungefähr die Hälfte davon auf Schweizer Gebiet.

Am Piz Languard und Piz Albris, mitten in unserem Wandergebiet, ist die Chance sehr gross, Steinwild aus der Nähe beobachten zu können. Manchmal abends unterhalb der Georgy-Hütte, manchmal tagsüber bei den Lejs d'Albris oder dem Lej da la Pischa. Steinböcke sind sehr standorttreu; im Sommer und in den warmen Mittagsstunden findet man sie oftmals auf den kühleren Nordseiten der Bergspitzen, gegen Winter und bei Kälte suchen sie die warmen, schneefreien Sonnenhänge der Südseiten auf. Die dabei zurückgelegten Distanzen können mehrere Kilometer betragen.

Ausgiebig die eiweissreichen jungen Gräser und Kräuter wiederkäuen, lehren die Steingeissen ihre Kitze. Sonst wäre das Überleben der bis zu 90 kg schweren Tiere bei einer solch spärlichen Vegetationsdecke nicht möglich. Im Winter leben sie von angereichertem Fett und dürren Gräsern auf den vom Wind abgewehten Graten. Im Gegensatz zu Geweihträgern wie Reh und Hirsch, tragen bei Hornträgern (Steinwild, Gämswild) Männchen und Weibchen einen Kopfschmuck. Bei den Weibchen sind die Hörner bis 40 cm, bei den Männchen bis 120 cm lang und mehrere Kilogramm schwer. Die Altersbestimmung aus der Distanz ist schwierig, da nicht die vorderen Schmuckknoten, sondern die Altersringe am hinteren Teil der Hörner Jahrringe sind. Aus der Distanz hilft die Faustregel: Schmuckknoten dividiert durch zwei ergibt das ungefähre Alter. Auf unserer Wanderung bekommen wir die stattlichen Tiere vielleicht aus nächster Nähe zu Gesicht. Müssen eventuell sogar einen grossen Bogen um sie schlagen um ihnen nicht zu nahe zu treten. Die Ausrottung von Bär, Luchs und Wolf, wie auch der strenge Schutz durch den Menschen haben ihre Spuren hinterlassen – und dem Steinwild Selbstvertrauen beschert.

Paul Emanuel Müller, Tierwelt der Berge, Terra Grischuna Verlag, Chur 1987.

3261.9 m

Schwierigkeit: T3+
Der Fels des Piz Languard ist nicht eben von bester Qualität. So wird die Wegführung von der Hütte auf den Gipfel vom Hüttenwart jedes Jahr angepasst und wenn nötig mit Drahtseilen ausgestattet. Eine etwas luftige, rund 2 m lange Passage gleich vor dem Gipfel, lässt sich nicht vermeiden.

Karten
1257 St. Moritz, 1258 La Stretta

Zeit und Höhendifferenz 1. Tag
4 h ↗ 900 m ↘ 180 m
Muottas Muragl–Chna Segantini 1 h 30'
Chna Segantini–Chamanna Georgy 2 h 30'

Zeit und Höhendifferenz 2. Tag
3 h 45' ↗ 120 m ↘ 1250 m
Chna Georgy–Piz Languard–Chna Georgy 45'
Chamanna Georgy–Fuorcla Pischa 1 h 15'
Fuorcla Pischa–Bernina Suot 1 h 45'

Ausgangspunkt
Muottas Muragl (2453 m). Vom Bahnhof Punt Muragl an der Linie Samedan–Pontresina (–Tirano) in 3 Minuten zur Talstation der Standseilbahn und mit dieser hinauf zum Muottas Muragl.

Unterkunft
Chamanna Georgy (3175 m), auch Languardhütte genannt. 24 Plätze, im Sommer offen und bewartet (Tel. 081 833 65 65).

Unterwegs einkehren
Muottas Muragl (2453 m): Bergrestaurant bei der Standseilbahn, Übernachtungsmöglichkeit (Tel. 081 842 82 32).
Chamanna Segantini (2731 m): Bergrestaurant mit grossartiger Sicht auf das Val Roseg und die Bernina-Gruppe (keine Übernachtungsmöglichkeit).
Bernina Suot (2046 m): Gasthaus, Übernachtungsmöglichkeit.

Endpunkt
Bernina Suot (2046 m). Haltestelle der Bahnlinie Poschiavo–Pontresina–Samedan.

Die Route
Vom Muottas Muragl (2453 m), dem Hotel mit dem wunderbaren Panorama auf die Oberengadiner Seenplatte, führt ein breiter Spazierweg leicht absteigend ins Tal der Ova da Muragl, die bei P. 2368 überquert wird. In vielen Kehren bewältigt man den steilen Nordhang des Munt da la Bês-cha (2646.7 m) und folgt dann der Krete bis zur Chamanna Segantini (2731 m) mit ihrer zum Verweilen einladenden Sonnenterrasse. Das anschliessende Stück wird «Steinbockweg» genannt: Es leitet zwischen den Lawinenverbauungen unter dem Gipfel Las Sours zur Costa dals Süts hinüber. An zwei kurzen Stellen ist der Weg etwas schmal und mit Drahtseilen gesichert. Bei Plaun da l'Esen (2733 m) beginnt der Pfad steil anzusteigen und führt oberhalb P. 2927 in unzähligen, gut ausgebauten Kehren hinauf zur Chamanna Georgy auf 3175 m.
Am schönsten ist der Aufstieg zum Gipfel des Piz Languard bei Sonnenaufgang, wenn sich die höchsten Gipfel der Bernina-Gruppe und des Piz Palü im Morgenrot zartrosa verfärben. Die Wegfindung ist leicht: vom WC vor der Hütte über die Krete direkt bis zur Triangulationspyramide auf dem bequemen Gipfel (3261.9 m). Stellenweise ist der Weg schmal, einmal auf 2 m auch etwas luftig, ohne jedoch richtig ausgesetzt zu sein.
Der Abstieg führt zurück in die Hütte und die vom Aufstieg her bereits bekannten Kehren zum Wegweiser auf 2927 m hinab. Hier schwenkt man nach links und hält die Höhe gegen die Fuorcla Pischa zu. Wer am Vorabend keine Steinböcke bei der Hütte gesehen hat, findet hier sicher welche.
Von der Fuorcla Pischa (2848 m) zieht sich der Weg durch hügeliges, karges Gelände in einigem Auf und Ab südwärts bis P. 2769, wo der Abstieg durch die steile Flanke ins Val da Fain beginnt. Zuerst ein Felsband bis P. 2625 umgehen, dann in die Wiesen des Val Pischa zurück. Der Talgrund mit Fahrweg wird bei Plaun Grond auf 2172 m erreicht.

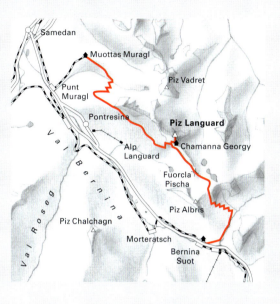

Das Fahrsträsschen quert am Talausgang die Brücke über die Ova da Bernina, wo man rechts zur Bahnstation Bernina Suot (2046 m) abbiegt.

Variante
Eine lohnende, wilde Abstiegsvariante durch kargeste Landschaft von der Fuorcla Pischa hinab zu den Edelweisswiesen des Val da Fain: von der Fuorcla Pischa zum Lej da la Pischa, dann weglos über die Fuorcla Tschüffer zum Lej Tschüffer und zwischen Piz Sagliaint und Piz Tschüffer zum Seelein auf 2805 m. Über die Hochebene auf rund 2800 m unter dem Piz Chatscheders hindurch erreicht man leicht absteigend den markierten Weg von der Fuorcla Chamuera zur Alp la Stretta. Von den Alpgebäuden (2427 m) dem Fahrweg entlang das Val da Fain hinaus zur Brücke und rechtshaltend nach Bernina Suot (Fuorcla Pischa–Alp La Stretta–Bernina Suot 3 h 30').

Morgennebel lösen sich am Piz Palü auf. Rechts unten die Kanzel des Munt Pers.

Sonnenaufgang
am Languard.
Am Horizont geht
bei Cambrena, Palü,
Bellavista, Zupò,
Bernina und Morteratsch
das Licht an.

Würde macht Bürde:
Die Zierde des Steinbocks
wird bis zu 120 cm lang
und über 10 kg schwer.
Am Piz Languard.

Munt Pers

Munt Pers: junges Bergwanderpaar unter dem Biancograt, Piz Bernina.

Wenige Minuten unter dem Gipfel des Munt Pers setze ich mich hin, der Höhenluft ihren Tribut zu zollen. Meine Augen wandern über die markanten Bergsilhouetten, bleiben dann aber rechts vor mir, im fast humuslosen Boden, hängen. Was leuchtet da so blau? Vergissmeinnicht auf dieser Höhe? Nein, das «zur Erde gefallene Stückchen Himmelsblau» heisst Himmelsherold. Wie können derart schöne und feine Pflanzen bloss die garstigen Witterungsbedingungen auf dieser Höhe überleben, und: Wie sind sie überhaupt hierher gekommen? Die Höhenlage und das damit verbundene, je höher desto rauher werdende Klima bestimmen den Wuchs der Pflanzen. Je tiefer die Temperaturen, desto kleinwüchsiger die Pflanzen. In den Gipfelregionen, wie hier auf über 3000 m, sind Polsterpflanzen und zähe, kleinwüchsige Arten anzutreffen. Solche Pflanzen tragen oft ein dichtes Haarkleid, das vor Frösten schützt und hilft, die spärlichen Sonnenstrahlen möglichst gut einzufangen.

Welche Art wo wachsen kann, hängt stark mit dem Untergrund zusammen. Begegnet man doch im Kalkgebiet einer völlig anderen, oftmals reichhaltigeren Vegetation als auf Urgestein (Silikat, Kristallin). Die Artenfülle wird grösser, je weiter man gegen Süden kommt und je weiter man sich dem West- oder Ostrand der Alpen nähert. Die klimatischen Vorteile des Südens und die grösseren Niederschlagsmengen an den Alpenrändern sind Gründe dafür.

Neben den erdgeschichtlichen Prozessen haben auch die Eiszeiten das Gesicht der heutigen Flora entscheidend mitgeprägt. Noch vor rund 15 000 Jahren waren nahezu die gesamten Alpen mit einer mächtigen Eisdecke überzogen, welche in der Schweiz ungefähr vom Monte Generoso bis gegen Bern reichte. Die alpine Vegetation wurde in dieser Zeit sehr stark dezimiert. Nahezu alles, was wir heute an Vielfalt der Alpenflora bewundern, ist also erst in den letzten paar tausend Jahren aus den eisfreien Gegenden wieder in die Alpen zurück gewandert. Aber auch in den Alpen ragten einzelne Gipfel, sog. Nunatakker, sogar während der stärksten Vergletscherung aus dem Eismeer heraus und ermöglichten so einigen Pflanzen das Überleben. Der Himmelsherold ist eine davon. Als einer der ersten Vorposten pflanzlichen Lebens im Hochgebirge beschränkt sich sein Vorkommen vor allem auf die Gipfelregionen über 2500 m Höhe. Seine seidig glänzenden Polster können bis zu 30 Jahre alt werden und sein Blau ist und bleibt unübertroffen.

Eine andere, häufig in den obersten Bergregionen anzutreffende Pflanze ist der Silberwurz. Während der Eiszeit bedeckte dieses Rosengewächs weite Teile der mitteleuropäischen Tundra und festigt nach dem Rückzug der Gletscher als Pionierpflanze das lose Geröll der Moränenhalden und Schwemmböden der Kalkgebiete von Spitzbergen über die Alpen bis zu den Pyrenäen, von Nordgriechenland über Alaska bis nach Japan.

Zu noch grösserer Verbreitung hat es die Mehlprimel gebracht. Nebst den gesamten Kalkalpen besiedelt sie die Gebirge Nordamerikas, Grönlands und Asiens und ist gar in den südamerikanischen Anden zu finden. In der europäischen Arktis hingegen fehlt sie.

Die absoluten Höhenkünstler in den Alpen sind aber nicht die kleinsten Pflanzen, sondern etwas überraschenderweise eher die stattlicheren. So hielt man den Gletscher-Hahnenfuss lange Zeit für den Höhenrekordhalter, denn die aus der Arktis stammende, zuerst weiss blühende, sich dann manchmal rot verfärbende Blume gedeiht noch am Gipfel des 4274 m hohen Finsteraarhorns. Vor wenigen Jahren wurde allerdings am Dom noch etwas weiter oben ein Pflänzchen des Zweiblütigen Steinbrechs gefunden, welches nun den absoluten Höhenrekord hält. Kann sich also der Zweiblütige Steinbrech ins Guinness-Buch der helvetischen Rekorde eintragen lassen, oder wird uns das sich stetig erwärmende Klima schon bald von der Dufourspitze weitere botanische Rekorde bescheren?

3207.1 m

Schwierigkeit: T3–
Bekannter und belebter, gut markierter Wanderweg. Keine ausgesetzten Stellen. Der anspruchsvollste Wegabschnitt ist die Querung der recht steilen Flanke unter dem Vorgipfel P. 3141. Auf rund 50 m Länge ist es hier ratsam, sich nicht allzu stark vom sensationellen Panorama ablenken zu lassen, und die Augen umso mehr auf den knapp ein Meter breiten Weg zu richten. Grosse Steinblöcke machen anschliessend den vermeintlichen Spazierweg zum echten Wanderweg. Bei Gewittern befindet man sich während der gesamten Wanderung in ausgesetzter Lage ohne Schutzmöglichkeit.

Karte
1277 Piz Bernina

Zeit und Höhendifferenz
2 h ↗ 250 m ↘ 250 m
Diavolezza–Munt Pers 1 h 15'
Munt Pers–Diavolezza 45'

Ausgangs- und Endpunkt
Bergstation Diavolezza (2973 m). Von der Haltestelle Diavolezza (an der Bahnlinie Pontresina–Berninapass–Tirano) in 2 Minuten zur Talstation der Seilbahn Diavolezza, und mit der Grosskabine hinauf zur Bergstation Diavolezza.

Unterwegs einkehren
Diavolezza (2973 m): Berggasthaus Diavolezza bei der Bergstation der Seilbahn, offen von Ende Juni bis Mitte Oktober, Übernachtungsmöglichkeit (Zimmer und Lager, Tel. 081 842 62 05, www.diavolezza.ch).

Die Route
Von der Bergstation Diavolezza (2973 m) aus quer durch die Sonnenterrasse den Wegweisern auf den Grat nordwestwärts in Richtung Munt Pers folgen. Zuerst in etwas unentschlossenem Auf und Ab dem breiten Grat folgend, beginnt der weiss-rot-weiss markierte und hier noch recht breite Weg nach einigen Minuten stärker anzusteigen und traversiert nach P. 3070 ein Schotterfeld unterhalb des Vorgipfels P. 3141. Anschliessend führt der Weg im Zickzack über die mit grossen Felsbrocken übersäte, sanft geneigte Südflanke bis knapp unter den Gipfel. Die letzten 50 Höhenmeter werden dann auf dem aussichtsreichen, breiten Grat bis zum Gipfelsteinmann zurückgelegt. Zurück zum Berggasthaus entlang der Aufstiegsroute.

Varianten
Die Besteigung des Munt Pers lässt sich gut kombinieren mit dem Abstieg hinunter zum Berninapass und entlang dem Lago Bianco zur Alp Grüm. Hierzu schlägt man von der Bergstation zunächst einen weiten Bogen ostwärts, quert das Schneefeld unter dem Sass Queder (ein noch einfacherer Wanderdreitausender) zu den Seelein 2857 m. Dann verlässt man den planierten Pistenbereich und erreicht ostwärts haltend über P. 2766 und P. 2609 das Val d'Arlas und die Seenlandschaft von Lej Pitschen und Lej Nair. Dem Westufer des Lago Bianco entlang zur Staumauer und leicht ansteigend zum Berggasthaus Sassal Mason (2355 m) mit fabelhafter Aussicht auf das Puschlav. Dann hinunter zu der von weitem sichtbaren Bahnstation Alp Grüm (2091 m) mit Restaurant (Bergstation Diavolezza–Alp Grüm 3 h, Schwierigkeit T2+).

Eine weitere Abstiegsmöglichkeit stellen die täglichen Führungen von der Diavolezza über den Vadret Pers, die Isla Persa und den Morteratschgletscher nach Morteratsch dar (Schwierigkeit L): Informationen beim Kur- und Verkehrsverein Pontresina erhältlich (Tel. 081 838 83 00, www.pontresina.ch).

Sehenswürdigkeit
Das Besondere an der Tour auf den Munt Pers ist das einmalige Gipfel- und Gletscherpanorama auf der gesamten Wanderung – vom Piz Cambrena über Piz Palü, Bellavista, Crast'Agüzza und Piz Bernina mit dem markanten Profil des Biancogrates bis zum Piz Morteratsch und das gesamte Val Bernina hinunter nach Pontresina und Samedan bietet diese Tour Einblick in verschiedene Geländekammern des Oberengadins und, sofern man auch noch die Abstiegsvariante zur Alp Grüm wählt, hinunter ins Puschlav und Veltlin.

Standort Munt Pers:
Blick hinunter auf den Vadret da Morteratsch – und hinauf zu Piz Bernina, Piz Morteratsch und Piz Boval.

Standort Vadret Pers:
Blick über den Gletscher –
zum Munt Pers, rechts
oberhalb der Baseballmütze.

Standort Munt Pers:
Blick hinab – zum Himmelsherold.

Flüela-Wisshorn

Das Flüela-Wisshorn von der Winterlücke.

Die Wegkehren vom Wägerhus hinauf gegen die Winterlücke verlaufen anfänglich fast zu flach, um effizient an Höhe zu gewinnen. Es ist kalt und zügig an diesem Julimorgen unter dem Flüela-Wisshorn, weshalb wir ein forsches Tempo anschlagen. Ein Morgen, an dem man immer irgendwie falsch angezogen ist. Zu kalt für T-Shirt und kurze Hose, zu warm für was man gerade trägt. Noch vor der Abzweigung gegen die Jörifüelafurgga kommen uns zwei Personen entgegen. Nicht gerade typische Wandervögel, weder der Kleidung noch der Ausrüstung nach und schon gar nicht angesichts der Tageszeit. Aus ihren Rucksäcken ragen Metallkanister und elektronisch aussehendes Zeugs heraus, dessen Zweck schwer zu bestimmen ist, uns aber an eine Mischung aus Blitzableiter und Tiefkühltruhe erinnert. Das Nachdenken über das Wer, Was, Woher und Warum der Begegnung lässt den Anstieg zur breiten Winterlücke im Fluge vergehen.

Vom Pass aus lässt sich die Vielfalt des Jöriseen-Plateaus noch nicht erahnen. Zu dicht sind die Felsrippen, zu hoch die Moränenwälle und zu flach der Abhang Richtung Frömdvereina. Der gewünschte Überblick stellt sich erst knapp unter dem Gipfel des Wisshorns ein. Von hier aus sieht man die meisten der 21 Seen und Seelein. Je nach Jahreszeit variiert ihre Grösse, je nach Jahreszeit liegen sie inmitten einer Blütenpracht oder in kargester Hochgebirgsumgebung. Beim Rundblick vom Vorgipfel aus fallen uns kleine, rosarote Punkte auf dem drittgrössten See auf. Was sie wohl zu bedeuten haben?

Licht ins Dunkel bringen die beiden Personen, die uns mit ihrer abenteuerlichen Ausrüstung im Aufstieg beschäftigt haben. Wir treffen sie am Ende der Wanderung erneut. Diesmal schleppen sie eine Unmenge an meteorologischem Messmaterial mit sich – Forscher also. Gut gelaunt erzählen sie von ihrer Arbeit im Rahmen des gesamteuropäischen Forschungsprojektes «Molar» (Mountain Lakes Research), in welchem seit 1997 die Jöriseen wissenschaftlich erforscht werden. Forschungsteams aus verschiedenen Universitäten verbringen Tage und Nächte an den Seen, führen Messungen durch und entnehmen Wasserproben, um den Eintrag von Dünge- und Schadstoffen aus der Atmosphäre und deren Auswirkungen auf das Ökosystem des Hochgebirges herauszufinden. Ähnliche Untersuchungen werden an insgesamt 35 Orten zwischen Spitzbergen und Slowenien, in den Pyrenäen und im Tatra-Gebirge Polens durchgeführt. Die Jöriseen wurden als Forschungsgebiet ausgewählt, weil sich die Gewässer durch unterschiedliche Wasserqualitäten auszeichnen. Einige werden durch Regen- und Schneeschmelzwasser gespiesen, andere füllen sich im Sommer zur Hauptsache mit Gletschereis-Schmelzwasser und wieder andere werden vermutlich durch unterirdische Permafrostquellen genährt. Da einige dieser Seen bereits 1918 untersucht wurden, besteht hier die einmalige Gelegenheit mögliche Veränderungen und deren Ursachen zu erforschen.

Die beiden Forscher interessieren sich aber nicht nur für die physikalischen Ökosystemdeterminanten und limnologischen Prozesse im Einzugsgebiet der Jöriseen. Nein, auch allgemein verständlichen Fragen wird hier nachgegangen. So wird z.B. erforscht, wie sich die Tier- und Pflanzenwelt in jenen Seen weiter entwickelt, die vor knapp 100 Jahren noch eisbedeckt und extrem artenarm waren. Haben sich jene Arten, die damals festgestellt wurden, auch nach dem Rückzug der Gletscher erhalten können oder haben die Umweltveränderungen auch zu einer Anpassung der Kleinlebewesen geführt?

Gerne hätten wir weitere Erkenntnisse erfahren, die sie aus chitinösen Skelettteilen von Wasserflöhen und ehemals luftbürtigen Stoffen in detaillierten Sedimentanalysen gewonnen hatten. Aber leider rief das Postauto nach zahlenden Fahrgästen. Hätten wir es verpasst, wäre nur noch ein Plätzchen im winzigen Feldlabor an der Westseite von Jörisee III frei gewesen. Und wir wollten die Gastfreundschaft der Forscher nicht über Gebühr strapazieren.

Davoser Revue, Nr. 2+3/97, Davos 1997.

3085 m

Schwierigkeit: T4+
Eine 10 m lange, etwas ausgesetzte Platte rund 50 Höhenmeter unter dem Vorgipfel und ein ebenso kurzes, nicht minder luftiges Wegstücklein zwischen dem Vorgipfel und Hauptgipfel sind die Hauptschwierigkeiten am Flüela-Wisshorn. Verwirrend viele Wegspuren und Steinmännchen, dafür aber keine offiziellen Markierungen führen von der Winterlücke zum Gipfel.

Karte
1197 Davos

Zeit und Höhendifferenz
5 h 45' ↗ 885 m ↘ 1150 m
Wägerhus–Winterlücke 1 h 30'
Winterlücke–Flüela-Wisshorn 1 h
Flüela-Wisshorn–Vereinahaus 3 h 15'

Ausgangspunkt
Wägerhus (2207 m). An der Postautolinie Davos–Flüela–Susch (im Fahrplan ist die Haltestelle unter «Davos Dorf, Wägerhus/Abzw. Jöri» zu finden).

Unterwegs einkehren
Berghaus Vereina (1943 m): offen von Ende Juni bis Mitte Oktober, Übernachtungsmöglichkeit (Tel. 081 422 12 16).

Endpunkt
Berghaus Vereina (1943 m). Mit Alpentaxi nach Klosters (regelmässiger Taxitransport vom Berghaus Vereina nach Klosters mit Abfahrt um ca. 8.45, 10.15, 14.30, 16.00 und 17.30 Uhr, Anmeldung beim Berghaus Vereina erforderlich).

Die Route
Vom Wägerhus (2207 m) nordostwärts auf flachem Zickzackweg zur Abzweigung bei P. 2351 und dort rechtshaltend durch das grobschuttige Blockfeld bis zum flachen, ehemaligen Gletscherfeld nach P. 2560. Nach kurzem, steilem Aufstieg zur Winterlücke (2787 m) verläuft die Route über den Nordwestgrat gegen das Flüela-Wisshorn zu. Schon bei den ersten Felsen auf dem Grat (ca. 2830 m) verzweigen sich viele Wegspuren und umgehen die Hindernisse mal links- und mal rechtshaltend. Eine gute Wahl ist es, wo immer möglich auf der Gratschneide zu bleiben und nur wenn's wirklich nicht mehr weiter geht auf die Seite des Jörigletschers auszuweichen (die Flanke rechts, auf der Seite der Flüela-Passstrasse, ist recht schuttig, zum Teil sandig und etwas steinschläger). Wer auf dem Grat bleibt, quert bei ca. 2995 m eine flache Felsplatte ostwärts (wohl der am meisten ausgesetzte Teil der Tour) und erreicht kurz darauf den vermeintlichen Gipfel, der sich auf Grathöhe aber erst als ein auf der Landeskarte kaum zu erkennender Vorgipfel entpuppt. Auch wenn der Hauptgipfel nur unwesentlich höher ist, lockt doch der gut 100 m entfernte Gipfelsteinmann. Dazu steigt man zuerst einige Meter in die Senke ab und überwindet auf dem Grat 50 m weiter einen kleinen Kamin mit deutlichen Begehungsspuren. Nach dieser Passage führt der Weg ohne Schwierigkeiten zum Gipfel (3085 m).
Der Rückweg zur Winterlücke führt entlang der Aufstiegsroute – wiederum eher gegen den Jörigletscher ausweichend, denn die Flüela-Seite lockt mit einem vermeintlich einfacheren Abstieg, der aber in ungünstig geschichteten und recht losen Fels führt.

Bei der Winterlücke nordostwärts abbiegen und den rotweissen Markierungen entlang hinunter zu zwei kleinen Seen (ca. 2730 m) absteigen. Bei einem grossen Steinblock mit noch grösserer Wegmarkierung findet sich die Wegspur weiter gegen die grossen Jöriseen auf ca. 2500 m. Der Weg in Richtung Vereinahaus folgt nun nicht etwa dem Abfluss des grösseren Sees, sondern führt bei P. 2533 zwischen den beiden grossen Seen durch einige Felsbändchen gegen Frömdvereina und erreicht über die Wasserböden das Berghaus Vereina auf 1943 m. Wer noch nicht genug Höhenmeter in den Knochen hat, verlängert die Wanderung um rund 2 h 30' nach Klosters: Dazu folgt man der Fahrstrasse bis Stutzegg (1628 m) und nimmt dann den Wanderweg talwärts dem Vereinabach entlang nach Monbiel (Ortsbus), Äuja und Klosters (1191 m).

Plattenhörner mit einer Jörisee-Auswahl.

Felsplatte als Schlüsselstelle vor dem Vorgipfel.

Seenplatte Jöri im Aufstieg zum Gipfel.

Der Südostrücken des Piz Nuna von der Fuorcla Stragliavita.

Piz Nuna

Kürzlich ist der erste Schnee bis hinunter an die Waldgrenze gefallen. Höchste Zeit, die 50 Gipfel für dieses Buch beisammen zu haben, denn bald legt sich das winterliche Weiss über Berge und Täler und es gilt, die Bergschuhe gegen Tourenskier und Schneeschuhe einzutauschen. Als letzten Gipfel haben wir uns den Piz Nuna aufgespart. Durch seine Lage zwischen den beiden Nationalpark-Teilen ist das Gebiet wildreich wie kaum ein anderes in der Schweiz. Wir hoffen, hier einige Tiere bei ihren Wintervorbereitungen beobachten zu können. Allerdings ist es noch erstaunlich dunkel, als uns das Postauto am frühen Morgen an der Ofenpassstrasse auskippt. Auf leisest möglichen Sohlen schleichen wir der Alp Laschadura entgegen. Doch kein Hirsch, keine Gämse, kein Garnichts lässt sich in der Dämmerung ausmachen. Überhaupt, die Landschaft liegt wie ausgestorben im fahlen Morgenlicht da. Nicht mal ein Tannenhäher fliegt mit dem Kehlsack voller Arvennüsse zum Wintervorratsversteck. Nichts – alles ist still. Es scheint, als sei überall schon die Winterruhe eingekehrt.

Der Winter ist für die meisten Tierarten eine kritische Zeit, denn der Energieverbrauch erhöht sich durch den sehr grossen Unterschied zwischen Aussen- und Körpertemperatur und durch die kräftezehrende Fortbewegung im Schnee beträchtlich. Dazu kommt, dass die Energiegewinnung erschwert ist, weil nur wenig energiereiche und schwer zu beschaffende Nahrung zu finden ist. Ein aktives Leben bei Temperaturen unter dem Gefrierpunkt ist fast ausschliesslich warmblütigen Tieren möglich. Bergbewohner wie Hase, Fuchs, Reh, Hirsch, Gämse oder Steinwild haben sich an die harschen Bedingungen gewöhnt und sich entsprechend eingerichtet. Isolation heisst ihr Zauberwort, ein dichteres und längeres Fell mit mehr Unterwolle und ein Fettpolster schützt sie vor allzu grossem Wärmeverlust. Zudem ist es ihnen möglich, ihre Fellhaare aufzurichten und so die festgehaltene, isolierende Luftschicht nochmals zu vergrössern.

Auch Vögel legen sich ein Winter-Federkleid zu. Bei einigen Arten ist die Anzahl der Winterfedern um 80% grösser als beim Sommergefieder, die zarten Daunen halten die Luft am Körper fest und vermindern so den Wärmeverlust. Zusätzlich plustern sie sich bei grosser Kälte auf und vergrössern so die isolierenden Luftpolster. Andere Vögel entgehen der Kälte durch den Zug in wärmere, nahrungsreichere Gebiete. Dazu überwinden sie zusammen mit einigen Schmetterlingsarten und anderen Insekten die Alpenbarriere und fliegen nach Südeuropa oder sogar bis nach Afrika. Bei einigen Schmetterlingen endet der Lebensweg mit der Eiablage im Süden, die Nachkommen finden dann alleine den Weg über die Alpen zurück in ihr Sommerquartier. Andere Insekten überdauern die winterliche Kälte in einer geeigneten, frostunempfindlichen Entwicklungsstufe – also als Ei, Larve oder Puppe.

Wechselwarme Tiere wie Amphibien und Reptilien hingegen stellen ihre aktive Lebensweise unterhalb einer für sie kritischen Aussentemperatur praktisch ein und suchen frostgeschützte Überwinterungsplätze in Löchern und Höhlen auf. Durch Herabsetzung des Gefrierpunktes der Körperflüssigkeit (z.B. durch erhöhten Glyzerinanteil) überleben einige Spezialisten Temperaturen von bis zu –40 °C. Aber auch Säugetiere wie beispielsweise Murmeltiere verkriechen sich in ein Erdloch und schlafen, bis die Tage länger und wärmer werden.

Besonders effizient ist die Abwanderung in wärmere, tiefer gelegene Talregionen. Während Tiere der Arktis für eine Temperaturzunahme von 5 °C mehrere Hundert Kilometer gegen Süden wandern müssen, genügt den Hasen in den Alpen dafür bereits ein Abstieg von 800 Höhenmetern. Die Abstiegsstrategie erweist sich auch für uns als erfolgreich. Waren auf dem Gipfel noch Handschuhe und Jacke zwingend und der heisse Tee sehr willkommen, verstauen wir nach der Fuorcla Stragliavita schon den dicken Pullover im Rucksack und zuletzt, beim kurzen Gegenaufstieg zum Bahnhof Ardez, wünschen wir uns eine kurze Hose und ein grosses, kaltes Bier.

3123.8 m

Schwierigkeit: T4
Die Schwierigkeiten im Aufstieg zum Piz Nuna liegen einerseits bei der Wegfindung, da sich die Pfadspuren im lockeren Geröll ab 2500 m nach jedem grösseren Regen verändern. Andererseits stösst man auf den letzten 50 Höhenmetern auf zwei Felsbarrieren, die den Gebrauch der Hände nötig machen – die Kletterstellen im I. Grad sind jedoch nicht ausgesetzt, der Fels ist weitgehend solid und griffig.

Karten
1218 Zernez, 1198 Silvretta

Zeit und Höhendifferenz
8 h ↗ 1585 m ↘ 1880 m
Laschadura–Piz Nuna 4 h 15'
Piz Nuna–Fuorcla Stragliavita 45'
Fuorcla Stragliavita–Ardez 3 h

Ausgangspunkt
Zernez, Postauto-Haltestelle Laschadura (ca. 1730 m). An der Postautolinie Zernez–Ofenpass–Müstair.

Unterwegs einkehren
Keine Restaurants oder sonstige Einkehrmöglichkeiten unterwegs.

Endpunkt
Ardez (1432 m). An der Bahnlinie Zernez–Scuol/Tarasp.

Die Route
Von der Haltestelle Laschadura (ca. 1730 m) auf der Passstrasse zur Brücke P. 1748 und der Ova da Laschadura entlang zur Alp Laschadura (2000 m) aufsteigen. Weiter durch Weidegelände stets leicht oberhalb des Bachlaufes bis 2150 m, wo der nicht immer deutlich sichtbare Weg nordwärts abzweigt. Nun steiler ansteigend am westlichen Ufer des Bachlaufes gegen Stragliavita bis ca. 2480 m, wo man die Markierungen verlässt und geradeaus weiter an Höhe gewinnt. Durch ein deutliches Tälchen, noch immer über Weiden, hinauf zum östlichen Rand des grossen Geröllplateaus leicht oberhalb von P. 2582. Anschliessend direkt nordwärts auf die knapp 100 m breite Rinne des Piz Nuna zusteuern, in der sich Grasbänder bis gegen 2800 m ausmachen lassen. Die Aufstiegsspur führt manchmal über Gras, dann wieder durch feines Geröll bis auf 3000 m, wo sich die Rinne auf ungefähr 10 m Breite verjüngt hat. Ab hier wird mit Vorteil mal links mal rechts auf die Felsbarriere ausgewichen. Zuoberst warten zwei Stufen mit leichter, nicht ausgesetzter und griffiger Kletterei im I. Grad. Sind die beiden Stufen überwunden, steht man vor dem Gipfelaufbau und gelangt in wenigen Minuten zum höchsten Punkt auf 3123.8 m.

Abstieg auf gleicher Route bis 2750 m. Die Grasbänder auf Wildwechseln gegen Osten leicht absteigend unter dem Gipfelaufbau des Piz Nuna queren und zum weiten Sattel der Fuorcla Stragliavita (2687 m). Die Pfadspuren von der Fuorcla hinunter zur kleinen Hütte von Plan Surröven (2256 m) sind je nach Jahreszeit sehr undeutlich – trotzdem ist es schwierig, die von weitem sichtbare Hütte zu verfehlen. Auf nun deutlicherem Weg in gemächlichem Gefälle durch das Val Sampuoir zur Alp Sampuoir (1854 m), wo ein Kiessträsschen beginnt, das über die Brücke P. 1607 zum Wasserkraftwerk auf 1548 m führt. Um die nicht enden wollenden Kehren des Fahrwegs abzukürzen, wählt man hier mit Vorteil den Wanderweg direkt hinunter zur Kurve P. 1468, wo keine andere Wahl bleibt, als auf dem Fahrweg weit gegen Westen auszuholen (Abkürzungen sind hier im steilen Wald ungünstig), um dann doch noch ostwärts hinunter zur Brücke über den Inn auf 1298 m zu gelangen. Auf der Ardezer Seite des Inns führt die Teerstrasse nach kurzem Anstieg unter der Bahnlinie hindurch, der man bergseitig zum Bahnhof Ardez (1432 m) folgt.

Variante
Aufstieg zum Piz Nuna wie oben beschrieben bis zum Geröllplateau leicht oberhalb von P. 2582. Nun nicht direkt nordwärts zum Gipfel ansteigen, sondern etwas mühsam zum wilden, eindrücklichen Blockgletscher Fourun da Nuna hinauf. Die Routenwahl auf dem Blockgletscher ist nicht ganz einfach und setzt jedenfalls gute Sichtverhältnisse voraus. Einige grosse Felsblöcke auf seinem Rückgrat werden mal links und mal rechts umgangen, um zum kleinen, im Herbst ausgetrockneten Seelein im Talabschluss zu gelangen. Vom Seelein rechts über die steile Geröllflanke zur Einsattelung auf ca. 3000 m ansteigen, wo eine dünne Wegspur auf dem Grat und etwas südlich davon über eine recht steile Rinne und eine Felsbarriere (Kletterstellen im I. und II. Grad) zum Gipfel führt (zusätzlicher Zeitaufwand 45', Schwierigkeit T4+).

Ende Oktober, eine Landschaft im Wandel: Abstieg von der Fuorcla Stragliavita ins Val Sampuoir.

Ende Oktober, und schon eisiger Winter: die Gipfelfelsen des Piz Nuna.

Ende Oktober, und noch prächtiger Herbst: Ardez, Endpunkt der Wanderung.

Anfang Juli: viel Schnee und keine Jäger. Aufstiegsroute zum Piz Minschun.

Piz Minschun

Zwei Jäger pirschen durch die Fluren. Plötzlich schwebt ein Deltasegler über sie hinweg. «Conradin, ein Adler, schiess». Conradin legt an – Schuss! «Hast du ihn getroffen?», «Leider nicht, aber die Beute hat er fallen lassen».

Witze und Geschichten von kurzsichtigen Jägern sind legendär und lustig. Ausser man befindet sich mitten in der Jagdsaison bei diesigem Wetter im unübersichtlichen Gebiet zwischen Piz Minschun und Fuorcla Champatsch und der Schuss kracht in unmittelbarer Nähe. Ruhig Blut – eigentlich kann gar nichts passieren. Jäger müssen gemäss Vorschrift so nahe am Wild stehen, dass einwandfrei erkennbar ist, ob es sich um ein für sie zum Abschuss frei gegebenes Tier handelt oder lediglich um einen wilden Wanderer.

Früher diente die Jagd fast ausschliesslich der Nahrungsbeschaffung und Gefahrenabwehr. Das Wild war der Feind, die Jagd eine Überlebensstrategie. Im 18. Jh. wurde die Jagd auf grosse und wehrhafte Tiere (die so genannte Hohe Jagd) als Privileg des Adels und des Klerus verankert, das gewöhnliche Volk musste sich mit der Niederjagd (auf Hasen, Vögel etc.) begnügen. Mit dem Übergang zu demokratischen Staatsformen wurde auch die Hochjagd allmählich gewöhnlichen Bürgern zugänglich gemacht, was verbunden mit besseren Feuerwaffen zu einer so starken Dezimierung der Bestände führte, dass die Erlegung eines Rehs im Mittelland um 1900 schon Anlass zu einer Zeitungsnotiz war. Wer damals die Alpen durchstreifte, traf mit Ausnahme einzelner Gämsen praktisch keine grösseren Wildtiere mehr an. Die extreme Verfolgung der Raubtiere wurde durch Jagdgesetze vorgeschrieben und durch die Jäger ausgeführt, welche die natürliche Konkurrenz fürchteten. Die Tatsache, dass dem Wildbret Heilkräfte nachgesagt wurden, wirkte sich ebenfalls nachteilig auf die Bestände aus: Dachsblut sollte die Pest heilen, Hasenpfoten die Potenz fördern, Wolfslunge den Keuchhusten in Schach halten. Und Wolfsleber half dann, wenn die Ärzte am Ende ihres Lateins waren.

In der Schweiz wird die Jagd heute nach zwei Methoden ausgeübt: Patentjagd (vor allem in den Bergen) und Revierjagd (vor allem im Mittelland). Für beide wird die bestandene Jägerprüfung vorausgesetzt, bei der Kenntnisse über die Tiere und ihren Lebensraum, über Waffen und Jagdverfahren etc. gefragt sind. Währenddem in den Patentkantonen jeder Weidmann auf dem ganzen Kantonsgebiet jagdberechtigt ist, ist bei der Revierjagd die Teilnahme lediglich den Mitgliedern der privaten Jagdgesellschaft vorbehalten. Durch effektive Jagdregulierung finden sich in der Schweiz inzwischen wieder starke Bestände an Hirsch, Reh, Gams, Steinbock, Fuchs und Dachs. Nach wie vor prekär ist die Situation bei Rauhfusshühnern, Hasen und vielen kleinen Säugern.

Jäger haben vor allem in naturfernen Agglomerationen und Städten ein schlechtes Image, denn sie führen – daran führt kein Weg vorbei – anderen Lebewesen den Tod zu, was als grundsätzlich schlecht empfunden wird. Viele KonsumentInnen essen zwar Fleisch, möchten aber nicht wahr haben, dass dafür Lebewesen getötet werden. Das Töten soll doch bitte möglichst anonym, weit weg und klinisch sauber erfolgen. In der Metzgerei hat nichts mehr darauf hinzudeuten, wie das Schnitzel zu Lebzeiten ausgesehen hat und woran es gestorben sein mag.

Das Unbehagen bei einem Schuss in freier Wildbahn bleibt. Nachrichten von Jagdunfällen bleiben im Gedächtnis haften, obwohl sie meist Treibjagden im Ausland betreffen, bei denen mehrere Personen das Wild in die Enge treiben und sich so beim Schuss selber ins Gehege kommen («friendly fire»). Das ist bei der hiesigen Jagd nicht der Fall. In Graubünden wird sogar festgelegt, was jeder Jäger wo und in welcher Reihenfolge erlegen darf. Also muss er aus seiner Schussposition Alter, Geschlecht und Hintergrund erkennen, aber auch ob die Geiss eventuell noch säugend und demzufolge ein Kitz in der Umgebung ist. Jagdunfälle mit unbeteiligten Wanderern sind äusserst selten.

Farbenfrohe Kleidung und möglichst tierunähnliches Verhalten kann trotzdem nie schaden.

3068.2 m

Schwierigkeit: T3+
Die schwierigste Stelle beim Aufstieg liegt beim kleinen Felsband oberhalb P. 2898, wo es bei Schnee und Eis, nicht aber bei normalen Verhältnissen anspruchsvoll wird. Der Abstieg führt dann bis ins Val Urschai durch wegloses Gebiet, was Ansprüche an die Orientierungsfähigkeit stellt.

Karten
1199 Scuol, 1198 Silvretta

Zeit und Höhendifferenz
7 h 45' ↗ 975 m ↘ 1470 m
Motta Naluns–Piz Minschun 3 h
Piz Minschun–Marangun d'Urschai 1 h 30'
Marangun d'Urschai–Guarda 3 h 15'

Ausgangspunkt
Scuol, Motta Naluns Bergstation (2142 m). Scuol liegt an der Endstation der Bahnlinie von (St. Moritz–) Zernez ins Unterengadin. Vom Bahnhof Scuol-Tarasp in 3 Minuten zu den Bergbahnen Motta Naluns.

Unterwegs einkehren
Motta Naluns (2142 m): Bergrestaurant bei der Seilbahnstation.
Sonst keine offiziellen Verpflegungsmöglichkeiten an der Route.

Endpunkt
Guarda Cumün (1653 m). Mit dem Postauto (oder zu Fuss in ca. 20 Minuten) von Guarda Cumün hinunter nach Guarda Staziun an der Bahnlinie Scuol–Zernez (–St. Moritz).

Die Route
Ab der Bergstation der Seilbahn Motta Naluns (2142 m) auf dem Wanderweg durch die Blumenwiesen gleichmässig ansteigend bis Chamanna da Naluns (2370 m). Dort westwärts haltend über die Chamanna da Schlivera auf rund 2400 m zur Alp Clünas und noch 5' weiter zu den Feuchtgebieten des Munt dal Piz, wo die Pfadspur zum Lai da Minschun abzweigt. Ab hier besteht die Möglichkeit, über den Lai da Minschun zu P. 2898 aufzusteigen, oder nordwestwärts weglos über Grashalden auf die Senke wenig nördlich des Piz la Greala (2738 m) zu halten. Nach wenigen hundert Metern auf der Krete erreicht man bei P. 2898 den Weg, der vom Lai da Minschun her kommt. Der Weg folgt von P. 2898 zuerst dem Grat, quert dann ein kleines Felsband und steigt anschliessend über eine etwas mühsame Geröllhalde bis zum Gipfel des Piz Minschun (3068.2 m), wo ein originelles Gipfelhäuschen auf Besucher wartet.

Einen abwechslungsreichen Abstieg verspricht die Krete gegen Nordosten bis zur Senke P. 2885. Von dieser Senke aus über leicht zu begehende Gesteinsbrocken nordwestwärts zum See Davo Jarvo (2659 m) und über Wiesen zum grösseren, namenlosen See bei P. 2473 hinunter. Auf der linken Seite dem Abfluss folgend erreicht man den Talboden des Val Urschai bei P. 2224 und kurz darauf die Alp Marangun d'Urschai. Nun alles der linken Seite der Aua d'Urschai entlang, dann bei der Alp Valmala (1980 m) auf die rechte Talseite wechseln. Der Weg verabschiedet sich hier etwas vom Fluss, führt über Weidegründe langsam absteigend zu P. 1932, hält bei Las Miranas die Höhe und erreicht so die Alp Tasna (1896 m) und Plan Chamuera (1816 m). Oberhalb von Ardez bei P. 1588 – hier könnte man auch direkt zum Bahnhof Ardez absteigen – der Fahrstrasse 5 Minuten bergwärts folgen, um sie gleich wieder talseitig zu verlassen. Auf dem Wanderweg nochmals leicht ansteigend über Pradasura und Valdez nach Bos-cha (1664 m). Anschliessend über Las Palüds nach Guarda (1653 m).

Variante
Ein weiterer schöner Abstieg führt vom Piz Minschun nordostwärts ins Val Sinestra. Von der Senke P. 2885 umgeht man den Piz Oscar westseitig, denn die Überschreitung birgt im Abstieg eine Kletterstelle im II. Grad in brüchigem Fels (T5). Nach dem kurzen Aufstieg zu P. 2799 zwischen Piz Marsch und Piz Nair wird die Krete traversiert und über feinen Schutt zur Fuorcla Champatsch (2730 m) gequert. Hier öffnet sich das riesige, grüne Weidegebiet des Tiral, wo bald deutliche Wegspuren der Aua da Tiral entlang zu den Alpgebäuden von Pra San Flurin (2031 m) leiten. Aus dem Wanderweg wird ein Kiesfahrsträsschen, und man erreicht nach vielen Kehren durch das Val Laver den Hof Zuort (1711 m, Restaurant). Einen schönen Abschluss der Wanderung bietet der Weg dem Flusslauf der La Brancla entlang. Dazu überquert man nach Zuort den Fluss in östlicher Richtung (links die Steinpyramiden von Cluchers) und folgt dem Fahrweg bis kurz vor der Brücke P. 1693. Auf dem Wanderweg zum Flussbett absteigen und dem rauschenden Wasser mit etwas Auf und Ab zur Brücke beim Kurhaus Val Sinestra auf 1522 m (Postauto-Haltestelle, Restaurant, Hotel) folgen (Piz Minschun–Kurhaus Val Sinestra 4 h 15', Schwierigkeit T3+).

Höhepunkt Piz Minschun – nein,
das Gipfelbuch kommt nicht jede
Stunde trällernd heraus.

Ausgangspunkt Motta Naluns,
darüber der Piz Minschun,
vom Piz Lischana aus.

Endpunkt
Dorfbrunnen
in Guarda.

Das Ziel noch weit, der Tag noch lang: im Aufstieg von Samnaun zum Muttler.

Muttler

Wer die Überschreitung des Muttlers in Samnaun beginnt und sich Sent oder Vnà als Ziel gesetzt hat, merkt spätestens unter der Richtfunk-Antenne auf dem Gipfel, dass sich der Tag noch etwas in die Länge ziehen wird. Der Talboden des Unterengadins scheint erstaunlich weit weg und liegt vor allem ziemlich tief unten. Je nach Schneeverhältnissen sind die ersten paar Minuten Abstieg auf dem drahtseilgesicherten Gratweg etwas mühsam, dann gestaltet sich der Abbau der Höhenmeter zur Fuorcla Maisas und bis zu den Wiesen des Munt Bel sehr effizient. Auch wenn im Frühsommer lange, gelenkschonende Rutschpartien gegen das Val Tiatscha locken, sollte man es nicht verpassen, den Bach bei der in der Landeskarte angegebenen Stelle auf ca. 2520 m zu queren. Weiter unten ist die Bachquerung ein mühsames und nicht ganz ungefährliches Unternehmen, welches obendrein eine Menge Zeit in Anspruch nehmen kann.

Ob viel Zeit oder wenig zur Verfügung steht – im Val Sinestra wird allen geholfen. Den Eiligen in Form einer direkten Postautoverbindung nach Sent und Scuol, den weniger Eiligen in Form einer Übernachtungsgelegenheit in einem stolzen Kurhaus inmitten dieses wilden und dunklen Tales. Wer den Weg vom Hof Zuort zu den eindrücklichen Steinpyramiden von Cluchers einschlägt und dem schmalen Weg der La Brancla entlang folgt, wird sich wenig später überrascht die Augen reiben: Zuerst schielt ein kleines Türmchen über die Tannenwipfel, dann lugt ein Rundturm zwischen den Stämmen hervor und zum Schluss steht man vor einem Bauwerk geradezu monströsen Ausmasses, abgeschieden wie Frankensteins Burg, zuhinterst im entlegenen Tal. Was mochte jemanden dazu getrieben haben, hier hinten ein solches Monumentalwerk zu errichten?

Arsen! Ja richtig – *das* Arsen. (Gift-) Stoff so vieler Agatha Christie-Geschichten und unzähliger Detektivromane. Unten im engen Tal und aus einigen kleinen Felsritzen in der Umgebung des Kurhauses tritt es als rostbraun gefärbte Wasserlösung an die Oberfläche. Das Kurhaus Val Sinestra war, nach seiner Eröffnung im Jahre 1912, für ein halbes Jahrhundert Anziehungspunkt für Reiche und Schöne aus halb Europa. Von diesen am stärksten mineralisierten Heilquellen ganz Europas versprachen sie sich Heilung oder zumindest Linderung ihrer Beschwerden von Arthrose über Syphilis und Migräne bis zu sexuellen Schwächezuständen. Das damalige Kurangebot umfasste Schlamm-, Schaum- und Wasserbäder, Massagen und Trinkkuren mit dem rostbraunen Wasser. An den Wänden im Entrée und in einigen der grosszügigen Gesellschaftsräume stehen heute noch alte Vitrinen mit angsteinflössenden Arzneigeräten und allerlei Hilfsmitteln aus der damaligen Zeit. Würden die Mediziner heute noch mit ähnlichen Geräten hantieren, hätte das zweifellos einen enorm kostendämpfenden Einfluss auf die Krankenkassenprämien.

Als nach dem Zweiten Weltkrieg das Penicillin den Markt zu erobern und die Detektivromane das Kurgeschäft mit Arsen zu ruinieren begannen, siechte das Hotel mehr schlecht als recht dahin und schloss 1972 die Pforten für den Kurbetrieb definitiv. 1978 übernahm der in Obersaxen als Sohn eines holländischen Hoteliers geborene Peter Kruit das Haus inklusive sagenumwobenem Hausgeist «Hermann» und führt es als – nach wie vor stilvolle – Billigunterkunft weiter. Die Gäste machen ihre Zimmer selbst und helfen beim Aufdecken des Geschirrs und beim Abwasch. Die Kundschaft ist noch immer international, wenn man so will, stammt im Sommer jedoch fast ausnahmslos aus Holland. Den Winter über finden im Kurhaus Val Sinestra hingegen alle snowboardenden Nationen der Welt ihr Paradies – und eine wenig geräuschempfindliche Nachbarschaft.

Ursula Bauer und Jürg Frischknecht, Bäderfahrten, Rotpunktverlag, Zürich 2002.

3293.0 m

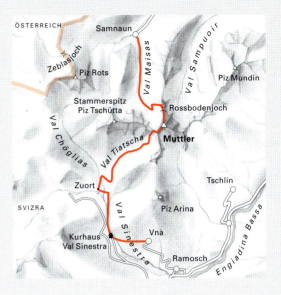

Schwierigkeit: T3+

Die Schwierigkeitseinstufung widerspiegelt die Situation der leicht ausgesetzten Seilpassage kurz nach dem Gipfel des Muttlers bei trockenem Wetter. Mit einem Zeitaufwand von rund 15' lässt sich diese Stelle in weitem Bogen nordwärts umgehen, was im lockeren Schiefer zwar mühsam, psychisch aber weniger anstrengend ist. Bei ungünstigen Sichtverhältnissen ist der Abstieg von der Fuorcla Maisas West nach Pradgiant zwar anspruchsvoll, aber nicht gefährlich – sofern man die Bachüberquerung bei ca. 2520 m erwischt.

Karten

1179 Samnaun, 1199 Scuol

Zeit und Höhendifferenz

8 h 45' ↗ 1580 m ↘ 1770 m
Samnaun–Rossbodenjoch 3 h
Rossbodenjoch–Muttler 1 h 30'
Muttler–Val Sinestra 3 h 30'
Val Sinestra–Vnà 45'

Ausgangspunkt

Samnaun Dorf, Post (1828 m). Samnaun ist ab Scuol im Unterengadin mit dem Postauto (meistens mit Umsteigen an der Landesgrenze in Martina) zu erreichen.

Unterwegs einkehren

Zuort (1711 m): Hof Zuort, Restaurant.
Val Sinestra (1522 m): Hotel und Berghaus Val Sinestra, Übernachtungsmöglichkeit (Tel. 081 866 31 05, www.sinestra.ch).
Vnà (1637 m): Pension Arina, Übernachtungsmöglichkeit, gleich bei der Postauto-Haltestelle Vnà Posta (Tel. 081 866 31 27).

Endpunkt

Vnà Posta (1637 m). Postauto-Verbindung über Ramosch (umsteigen) nach Scuol, dort Bahnanschluss nach Zernez/Landquart.

Die Route

Von der Postauto-Haltestelle Samnaun Dorf (1828 m) nicht der Shoppingmeile westwärts, sondern der Alperschliessungsstrasse südwärts ins Val Maisas zu den Hütten auf 2030 m folgen, wo der Kies-Fahrweg zum Wanderweg wird. Auf deutlicher Spur zum Talabschluss im Rossboden P. 2182. Der nun nicht immer ausgeprägte Pfad zum Muttler führt die Lange Seite hinauf und zweigt bei ca. 2530 m links, nordwärts in die Schafweide ab. Nach wenigen Minuten ist Beim roten Seeli auf 2575 m erreicht, wo der Weg wieder steiler, zuletzt über grobes Geröll und einige Felsbrocken zur Krete beim Rossbodenjoch P. 2756 ansteigt. Auf dem Grat weiter südwärts, die Krete einige Male zwecks Umgehung von Felsaufbauten rechts verlassend, immer höher gegen den Gipfel zu. Ab ca. 3150 m verliert sich der eindeutige Weg und eine Vielzahl von Pfadspuren führen über den lockeren, dunklen Schiefer direkt zum Gipfel des Muttlers (3293.0 m). Neben dem Gipfelsteinmann befindet sich eine mächtige Swisscom-Antenne, südlich davon sind zwei grosse Photovoltaik-Flächen im Fels verankert. Das Häuschen unter der Funkantenne ist abgeschlossen und bietet somit keinen Schutz vor Wind und Wetter.

Nach wenigen Metern Abstieg in südwestlicher Richtung gegen den Talboden des Unterengadins erreicht man eine felsige Passage, wo ein Drahtseil bei der Überwindung von knapp 5 Höhenmetern behilflich ist. Die Stelle ist bei widrigen Verhältnissen im Abstieg mühsam, bei trockenem Untergrund oder im Aufstieg jedoch problemlos zu bewältigen. Auf der breiten Krete weiter bis P. 3145 und nun auf deutlichem Weg zur Fuorcla Maisas Ost (auf der Landeskarte nicht eingezeichnet, gebräuchlich für den Abstieg zurück nach Samnaun). Dann weiter zur Fuorcla Maisas West (ca. 2920 m), wo Wegspuren südwärts gegen Mot da Tumasch und Il Cul zu den Weideflächen im Val Tiatscha führen. Ab 2800 m finden sich fast keine Wegspuren mehr, aber alle paar hundert Meter ist ein Wegmarkierungs-Holzpflock eingeschlagen. Der Bach wird bei 2520 m oder etwas höher gequert. Nach P. 2227 gewinnt der Weg an Deutlichkeit und führt anschliessend durch den lichten Wald angenehm zur Alp Pradgiant (2075 m). Hier auf der Kies-Fahrstrasse zu P. 1845, dort rechts nach Griosch (1817 m) und auf dem Saumweg talwärts zum Hof Zuort (1711 m).

Einen schönen Abschluss der Wanderung bietet der Weg dem Flusslauf der La Brancla entlang. Dazu überquert man den Fluss zu den eindrücklichen Steinpyramiden von Cluchers und folgt dem Fahrweg bis kurz vor der Brücke P. 1693. Auf dem Wanderweg zum Flussbett absteigen und dem rauschenden Wasser entlang mit etwas Auf und Ab zum Kurhaus Val Sinestra (1522 m). Da ab hier nur wenige Postautos nach Scuol verkehren, empfiehlt sich trotz vorhandenem Restaurant oftmals der Weiterweg westwärts leicht ansteigend über P. 1605 zum Weiler Vnà (1637 m).

Frühmorgens wandern
links die Gedanken vom
Grossbodenjoch gipfelwärts,
mittags schweift oben
der Blick zum Piz Nair und
ins Val Sinestra, und
nachmittags findet unten
die Spürnase zur Erfrischung
in Ramosch.

**Roter Piz über grünem Tal:
2000 Meter tiefer das Unterengadin.**

Piz Lischana

Stmads viagiaturs, Scuol es la staziun finala, tuot chi sorta per plaschair!

Scuol ist Endstation – wer von hier aus nach München reisen will, steigt nun in den Bus um und wechselt noch zweimal den Zug bis in die bayerische Metropole. Und Reisenden über St. Moritz nach Mailand ergeht es nicht viel besser, im Gegenteil. Dass die beiden Sackbahnhöfe Scuol und St. Moritz den Anschluss an weiterführende Geleise verpasst haben, ist offensichtlich – geplant war alles ganz anders.

München mit Mailand zu verbinden war die Idee, die Strecke durch das Engadin von Scuol nach St. Moritz ihr Herzstück. Um 1900 lagen konkrete Projekte für die Fortsetzung der Geleise von St. Moritz durch das Bergell nach Chiavenna und von Scuol aus nach Landeck vor, die Rhätische Bahn hatte für beide Streckenabschnitte schon vorsorglich Konzessionen bis zur Landesgrenze beantragt. Mitten in diese Entwicklung platzte der erste Weltkrieg und als vier Jahre später die Schwerter wieder zu Pflugscharen und Schienen umgeschmiedet wurden, verlor Österreich das Südtirol an Italien und somit das Interesse an grenzüberschreitenden Bahnen in diesem Raum. Damit war das Schicksal der «effizientesten Verbindung zwischen Bayern und der Lombardei» vorerst besiegelt und landete als Planungsleiche auf dem Friedhof der unvollendeten Bahnstrecken – gerade neben dem Grabstein der Engadin-Orient-Bahn. Diese, vom Industriellen Adolf Guyer-Zeller favorisierte Verbindung von Chur nach Venedig, Triest und dem Balkan wurde schon 1909 zu Grabe getragen, als Finanzierungsprobleme an ihrem Herzstück, der Ofenberg-Linie von Zernez durch das Münstertal nach Mals im Vinschgau, auftraten.

Warum auch Graubünden in dieser Zeit verschiedene Eisenbahnprojekte derart stark vorantrieb, erklärt ein Blick in die Geschichtsbücher. Seit dem Mittelalter stellte der Warentransitverkehr eine der Haupteinnahmequellen Graubündens dar. Zunächst waren es die Säumerrouten, dann, anfangs des 19. Jahrhunderts, immer mehr die Fahrstrassen über die Alpenpässe, welche Verdienstmöglichkeiten in die Transittäler brachten. In einer letzten Blütezeit um 1840 waren wohl mehr als 50 000 Personen in Graubünden am Transitverkehr beteiligt.

Das Aufkommen der alpenquerenden Eisenbahnstrecken setzte der Zeit der Tragtiere und Kutscher allerdings ein jähes Ende. So verringerte sich mit der Eröffnung des Gotthardtunnels 1882 die Menge der Graubünden passierenden Transitwaren schlagartig und konnte nicht wie andernorts durch motorisierten Warenverkehr aufgefangen werden. In Graubünden herrschte von 1900 bis 1925 allgemeines Fahrverbot für Automobile, was für die Speditionsbranche einen erheblichen Marktnachteil bedeutete. Die Folge war eine schwere wirtschaftliche Krise in den Passtälern, die einen beträchtlichen Teil der Bevölkerung zur Auswanderung zwang. Der Anschluss an eigene Bahn-Alpentransversalen wurde als vordringlichstes Ziel auf dem Weg aus der wirtschaftlichen Isolation gesehen.

Grenzüberschreitende Bahnprojekte im Unterengadin sind jedoch nicht nur Schnee von vorgestern. Der neue Vereinatunnel hat dem Unterengadin einen wirtschaftlichen Schub gegeben – und heute ist gar eine unterirdische Bahnverbindung zwischen München und Mailand mit Bahnhöfen in St. Anton am Arlberg, Ischgl, Scuol, Sta. Maria im Münstertal und Bormio wieder im Gespräch.

Und wenn wir im Jahre 2020 beim Gipfelsteinmann auf dem Piz Lischana ein eigenartiges Kräuseln in den Zehen fühlen, dann ist vielleicht gerade ein Zug in der neuen Röhre unterwegs. Bisher existiert diese Verbindung erst auf dem Papier, aber bis 2020 fliesst noch viel Wasser den Inn hinab. Vor 30 Jahren schimpfte man die Vereina-Befürworter schliesslich auch noch Utopisten.

3105.2 m

Schwierigkeit: T4–
Die lange Krete zum Gipfel verlangt zwar Trittsicherheit und ist zuletzt steil und etwas rutschig, aber weder ausgesetzt noch technisch schwierig. Falls viele Wanderer unterwegs sind leicht steinschlaggefährdet auf den letzten Metern. Zwischen P. 3044, Lajet da Lischana und Lais da Rims ist der Routenverlauf nicht immer deutlich – aber auch nicht wichtig, da keine grösseren Felsbarrieren den Abstieg zu den Lais versperren.

Karten
1199 Scuol, 1219 S-charl

Zeit und Höhendifferenz 1. Tag
3 h 15' ↗ 1040 m
San Jon–Chamanna Lischana 3 h 15'

Zeit und Höhendifferenz 2. Tag
7 h 15 h ↗ 750 m ↘ 2130 m
Chamanna Lischana–Piz Lischana 2 h 15'
Piz Lischana–Lais da Rims 1 h 30'
Lais da Rims–Sur En 3 h 30'

Ausgangspunkt
Scuol, Haltestelle San Jon (rund 1460 m). Scuol, an der Endstation der Bahnlinie von (St. Moritz–) Zernez ins Unterengadin. San Jon liegt an der Postautolinie vom Bahnhof Scuol-Tarasp nach S-charl.

Unterkunft
Chamanna Lischana CAS (2500 m). 42 Plätze, bewartet von Mitte Juni bis Ende Oktober, Umbau und Renovation im Jahr 2003 (Tel. 081 864 95 44, www.sac-cas.ch).

Unterwegs einkehren
Uina Dadaint (1783 m): kleines Alprestaurant mit Getränken und Käse.
Sur En (1121 m): Hotel Val d'Uina bei der Postauto-Haltestelle, Übernachtungsmöglichkeit (Tel. 081 866 31 37).

Endpunkt
Sent, Postauto-Haltestelle Sur En (1121 m). Von Sur En mit dem Postauto nach Scuol (oder zu Fuss dem Inn entlang in 90').

Die Route
Von der Postauto-Haltestelle San Jon (ca. 1460 m) dem Fahrweg der Pferderanch entlang zum Ende der Lichtung. Dort auf den gut markiertem Wanderweg bergwärts ins Val Lischana einbiegen und anfänglich sanft, dann allmählich steiler ansteigend in vielen Kehren und Schlaufen hinauf zur Chamanna Lischana auf 2500 m. Die Hütte liegt auf einem kleinen Felshöcker zwischen Piz Lischana und Piz San Jon mit toller Aussicht hinunter auf Scuol.
Von der Lischana-Hütte südostwärts über Schotter und ein Felsband vor P. 2804 zur Krete leicht oberhalb von P. 2954. Bei einem markanten Stein kann das für die Gipfelbesteigung überflüssige Gepäck deponiert werden. Im Zickzack den kahlen Bergrücken hinauf zu P. 3044, wo der langgezogene Grat oberhalb des Vadret da Triazza zum Piz Lischana beginnt. Je nach Schneelage auf der Wächte oder auf einem ca. 1 m breiten Felsband etwas ab-, dann wieder ansteigend, führt die Spur in weitem Bogen unter P. 3070 hindurch und erreicht nach dem «n» im Schriftzug Piz Lischana den recht steilen Schlussaufstieg zum Gipfel. Schwierigkeiten kann hier eher das lose Gestein denn irgend eine technisch anspruchsvolle Passage bereiten. Die deutliche Wegspur führt durch markantes, rotes Gestein bis zum höchsten Punkt auf 3105.2 m.
Zurück auf dem gleichen Weg zu P. 3044. Statt auf direktem Weg zu den Lais da Rims abzusteigen, lohnt sich der kleine Bogen südwärts zum Lajet da Lischana (2856 m). Der Abstecher zum Piz Cotschen (3046 m, 45' zusätzlich) gibt den Blick ins Val S-charl und auf die drei Seen Trigl, Lischana und Immez frei. Vom nördlichen Ende des Lajet da Lischana zuerst nordwärts, kurz darauf in nordwestlicher Richtung über viele charakteristische Rundhöcker zu P. 2731 und dem Bachlauf bzw. der Schwemmebene entlang ans Nordufer der Lais da Rims P. 2703.

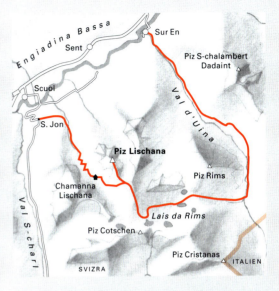

Wunderschöner Platz für eine ausgiebige Mittagspause. Ein nun deutlicher Pfad führt von den Seen über P. 2666 in östlicher Richtung hinunter zum Gross Lager, wo der Weg von der Sesvenna-Hütte einmündet. Gleich unterhalb der Alp Sursaas verengt sich das Tal zusehends und bald schon befindet man sich auf einem breiten Fussweg mit einigen Tunnels mitten in der imposanten Schlucht. Dieser Fussweg wurde 1908–1910 in die Felswand gesprengt und vermittelt eine gut abgesicherte, spektakuläre Einsicht in die tiefe Uina-Schlucht. Der Weg ist so breit, dass er sogar von Mountainbikern befahren/bestossen wird. Ab P. 1894 verbreitert sich das Tal wieder und bei der Alp Uina Dadaint (1783 m, exzellenter Käse) stösst man auf den Fahrweg, der sich dem Bach entlang hinunter nach Sur En (1121 m) schlängelt.

Enges Tal und
steiler Fels:
Der Schluchtweg im
oberen Val d'Uina

Immer luftig
und aussichtsreich:
Gipfelgrat zum
Piz Lischana.

Eine Hütte mit
guten Perspektiven:
Chamanna Lischana
CAS ob Scuol.

Letzter Grenzwächter am Umbrail. Links Cima de' Piazzi, rechts Bernina-Gruppe.

Piz Umbrail

Wie ein überdimensionierter Wühlmausgang zieht sich ein Netz von Grabensystemen vom Zollhaus auf der Umbrail-Passhöhe der Grenze entlang gegen den Piz Umbrail hinauf. Dass hier das Militär gewirkt hat, ist unschwer zu erraten. Aber wann und warum? Was für die einen nicht entsorgte Landschaftsverunstaltung aus dem Ersten Weltkrieg ist, wird vom Verein Stelvio-Umbrail 14/18 liebevoll gepflegt. Kürzlich wurde ein militärhistorischer Wanderweg markiert und mit Erklärungstafeln versehen, um dem interessierten Publikum Situation und Bauten in dieser fernen Ecke der Schweiz näher zu bringen.

Im Vorfeld des Ersten Weltkriegs war Europa bekanntlich in zwei Bündnisse geteilt: auf der einen Seite die *Entente* von Grossbritannien, Frankreich, Russland und Serbien, auf der anderen Seite der *Dreibund* des Deutschen Reiches mit Österreich-Ungarn und Italien. Nach der Ermordung des österreichischen Thronfolgerpaares im Juni 1914 in Sarajevo erklärte Österreich-Ungarn Serbien den Krieg, worauf Italien seine Neutralität in diesem Konflikt beteuerte. Russland trat aber aufgrund der Bündnisverpflichtung auf der Seite Serbiens in den Krieg ein und zwang Österreich-Ungarn zu einem verlustreichen Zweifronten-Krieg. Mit niedergehendem Kriegsglück der Österreicher verloren die Italiener zusehends die Lust, auf dieser Seite in den Krieg zu ziehen, und unterschrieben im April 1915 einen Geheimvertrag mit der Entente, die ihnen als Gegenleistung für den Kriegseintritt umfangreiche territoriale Gewinne im österreichischen Trentino, im Südtirol, in Istrien, Dalmatien und Albanien in Aussicht stellte. Dazu mussten italienische Truppen diese Gebiete aber erst erobern. Österreich errichtete eine Sperre am Stilfserjoch und in Stilfs, welche es den Italienern verunmöglichen sollte, ins Südtirol zu gelangen. Da die Schweizer Armeeführung Italien für einen solchen Offensivkrieg als schlecht gerüstet einstufte, ging sie davon aus, dass Italien den Durchmarsch durch Schweizer Gebiet (von Chiavenna über den Maloja und das Engadin nach Österreich, oder von Bormio via Umbrailpass nach Müstair und Österreich) den langwierigen Kämpfen am Stilfserjoch und der Ortler-Front vorziehen würde. Gut gerüstete und zahlenmässig starke Armeeeinheiten unmittelbar an der Landesgrenze sollten Italien von Durchmarschplänen durch Schweizer Gebiet abhalten.

Die umfangreichen Grabensysteme am Umbrail sind Überbleibsel des Verteidigungsdispositivs dieser starken Armeeeinheiten. Die Truppenversorgung im wohl abgelegensten Zipfel der Schweiz war sehr aufwändig. Erst 1871 war eine Strasse von Zernez über den Ofenpass gebaut worden um das Münstertal an die übrige Schweiz anzuschliessen. 1901 wurde die Umbrailstrasse dem Verkehr übergeben, was zumindest im Sommer die Versorgung der bis zu 600köpfigen Grenztruppe vereinfachte. Im Winter hingegen mussten Verpflegung, Munition und Geschütze auf Saumtieren von Sta. Maria her zum Pass gebracht werden. Was in einem durchschnittlichen Winter schon sehr mühsam war, wurde durch die riesigen Schneemengen zusätzlich erschwert, die zwischen dem 5. und 11. Dezember 1916 fielen (Quellen sprechen von bis zu 12 Metern) – und die binnen 48 Stunden auf österreichischer Seite rund 6000 Soldaten den Lawinentod brachten. Obwohl die Ortler-Front während des ganzen Krieges stark umkämpft war, konnte keine Seite erhebliche Gebietsgewinne verzeichnen. Den Krieg gewann die Entente an anderen Fronten, und ein Jahr nach Kriegsende wurden Trentino und Südtirol Italien angegliedert.

Heute werden zwischen Österreich und Italien nicht mal mehr die Pässe kontrolliert und auch der Schweizer Grenze entlang hinauf zum Piz Umbrail findet sich kein Grenzwächter. Hier interessiert sich weder die Schweiz noch Italien oder Österreich dafür, woher Wanderer kommen und wohin sie wollen. Welch ein Gegensatz zum damaligen schrecklich-sinnlosen Grauen.

David Accola, Der militärhistorische Wanderweg Stelvio-Umbrail, Selbstverlag, Flims Dorf 2002. www.stelvio-umbrail.com

3031.7 m

Schwierigkeit: T2+
Lange Etappe mit viel Abstieg. Technisch ohne grössere Schwierigkeiten. Die Wegfindung zwischen Piz Umbrail und Lai da Rims ist bei schlechter Sicht nicht einfach.

Karte
1239 Sta Maria

Zeit und Höhendifferenz
6 h ↗ 530 m ↘ 1655 m
Pass Umbrail–Piz Umbrail 1 h 45'
Piz Umbrail–Lai da Rims 1 h 30'
Lai da Rims–Sta. Maria 2 h 45'

Ausgangspunkt
Pass Umbrail (2501 m). An der Buslinie von Sta. Maria im Val Müstair zum Stilfserjoch/Stelvio. Regelmässige Postautofahrten im Privatauftrag während der Hauptsaison 3x pro Woche (normalerweise Di, Do und Fr, zwischen 8 und 9 Uhr). Informationen: Tourismus Val Müstair (Tel. 081 850 39 29). Platzreservation unerlässlich.

Unterwegs einkehren
Pass Umbrail (2501 m): Berghaus Astras bei der Passhöhe, Übernachtungsmöglichkeit (Tel. 081 858 57 82).

Endpunkt
Sta. Maria Val Müstair (1375 m). An der Postautolinie von Müstair über den Ofenpass nach Zernez.

Die Route
Vom Berghaus Astras (2501 m) zuoberst auf der Umbrail-Passhöhe zieht sich der Wanderweg in nordwestlicher Richtung gegen den Piz Umbrail. Nach wenigen Minuten begegnen uns bereits die Überreste einiger Militärbauten. Die Konservatoren dieser Anlagen haben einen interessanten Lehrpfad gebaut, der weiss-grün-rot gekennzeichnet ist, ungefähr der Grenzlinie folgt und direkt gegen den Piz Umbrail führt. Wir beschränken uns hier auf die Beschreibung der weiss-rot-weiss markierten Wanderroute. Sie führt nach P. 2722 nordwärts, quert die Flanke des Piz Umbrail, und steigt später auf dem breiten, gut gangbaren Nordgrat zum Gipfel auf 3031.7 Meter auf.

Für den Abstieg überschreitet man zunächst den Gipfel, um anschliessend in nordwestlicher Richtung durch anfänglich steilere, nach P. 2903 zunehmend sanft auslaufende Hänge an charakteristischen Rundhöckerformen vorbei zu P. 2513 und zum Lai da Rims (2396 m) abzusteigen. Der 500 Meter lange und 400 Meter breite, talwärts durch einen Felsriegel gestaute See (nach Ansicht der Geologen ein Einsturztrichter oder Dolinensee) ist die Perle dieser sonst so kargen Hochebene und bietet viele windgeschützte Rastplätze inmitten von Edelweisswiesen. Ein Blick auf die Karte zeigt, dass der See und die Gebiete westlich davon bereits auf Boden der Gemeinde Müstair, der grössten Grundbesitzerin im Tal, liegen.

Der Abstieg über die von oben etwas furchteinflössende Steilstufe gestaltet sich weit einfacher als befürchtet. Ein guter Weg schraubt sich östlich von P. 2421 in unzähligen Zickzackkehren in die Tiefe. Je nach Wasserstand bzw. Zustand der Brücken können zwei Bachquerungen auf 2020 und 1950 m noch für angewandte Ingenieurskunst sorgen, doch bald stösst man auf den breiten Fahrweg bei Las Clastras (1943 m).

Die langen Kehren können auf direktem Weg durch lichten Lärchenwald abgekürzt werden – erst bei Tschuccai (1779 m) wird wieder die befestigte Strasse betreten, der man durch das Val Vau bis zur Brücke auf 1623 Meter folgt.

Wer es eilig hat, erreicht das Zentrum von Sta. Maria Val Müstair (1375 m) nun direkt über P. 1550 und Larschs nach Chasatschas, wobei die letzten Meter zur Postauto-Haltestelle auf der Hauptstrasse zurückgelegt werden müssen. Wer mehr Zeit und Musse hat, quert den Bach bei besagter Brücke auf 1623 Meter nordwärts und wandert auf dem Weg über Multa, Chalchera und Puoz nach Valchava. Am westlichen Dorfende bei Muglin wird zuerst die Strasse, dann der Fluss Il Rom gequert und zum Wanderweg an der Nordseite des Flusses abgestiegen. Ein kurzweiliger Pfad führt dem Flusslauf entlang bis zur Brücke auf 1342 m, wo ein Strässchen zum Hauptplatz von Sta. Maria (1375 m) abzweigt.

Lai da Rims –
Mitte August und Ende Oktober.

Zwischen Schilthorn und Sefinenfurgge auf dem Weg zum Wanderdreitausender Bütlasse im Berner Oberland. Am Horizont, von links nach rechts: Gspaltenhorn, Bütlasse, Blümlisalp.